어느

노병(老兵)의 꿈

신보현 지음

대한출판

오늘 하루를 살아가는 사람들은 누구나가 원하는 바가 있다. 사람마다 막연할 수도, 구체적일 수도 있는 원하는 바는 그 사람의 오늘의 삶에 생동하는 기운으로서 작용한다. 사람들은 더 이상 원하는 희망이나 바람이 없을 때 삶에 의미를 잃게 되고 심하면 자살을 택하는 경우가 있다고 말한다. 이를 보면 사람들은 각자 나름대로 원하는 희망이나 바람 즉, 꿈이 있어서 살아간다고 말할 수 있다.

살아지는 인생이 아니고, 살아가는 인생을 원한다면 꿈을 가져보아라. 자신의 삶에 모습은 모두 자기 마음에 작품이기 때문이다. 인생은 오로지 편도의 삶일진대 이왕이면 꿈을 가지고 자신 있게 살아갈 필요가 있지 않을까? 삶에 의미를 부여해 주는 꿈을 크게 가지고, 자신의 삶을 거시적 차원에서 「무엇을 위해」, 미시적 차원에서 「어떻게」 살 것인가 목표와 방법을 설정하고 목표를 달성하기 위한 방법에 대한 계획을 세워보아라. 그리고 매일매일 목표 달성 계획을 실천하라. 꿈을 이루는 비결은 꿈을 이루려는 의지와 열정의 구현이다. 「오랫동안 꿈을 그리는 사람은 그 꿈을 닮아간다.」고 한다. 자신의 목표달성을 위해 변함없는 열정으로 정성을 들일 때 목표는 반드시 달성하게 될 것이다.

꿈을 이루겠다는 강한 의지를 가지고 그날그날 계획에 따라 열정적으로 살아가는 삶은 그 모습 자체만으로도 아름다우며 진정 가치가 있다고 말할 수 있다. 명화(名畵)에 대한 평가가 대미(大尾)보다는 내용의 전개과정에 있다는 것이 대변해주고 있지 않은가?

불타는 목표를 세우면 그 목표를 내가 따라가는 것 같지만 사실은 그 목표가 자신을 이끌어 간다고 한다. 목표 없이 성공한 사람은 아무도 없다. 37년 9개월 군인으로서 인생을 살아온 필자는 젊은 시절 우연히 N.V. Peale 목사의 「Positive Thinking」이라는 영문판 책을 접하게 되었다. Peale 목사는 그 책에서 「평생의 목표는 말할 것도 없고, 연도별·월별·주별·일별 목표까지 세우고 생활하라.」고 철저히 계획적인 삶을 강조하고 있다. 필자는 그 책을 본 것이 인연이 되어 군에서의 생활에서는 물론 전역 후 아직까지도 항상 이루겠다는 꿈 즉, 목표를 세워놓고 그 목표를 달성하기 위한 계획으로 매일 일과를 시작한다. 그리고 항상 자신의 능력에 맞추어 일을 하기 보다는, 해야 할 일들에 부합하는 능력을 구비하기 위해 노력하면서 살아왔다. 그렇게 살다보니 평범하지만 군에 입대할 때 가졌던 군에서의 소박한 꿈은 대단하지는 않지만 이루었다고 생각한다. 56세에 전역하면서 필자는 인생의 전반전을 마쳤다. "원래의 민간인으로 돌아와 후반전은 어떻게 살아갈 것인가?" 필자는 전반전에 국가에게 너무 많은 혜택을 받았다. 후반전에는 그 빚을 갚는 것이 도리가 아닐까? 필자에게 인생 후반전에 꿈은 전반전에 국가와 이 사회에 진 빚을 갚는 것이다. 필자는 그 빚을 갚기 위해 오늘도 열심히 일하고 있다. 아마 더 이상 기력이 없어 일을 할 수 없다고 할 때까지 일을 할 것이다. 인생을 평범하게 그렇지만 반칙을 하지 않고 성실하게 살아가는 사람들에게 공감을 얻었으면 하는 마음이다.

2020년 5월 동홍천 불과정에서
신 불 과

◀ 준비한 자가
기회를 잡는다.

　꿈이 있다면 꿈을 이루기 위해 준비를 해야 한다. 불과는 준비한 자가 기회를 잡는다는 말을 믿는다. 불과는 지금도 1989년 봄 자신이 군과 국가를 위해 기여를 한 것에 대해 큰 자부심을 느낀다. 아울러 기여를 할 수 있는 능력을 갖게 해준 군과 국가에 무한한 감사를 드리는 마음이다.

　1989.2월 당시 대통령 전용헬기(AS-332; 일명 Super Puma)가 타기지 이착륙 훈련임무 중 오후 2시 10분에 꼬리 회전자(Tail Rotor)의 기능중지로 생지(生地)에 불시착(추락)하는 사고가 발생했다. 항공기는 대파되고 조종사 2명을 포함한 승무원 1명이 중경상을 입었다. 사고발생 헬기는 프랑스의 Aerospatiale사로부터 구입한지 6개월이 채 안되어 하자보수 및 보증기간 내에 있었다. 조종사나 정비사의 실수 등 한국 공군측 잘못에 의한 사고가 아닐 경우 한국 공군은 사고관련 계약조건 내에서 피해 보상을 받을 수 있는 상황이었다.

　불과는 한·불합동사고조사위원회에 비공식 한국측 기술자문 자격으로 사고조사에 참여했다. 사고조사과정에서 사고조사위원회의 프랑스 제작사측 요원 2명은 말할 것도 없고, 한국 공군

사고위원들 대부분도 「한국측 정비요원의 정비실수」에 의해 발생한 사고라고 주장했다. 그들은 분명한 근거도 없이 추정해서 그렇게 주장했다. 그러한 과정에 불과가 「사고는 제작회사측의 단파(HF)안테나 설계·장착 하자에 의해 발생하였음」을 이론적으로 분석하고 정리하여 사고의 원인으로 제시했다. 당시 그는 어느 누구의 도움도 받지 않았다. 그는 자신의 이론적 분석결과를 프랑스 제작회사에 가서 실험을 통해 명확하게 검증해 보였다. 그 결과, 한국 공군은 당시 1,000만 불 상당의 AS-332 1대와 사고자에 대한 보상 및 사고의 전 피해보상을 받게 되었다. 불과가 한국 공군과 조국을 위해 큰 역할을 수행했던 것이다.

당시 상황에 대해 좀 더 구체적으로 살펴보자. 물론 헬기 1대와 조종사 등의 피해보상도 중요했다. 그렇지만 대통령 운송 임무를 담당하는 공군의 입장에서는 공군측 실수에 의한 사고로 판명될 경우 귀빈 운송업무의 중요도를 고려할 때 무한책임을 져야할 상황이었다. 물론 공군 본연의 임무수행에 신뢰도 추락은 말할 것도 없다. 그러한 연유로 귀빈 경호책임부서와 공군 지휘부에 관심과 우려는 지대했다. 프랑스 제작회사측의 입장은 어떠하였나? 당시 「Super Puma」가 한국을 포함해 일본, 중국 등 총 16개국에서 귀빈(VVIP)임무에 사용되고 있었다. 또한, 200대 이상이 군용으로 판매되어 세계 여러 나라의 군에서 운용되고 있었다. 헬기 자체의 문제로 사고가 발생했을 경우 그 여파가 치명적일 수도 있는 상황이었다. 그래서 사고조사 결과는 한국 공군이나 프랑스 제작회사에 아주 중요한 사안의 하나로서

어느 노병(老兵)의 꿈

양측 지휘부 모두에게 큰 관심의 대상 중 하나였다.

　불과는 당시까지 항공기 사고조사에 참여한 경험이 전혀 없었다. 정식 사고조사위원도 아니었다. 그러한 위치에서 사고가 발생한 항공기 잔해로부터 심도 깊은 이론적 분석을 통해 사고원인에 실마리를 찾아내어, 누구도 생각하지 못한 제작회사의 단파 안테나 설계·장착의 하자가 사고원인임을 정리하여 제시했던 것이다. 당시 공군에 사고조사위원들은 말할 것도 없고 국방과학연구소 등 국내 관련분야 전문가들까지도 불과의 주장에 대해 회의적이거나 동의를 하지 않았다. 그러한 상황이다 보니 제작회사측은 이론적으로는 그럴듯해 보여도 실험을 통해 검증이 되어야 사고원인으로 인정할 수 있다고 강하게 주장하게 되었다. 무엇보다도 보상은 보험회사가 해주는데 보험회사에서 그렇게 주장한다고 말했다.

　당시 한국에는 불과의 이론적 분석을 검증할 만한 장비나 시설 등이 없었다, 사고 잔해의 파괴 단면을 촬영할 수 있는 투과전자현미경(TEM)과 주사전자현미경(SEM), 복합재질의 피로파괴 실험시설 등 촬영장비나 실험 장비 등이 필요했다. 그렇지만 해당 시설들이 아예 없거나, 있다고 해도 다루는 전문가가 없는 상황이었다. 불과는 그때까지 유럽에 가본 적이 없었다. 그렇지만 선택의 여지가 없었다. 요구되는 실험들을 수행하기 위해 물설고 낯선 프랑스 제작회사에 갈 수밖에 없는 상황이었다. 그곳에 가서 그들의 실험시설을 이용하여 「단파 안테나 설계·장착의 하자」가 사고원인이라는 이론적인 분석결과를 제작회사측과 함께

준비한 자가 기회를 잡는다.　　　　　　　　　　---- 11

실험을 통해 검증을 해야만 했던 것이다. 당당히 프랑스에 제작 회사에 갔다. 그들의 실험시설을 이용해서 그의 이론적인 주장을 검증해 보여주었다. 그 결과 사고발생에 따른 모든 보상을 받게 되었던 것이다.

사람의 부러워하는 마음은 곧 시기나 질투를 의미한다. 특히 한국 사람들에게 그러한 성향이 강한 듯하다.

"제가 복이 많은가 봅니다."

"한국 공군이 운이 좋았던 겁니다."

불과가 그의 사고조사 업적에 대해 주위 사람들이 그를 칭찬할 때마다 한 말들이다. 불과는 최대한 자신을 낮추려 노력했다. 불과가 사고조사를 명확하게 할 수 있었던 것은 그가 말한 바와는 달랐다. 그는 미국에 석사과정 2년 6개월, 박사과정 3년 유학을 하는 동안 학위취득에 기본 이수요구량 외에 한국 공군에 엔지니어 간부로 근무하면서 필요할 것이라고 생각이 되는 내용들의 학과 과목들을 가능한 많이 수강했다. 그 결과 미해대원 석사과정에서 6쿼터[1] 기간에 123학점을 이수했다. 항공우주공학과에서 역학, 헬기 및 복합소재 관련해서 각각 2과목 이상을 이수했다. 재료공학 및 파괴공학 과목까지 수강했으며, 재질피로에 의한 파괴 관련 프로젝트까지 수행한 경험이 있었다. 더 나아가 Purdue대학원 박사과정에서는 미해대원에서 하지 못한 고등수학과목을 심도 깊게 공부했다.

---

1) 미국에 한 학기를 3개월로 운영하는 학교에서 한 학기(Quarter)

"정말 이해할 수 없는 사람이다. 지금 논문 작성을 위한 연구에 바빠야 할 사람이 연구와 아무 관련이 없는 과목들을 수강하고 다니니 말이야!"

박사과정에 있는 동안 지도교수가 불과의 논문 관련 연구와 무관한 과목을 선택해서 수강하는 것을 보고 한 말이다. 제 3자에게는 그렇게 보였을지 몰라도 불과는 학위 취득 후 미래에 공군에 복귀해서 필요할지도 모르는 상황을 대비하여 준비를 했던 것이다.

그 결과 불과에게는 엔지니어링(공학)분야에 강한 학문적 배경이 쌓이게 되었다. 미국에 석·박사 학위과정 유학을 가서 공부하는 5년 6개월 동안 피나는 노력의 결과이다. 공부해야할 시기에 미래를 대비해서 남들이 이상하게 평가할 정도로 미친 듯이 공부에 매진했던 것이다. 그 결과, 불과는 자신이 속한 군이 큰 위기에 처해 있을 때 분연히 일어나 과학적으로 문제를 정확하게 풀어 군과 국가의 위상을 드높일 수 있었다. 그 일을 생각할 때마다 불과는 지금도 영광스러운 성과를 거둘 수 있었음에 감사드리는 마음이다.

다음은 불과가 사고조사를 마치고 1년 후에 사고조사 당시를 회상하면서 쓴 공군 안전지에 기고한 기행문으로서 불과의 39세 장년기 사상을 포함하고 있어 소개한다.

『Super Puma 한 대를 벌어온 프랑스 여행』

1988년 8월 한국 공군이 프랑스 Aerospatiale사로부터 귀빈 탑승용으로 구입한 3대의 Super puma 헬기 중 한 대가 1989

년 2월 2일 K-46기지에 이착륙 훈련임무 중 14:10분 생지(生地) 추락사고가 발생했다. 추락헬기는 Aerospatiale사에 무상 하자보수 및 보증기간 내에 있었기 때문에 사고 발생 즉시 프랑스 회사측에서는 사고조사위원으로 회사의 전문엔지니어들을 급파하여 K-16기지에 임시본부를 둔 한국 공군의 사고조사위원회에 합류시켰다. 한·불 합동으로 사고원인 규명을 위한 사고조사를 착수하는 계기가 된 것이다.

합동사고조사과정에서 프랑스회사요원은 사고의 원인으로 한국 공군 정비사의 실수를 들었다. 그들이 주장한 사고 발생 경위이다. 「① 지상에서 정비사가 비행 전 점검과정에 Tail Rotor표면에 부주의로 흠집을 내었다. ② 그 작은 흠집(Initial Crack)에 비행 중 Tail Rotor가 계속 회전하면서 회전자 표면에 걸리는 부하에 의해 재질피로가 누적되었다. ③ 흠집 난 Tail Rotor Blade가 누적된 재질피로에 의해 파괴되어 떨어져 나갔다. ④ 연쇄적으로 전 Tail Rotor Blades와 Gear Box 장착대 등이 파괴되어 떨어져 나갔다. ⑤ Tail Rotor 기능이 정지되어 사고가 발생했다.」는 것이었다. 정확한 근거는 제시하지 못했다. 가능성만을 가지고 주장하는 바라서 여러 가지로 가능성을 입증하려 노력을 하였다. 어쨌든 사고의 원인은 한국 공군 정비사의 실수라는 것이었다.

반면에 한국 공군 사고조사위원들은 그들이 제시하는 사고원인이 분명한 사실에 근거하고 있지는 않지만 가능성이 높다는데 인식을 같이하고 있었기에 분명하게 반박할 수도 없었다. 그렇

어느 노병(老兵)의 꿈

다고 정확한 근거도 없이 한국 공군 정비사의 실수가 사고원인 이라고 인정하기도 어려운 처지라서 난처한 입장(立場)에 놓이게 되었다. 뿐만 아니라 미안하지만 당시에 한국 공군 사고조사위원들의 엔지니어링관련 지적수준은 작은 Initial Crack에 의해 피로파괴가 발생할 수 있다는 사실에 긍정도, 부정도 못하는 수준이었다. 그러한 상황에 놓이게 되자, 당시 사고조사위원장이 제작회사측 사고조사위원의 논리적 주장에 맞서 대응하기 위해 급히 당시 불과가 근무하던 연구분석실에 협조를 요청하게 되었던 것이다.

사고 발생 후 5일째 되는 날이었다. 불과가 모처럼 구정(舊正)도 되었고 3년 이상 위암과 투병해 오신 아버님도 뵐 겸 고향에 1박2일로 다녀와 출근한 날이다. 항상 만원 기차로 유명한 장항선 완행열차에 시달린 탓에 여독이 남은 몸을 추스르며 힘들게 일을 하던 중이었다. 피곤한 하루가 거의 끝나가는 오후 3시반경 부서장께서 불과를 찾으신다는 연락을 받고 부서장께 갔다.

"불과 중령, 며칠 전(1989.2.2일) 횡성기지(가칭)에서 대통령 전용헬기가 이착륙 훈련임무 중 14:10분에 추락사고가 발생해서 바로 프랑스 제작회사에 연락하여 한·불 합동으로 사고조사위원회를 편성했다네."

"아, 그런 일이 있었군요?"

"그런데 말이야, 프랑스 사고조사위원들은 항공기 제작회사에 엔지니어들이다 보니 수식들을 가지고 예상되는 사고원인들에 대해 가능성을 검토하고 분석하는데, 우리(한국 공군) 사고조사위원들 중에는 엔지니어가 없어서 프랑스 회사측 사고조사위원의 주장에 대해 논리적이며 과학적인 토의가 잘 안된다고 하는데, 어디에 엔지니어 지원을 요청해야할까? 필요하다면 국방과학연구소나 민간업체 항공우주연구소에 전문 인력을 요청해야 될 것 같은데, 자네 의견은 어떤가?"

"글쎄요, 그런 상황이라면 어느 분야에, 어떠한 전문가가 필요한지를 파악하는 것이 먼저가 아닐까요?"

"아, 그래 자네말도 일리가 있군! 그러면 어떡했으면 좋겠는가?"

"제가 현장에 가서 확인한 후 보고 드리겠습니다."

"그래, 그렇게 하게, 서두르게!"

곧바로 부대 차를 내어서 사고조사본부가 설치되어 있는 K-16기지에 갔다. 그것이 불과가 사고조사에 연루되게 된 계기였다. 그곳에 도착해서 보니 사고조사위원들은 그 전날이 구정이었음에도 휴무도 없이 3일째 늦게까지 사고조사활동을 해온 탓에 모두 피로한 기색이 역력했다. 사고조사위원장 김달곤(가명) 대령을 찾아가 여쭈어 보았다.

"본부 연구분석실에 근무하는 신불과 중령입니다. 엔지니어 지원이 필요하여 요청하셨다고 해서 왔습니다. 어떠한 연유에서 외부로부터 기술자문이 필요하다고 생각하셨는지요?"

"아, 그게 다름이 아닐세! 프랑스측 사고조사위원들이 저런 공식들을 동원해서 힘이 어떻고, 모멘트가 어떻고 하는데 도무지 이해가 되어야지, 우리 한국측 사고조사위원 중에 이해하는 사

어느 노병(老兵)의 꿈

람도 없고 해서 기술자문 요청을 하게 된 것이라네."

　이유는 간단했다. 프랑스측 사고조사위원들은 예상되는 사고 유발원인들을 분석하기 위해 힘과 모멘트관련 공학적 수식들을 동원해서 실제 값들을 대입해가면서 설명을 했다. 그런데 한국측 사고조사위원들 중에는 누구도 그들과 토의를 할 수 있는 엔지니어가 없었던 것이다. 프랑스측 사고조사위원들은 과학적이며 논리적으로 사고원인 규명을 위해 접근했지만, 참으로 말하기 부끄러운 일이지만, 한국측 사고조사위원들은 사고원인 규명을 한답시고 추상적 가능성에 대해 입으로만 떠들어대며 상대방에게 자신의 주장에 동의를 구하는 주먹구구식의 한심한 수준이었던 것이다.

　당시 현장에서 불과가 한국 공군 사고조사위원들과 대화를 나눈 후 느낀 소감이다. 이는 외부 기술자문을 요청하게 된 배경을 보면 알 수가 있다. 프랑스 사고조사위원들이 제시한 공학적 계산은 대학교 2학년이면 알 수 있는 모멘트를 계산하는 수식에 실제 상황에서 작용할 것으로 예상되는 힘의 값을 대입하여 제시한 결과에 불과했다. 한국측 사고조사위원 중에는 자신은 항공우주공학 석사과정을 이수했다고 자랑하다 못해 뻐기는 사람까지 있었음에도, 그들과 토의하는 과정에서는 의견 한마디 제대로 제시하지 못했던 것이다. 대학교 2학년 수준의 공학적 풀이를 못해서 외부 기술자문을 요청할 정도였으니 당시 사고조사위원들의 사고조사수준이 어떠했겠는가?

　불과는 너무 어이가 없었다. 저 사고조사위원들의 학력이 의미하는 것은 무엇인가? 자신을 내세우기 위한 스펙에 불과할 뿐이라고 생각했다. 같은 공군요원으로서 부끄러운 일이지만 솔직히 말하자면 당시까지만 해도 한국 공군의 사고조사는 주먹구구식으로 이루어졌다고 해도 과언이 아니었던 것이다.

불과는 프랑스측 요원들이 그동안 제시했던 공학적으로 풀어가면서 제시한 내용들을 확인한 결과 자신이 충분히 답변내지는 토의를 할 수 있는 것들이라고 판단했다. 귀대하여 부서장께 보고 드리고 불과 자신이 기술자문 역할 할 것을 자청했다. 그것이 불과가 사고조사에 관여하게 된 연유이다. 다음날부터 불과는 K-16기지에 위치한 사고조사본부로 출근했다.

그러나 한·불측 사고조사위원 누구도 정식 사고조사위원이 아닌 불과의 사고조사 합류를 반기는 사람은 없었다. 한측 사고조사위원들이 더 심했다. 장유유서 사상에 찌들어 후배라면 무조건적으로 자기보다 못나거나 부족하다고 생각하고 하대하려하는 것이 한국인의 수직적 조직문화이다. 불과가 자신들의 요청에 의해 상부 지시를 받고 내려왔음에도, 갑자기 새카만 후배가 나타나 사고조사 경위 등에 대한 질문을 하는 것에 대해 불쾌하다 못해 강한 저항감까지 표출할 정도였다.

"야 불과 중령, 사고조사를 한 번도 해본 적이 없는 네가 무엇을 안다고 캐묻고 난리야? 이래 봬도 나는 20회 이상 사고조사에 참여했던 사람이야! 사고조사는 아무나 할 수 있는 것인 줄 알아?"

"………, 아 그래요? 선배님 미안합니다. 그러나 저도 본부에 매일매일 사고조사 진척사항들을 보고하라는 지시를 받았기 때문에 어쩔 수 없으니 양해해주세요?"

어떤 항공우주공학 석사 출신이라고 공공연히 뻐겨대는 사고조사위원 선배장교는 노골적으로 불과를 불러 불쾌감을 표시하기도 했다. 불과는 별로 개의치 않았다. 불과는 사고조사위원들의 그간 휴일도 없이 일한 노고와 그럼에도 원인규명이 안되어 그들의 신경이 날카로워져 있다는 것을 알고 있었기 때문이다.

사고조사본부에 출근하면서 불과는 문제인식을 위해 우선 사고발생경위부터 시작하여 그동안 조사활동과 결과 등 현황을 파악했다. 그리고 조종사의 증언, 목격자의 진술, 수거한 사고헬기의 잔해들을 근거로 나름대로 사고원인을 규명해보니 세 가지 경우로 사고유발 추정원인이 압축되었다. 그중에서도 '한국 공군 정비요원의 부주의에 의한 꼬리 회전자 깃(Tail Rotor Blade)의 손상'이 사고유발의 근본원인이라는 프랑스측 사고조사위원들의 주장이 가장 타당성이 높은 사고원인으로 판단이 되었다. 그러나 프랑스측 사고조사위원의 한국 공군 정비사의 부주의에 의한 손상 가능성에 대해서는 심증은 가지만 분명한 근거는 없는 상황이었다. 불과는 분명한 근거도 없이 심증만 가지고 공군 정비사의 부주의에 의해 사고가 발생했다고 단정하는 것은 있을 수 없는 일이라고 마음속으로 강하게 부정했다. 이는 심증만 가지고 범인이라고 단죄하는 것과 같다고 생각했기 때문이었다.

꼬리 회전자 깃에 최초 손상이 프랑스측 사고조사위원의 주장대로 한국 공군 정비요원의 부주의에 의해 발생한 것이 아니라면 무엇이 그러한 손상을 야기했을까? 가능성이 있는 원인들을 찾아낼 수 없어 난감한 상황이었다. 그대로 진행된다면 한국 공군 정비요원의 부주의가 사고의 근본원인으로 결론이 날판이었다. 그렇게 어려운 상황에서는 좀 더 파고들어 원인을 규명할 시간이 필요하다고 생각했다.

"사고조사위원장님, 한 가지 건의드릴 것이 있습니다."

"아 그래, 무엇인지 말해보게."

"프랑스측 사고조사위원들이 주장하는 대로 한국 공군 정비요원의 부주위가 실제로 사고원인인지를 확인하기 위해 추정원인 중에 하나인 기어박스부착물(Gear Box Mount Attachments)의 파단면이 재질피로에 의한 절단이 아니라는 것을 전자현미경 사진을 찍어서 검증해보아야 하니 파단면 사진을 찍을 수 있도록 해주십시오?"

"그것이 필요하다면 그렇게 하도록 하게!"

불과는 내심으로 그것은 99% 사고원인이 아니라는 확신을 가지고 있었다. 하지만 시간을 벌기 위해 프랑스측 요원들에게 당시 가능한 사고원인으로 가정했던 추정원인들 중 두 가지 추정원인들에 대해 먼저 검증해보자고 제의했다. 프랑스측 사고조사위원들 역시 마음속으로는 불과와 같은 생각이었으리라? '우리 눈으로 확인해볼 때, 재질피로에 의한 파괴 형상이 아닌데 전자현미경으로 찍어본들 무엇이 다르겠는가?'라고.

그런데 1989년 당시 한국의 서울 근교에서 파단면 전자현미

어느 노병(老兵)의 꿈

경 촬영이 가능한 곳은 연세대학교와 한림대학교뿐이었다. 그래서 직접 찾아가보니 장비를 해외에서 구입한지 얼마 되지 않아 아직 사용을 자유자재로 하는 수준이 아니었다. 사고조사를 위해 기어박스부착물 파단면 촬영을 사고조사에 필요한 수준으로 원하는 촬영을 할 수가 없는 여건이었다.

"정, 그렇게 한국에서 파단면에 대한 전자현미경 촬영을 할 수 없다면 프랑스 우리 회사에 가서 합시다?"

사고 발생 소식을 듣고 곧바로 한국에 급파된 프랑스측 사고조사위원들이 자신의 본국 회사 실험실에 가서 촬영할 것을 제안하기에 이르렀다. 기약도 없이 한국에 있으니 집에도 가고 싶은 마음도 있었으리라!

한국 공군 사고조사위원들은 상당한 딜레마에 빠지게 되었다. 파단면의 전자현미경 촬영은 한국측이 참석한 가운데 이루어져야 그 결과에 대해 믿을 수 있다고 생각했기 때문이었다. 그래서 직접 결과를 확인하기 위해 프랑스에 한국측 요원을 파견하려면 행정 처리를 위해 어느 정도 시간과 비용이 필요한데 무엇보다도 예산이 없는 상황에서 프랑스측 주장대로 프랑스에 가야하느냐를 결정해야했기 때문이다.

"그렇다면, 프랑스측 요원들이 본국에 가서 전자현미경 촬영을 하고 오라고 하지요? 그 결과에 대해서는 제가 책임을 지겠습니다."

불과는 자신이 사고조사위원장에게 전자현미경 촬영의 필요성을 주장했기 때문에 그 결과에 대해 책임을 지겠다는 전제조건

하에 프랑스회사측 사고위원들 단독으로 자신의 본국에 가서 촬영하여 결과물을 가지고 오도록 건의했다. 그 제안이 받아들여져 프랑스회사 사고조사위원들이 본국에 귀환하여 실험 후 결과를 가져올 때까지 기다리기로 했다. 자연스럽게 한국 공군 사고조사위원들도 사고조사본부에서 철수, 원대 복귀하여 휴식을 취하게 되었다.

불과도 원대 복귀하였지만, 사고원인 규명을 위해 오히려 더 바쁘게 시간을 보냈다.

"무엇이 꼬리 회전자 깃(Tail Rotor Blade)의 손상을 야기했을까?"

불과는 미해대원에서 파괴공학을 수강하면서 재질피로 관련 프로젝트를 수행한 경험이 있다. 그 경험을 바탕으로 꼬리 회전자 표면에 흠집이 발생할 경우 재질피로에 의해 사고발생이 가능하다는 것을 분명히 알고 있었다. 그래서 꼬리 회전자 깃(Tail Rotor Blade) 표면에 사고 전 무엇인가에 의해 초기 손상이 발생했다면 그것이 가장 타당성이 큰 사고유발원인이라고 생각했다.

사고원인 규명을 위해 사고 발생 헬기와 동일한 기종의 다른 헬기를 기준으로 사고헬기 잔해들을 비교·분석하는 과정에서 불과에게 한 가지 큰 의문이 발생했다.

"왜 사고가 발생한 Super Puma 헬기에는 꼬리 회전자가 회전시 강한 흡입력이 발생하는 꼬리회전자 앞에 단파(HF) 송수신 안테나 고리를 설치했지?, ……?, ……?"

어느 노병(老兵)의 꿈

"꼬리 회전자 앞에 단파 송수신 안테나 고리를 설치하고 꼬리 회전자를 고속으로 돌리는 것은 사람도 통째로 빨려 들어갈 정도로 흡입력이 강하게 작용하는 전투기 엔진 전면의 공기 흡입구 앞에 무엇을 설치해 놓고 엔진을 작동하는 것과 같은 원리 아닌가?"

그러한 생각의 전환은 불과를 번쩍 일깨워 주었다.

"아! 이것이 꼬리 회전자 깃 표면에 초기 손상(Initial Crack)을 야기한 근본 원인이었구나!"

진정한 엔지니어라면 결코 그렇게 흡입력이 강하게 작용하는 꼬리 회전자 앞에 단파 안테나 고리를 설계·장착하지 않는 것이 정상이다. 꼬리 회전자 앞에 단파 송수신 안테나 고리를 설치한 것은 정상이 아니라는 생각이 들면서 이 비정상이 사고의 근본 유발원인이라는 확신을 갖게 해주었다.

"꼬리 회전자 앞에 장착된 단파 안테나 고리가 비행 중 지지 고리로부터 떨어져서 고속으로 회전하는 꼬리 회전자에 빨려 들어가{사고 헬기로부터 수거한 꼬리 회전자 깃들 중 흰색 깃(White Blade)잔해 표면에 남아 있는 최초 이물질에 의한 손상이라고 분명히 판단이 되는 손상흔적과 같은} 손상을 입힘으로써 사고를 유발하게 되었구나?"

추정원인에 대한 가설을 세워놓고 논리적으로 사고 진행과정을 분석하여 유추해 보았다. 과거 미 해대원에서 공부한 헬기 기본역학, 회전자의 작동개념, 복합소재의 특성 등 관련 지식을 기반으로 추정원인에 대한 가설을 하나하나 관련 이론들과 방정식

준비한 자가 기회를 잡는다.

들에 가용한 수치 값을 대입하여 풀어나가면서 그 해답들을 가지고 사고 진행과정에 대한 검증을 시도했다.

설정한 가설에 기초해서 사고가 진전되어갔다고 판단되는 진행과정에 대해 수식들을 이용해 풀어가면서 검증하면 할수록 점점 더 「단파 안테나 고리가 지지대에서 떨어져 꼬리 회전자에 흡입되면서 흰색 회전자 깃 표면에 손상을 입혀서 그것이 원인이 되어 일정 시간 비행하는 동안 손상 시점을 시발점으로 해서 재질피로가 발생하여 흰색 회전자 깃이 파괴되면서 연속적으로 꼬리 회전자가 파괴됨으로써 사고가 발생했다.」고 설정한 가설이 단계적으로 논리적이며 과학적으로 하나하나 입증이 되어졌다.

무엇보다도 가설을 검증해 나가는 과정에서, 불과 자신이 사고조사위원회에 합류해서 곧바로 현황을 파악하는 과정에서 수거한 잔해들을 보고 가졌던 단파 안테나 Cable의 원상회복이 안되는 구부러진 형상, 회전자 흰색 깃 표면에 남겨진 최초 손상흔적 등에 대한 의문들이 오히려 가설을 입증해주는 증거물이 되었다. 그래서 불과는 자신이 설정한 가설이 맞았음을 확신하게 되었다. 불과는 누구의 도움도 없이 혼자서 대략 10여 일간 사무실에 틀어박혀 사고원인 규명을 위해 몰두했다. 헬기역학, 공기역학, 재료역학, 파괴공학 등에 기초해 사고 전개과정에 물리적 현상들을 해석적이며 정량적으로 풀어서 단파 안테나의 잘못된 설계·장착이 사고유발 원인이라는 23페이지에 달하는 사고유발 원인 분석을 완성했다.

이때 완성한 것이 『훈련 중 추락한 Super Puma 헬기는 프랑스 제작회사에서 헬기의 꼬리 회전자 앞에 설계·장착한 단파(HF) 안테나 고리가 탈락되어 사고를 유발했다고 주장하고, 궁극적으로는 프랑스 제작회사에 직접 가서 실험을 통해 자신의 주장이 사실임을 입증한 논리적이며 과학적인 내용의 사고유발원인 분석』에 대한 불과의 논문이다.

논문은 사고 발생과정을, 처음 사고유발원인으로부터 사고로 발전해 나가는 과정을, 네 단계로 구분하여 예측에 대한 타당성을 수식으로 풀어가면서 설명한 후 사고 잔해들을 가지고 검증해 나가는 형식이다. 「사고유발에 대한 책임은 프랑스 제작회사에 있다. 다음과 같은 이유에서이다. ① 제작회사에서 헬기의 꼬리 회전자 앞에 단파(HF) 안테나 고리를 설계·장착함으로써 헬기 운용 중 단파(HF) 안테나 고리가 피로 누적으로 지지대로부터 이탈했다. ② 이탈한 단파안테나 고리는 고속으로 회전하는 꼬리 회전자로 빨려 들어가서 흰색 꼬리 회전자 깃 표면에 아주 작은 손상을 입혔다. ③ 그렇지만 이 깃 표면에 입은 작은 손상에 일정시간 비행하는 동안 흰색 꼬리 회전자 표면재질에 피로가 누적되면서 손상이 확산되어 흰색 꼬리 회전자 전체가 파괴되어 떨어져 나갔다. ④ 흰색 꼬리 회전자의 탈락은 꼬리 회전자축에 불균형을 발생하여 다른 꼬리 회전자 깃들이 순차적으로 떨어져 나가면서 동시에 기어박스 부착박스 등이 파괴됨으로써 사고를 유발하였기 때문이다.」

위에서 설명한 바와 같이 불과는 논문 형식을 빌어서 자신이 주장하는 내용들에 대해 순차적으로 일목요연하게 논리적으로 분석하여 사고의 유발원인, 경과 등에 대해 정량적으로 상세하게 분석하여 주장하였다. 그에 더해 주장하는 바들에 대한 근거들로서 수거한 사고기의 잔해물들을 제시했다. 논문을 완성한 불과는 자신이 주장하는 내용에 대해 확신을 가지게 되었다. 그래서 그 내용을 한국측 공군사고조사위원들에게 설명을 했다. 한국 공군사고조사위원들은 엔지니어가 아니다. 불과의 논문내용에 대해 강한 의문과 함께 어떤 위원은 말도 안 되는 소리라고 거세게 이의를 제기하기도 했다.

"어떻게 꼬리 회전자 깃 표면에 사람 손톱에 의해 글 킨 것 같이 작은 흠집에 한 시간 비행하는 동안의 재질 피로가 누적되어 꼬리 회전자가 절단될 수 있단 말인가?"

"국과연에 복합소재에 최고의 전문가가 그러는데 말도 안 되는 소리라고 하더라."

불과가 예상했던 대로의 응답이었다. 정확하게 알지도 못하면서 자신의 막연한 선입관만 옳다고 부르짖는 태도, 자신의 생각과 같지 않은 남의 의견은 아예 들으려고도 하지 않는 태도, 자신의 경력이나 제 3자의 말을 들먹이며 상대방을 겁박하는 태도, 자신도 확신이 없으면서 체면 때문에 자신의 주장을 굽히지 않는 전형적인 한국인의 모습들을 보여주었다.

"저는 틀릴 수 있어도 과학은 거짓말하지 않습니다."

"과학적으로 가능하면 가능한 것입니다. 문제가 있다고 생각되면 무엇이 문제인지 구체적으로 이의를 제기하십시오. 후배라고 함부로 말을 하지 마십시오. 또한 인신 공격성의 반대는 안했으면 좋겠습니다."

불과는 이성적이면서도 강하게 응대했다. 한국 공군 사고조사위원들 중에 반대 또는 의문을 제기하는 사람들을 한사람씩 상대해서 설득시키려 노력했다. 분명하게 자신의 견해를 말하고 차근차근 그들의 의문점에 대하여 또는 그저 막연한 억지 주장에 대하여 이해를 시키려고 인내심을 갖고 노력했다.

프랑스 제작회사 사고조사위원들이 기어박스 부착물 파단면과 꼬리회전자 흰색 깃의 파단면에 대한 전자 현미경 촬영 사진결과를 본국으로부터 한국을 출국한지 10여 일이 지난 후에 가지고 왔다. 사고유발원인 결론 도출을 위해 한·불합동사고조사위원 전원이 참석하는 회의가 1989.3.8일 공군회관에서 개최되었다. K-16기지 사고조사본부가 아니고 공군회관 2층에서 통역관까지 배석시킨 자리였다. 한국 공군 사고조사위원들과 프랑스 제작회사 사고위원 3명이 자리를 함께하여 먼저 프랑스 회사측 요원들로부터 전자현미경 촬영사진 및 분석결과에 대한 브리핑을 받았다.

결과는 불과가 예상했던 대로였다. 기어박스 부착물은 재질피로에 의한 파괴가 아니고 꼬리 회전자 흰색 깃은 재질에 누적된 피로에 의해 초기손상이 확장되어 파괴되었다는 내용이었다. 처음에는 불과도 그렇게 생각하여 그 결과를 그렇게 중요하게 생각하지 않았었기 때문에 별로 관심이 없었다. 단지 시간을 벌어

보자는 속셈으로 제안했던 것이었기 때문이다. 그렇지만 중요한 결과를 포함하고 있었다. 사고조사 초기 사고유발 가능원인으로 설정한 세 가지 가설 중에 하나인 꼬리 회전자 흰색 깃이 재질피로에 의하여 파괴되면서 사고가 발생했다는 가설을 입증해주는 내용이 그 것이다. 그러한 사실을 불과의 생각과 달리 프랑스 사고조사위원들은 달리 해석하는 모습이었다.

"금번 헬기 추락 사고는 한국 공군 정비요원의 부주의로 흰색 깃의 꼬리 회전자 표면에 손상을 입혀서 사고를 유발한 것이 확실하다. 이제 한국측은 그러한 사실은 인정해야 한다."

프랑스 제작회사 사고조사위원들이 한국 공군 정비요원의 부주의가 사고유발 원인임을 강조했다. 이제 더 이상 불과는 망설이거나 양보할 수가 없었다.

프랑스 사고조사위원이 전자현미경 촬영내용 및 분석결과 브리핑에 이어 불과도 자신이 주장하는 사고원인에 대한 이론적 분석결과를 사고조사위원들을 대상으로 설명했다.

역시 그들은 예상했던 대로 펄쩍 뛰었다. 프랑스 제작회사 사고조사위원들의 입장에서는 본국에서부터 '꼬리 회전자 흰색 깃이 재질에 누적된 피로에 의해 초기손상이 확장되어 파괴되었다.'는 전자현미경 촬영 결과를 제시하면 한국 공군 사고조사위원들도 한국 공군 정비요원 부주의가 사고유발원인이라는 사실을 인정할 것이라고 예측하고 왔을 터이다. 그런데 사고의 원인은 '프랑스 제작회사의 잘못된 단파 안테나 설계·장착'이라고 한국측에서 불과가 주장을 하니 당연한 반응이었다. 말도 안 된

어느 노병(老兵)의 꿈

다는 식으로 단호하게 반발했다.

불과는 그러한 그들의 반발을 예상했었기에 인내심을 발휘해서 자신의 브리핑 내용에 대해 하나하나씩 그 논리성과 타당성을 설명해 나갔다. 그들은 설명을 다한 후에도 수긍할 수 없다는 표정으로 불과의 브리핑 자료인 『사고유발원인 분석』에 대한 논문을 꼼꼼하게 검토했다. 좀 시간이 지난 후 프랑스측 사고조사위원 한 사람이 큰 발견이나 한 것처럼 말했다.

"당신의 분석과정에는 뉴톤의 운동 제 2법칙 수식을 $\vec{F} = m\vec{a}$이라 했는데 그렇게 중요한 수식까지 잘못 적용하면서 무슨 분석을 했다는 거냐? 이런 엉터리 보고서는 더 이상 볼 가치가 전혀 없다."

불과는 뉴톤의 제 2법칙 수식을 프랑스의 표기와 달리 미국식으로 표기했다고 말했다. 공식의 표기만 다를 뿐 결과는 동일하게 도출되는 프랑스식 표기와 미국식 표기의 차이점에 대해서 상세하게 설명을 해주었다.

"헬기를 남의 나라에서 구매해서 사용하는 주제에 얼마나 안다고 설계 잘못을 운운하니 정말 기가 찰 노릇이구먼!"

프랑스 사고조사위원의 말이다. 불과의 논문 내용이 조금도 틀린 것이 아니라는 간곡한 설명에도 불구하고 대응할 말이 없자 끝내 억지를 넘어 해서는 안 될 말을 한 것이다. 그러한 말에 분노를 느끼지 않을 한국인이 어디 있겠는가?

결국 불과도 더 이상 참아서는 안 되겠다고 생각하게 되었다. 무엇보다도 불과의 기분을 상하게 한 것은 그의 언사로부터 유럽과 미국의 대부분 사람들이 마음 저변에 가지고 있는 동양인을 근본적으로 멸시하고 무시하는 그런 인상을 암묵적으로 느낀 것이었다. '항공기를 만들지 못하고 사다가 쓰는 주제에 무엇을 안다고 그렇게 까부느냐?'는 식의 표현은 불과에게는 정말 참을 수 없는 모욕이었다. 더 이상은 참지 않기로 마음먹었다. 영어로 직접 대화를 나누는 대신 공식 회의였기에 만약을 대비해 배석시킨 불어 통역관에게 말했다.

"제가 하는 말에 혹시 상대방에게 의전상 결례가 될까봐 미사여구를 사용하거나 삭제하거나 보태거나하지 말고 제가 하는 말을 그대로 프랑스어로 통역해주세요?"

"네, 그렇게 하겠습니다."

프랑스 사고조사위원을 향해 말했다.

"당신은 무식해서 나의 대화 상대가 안 되니 좀 더 배운 사람을 너의 회사에 요구해서 보내 달라. 나는 동역학적(Dynamics)인 내용을 말하는 데, 당신은 정역학(Statics) 수준이라서 당신이 알고 있는 정역학 상식으로 해석하려하니 이해가 되나? 미안하지만 당신이 틀렸다고 주장하는 내가 사용한 수식과 대입한 값들에 대해 세계 어느 나라 과학자들에게 가서 물어봐도 너의 주장이 틀렸다고 말할 것이다."

불과의 모욕적인 언사에 프랑스회사 사고조사위원들은 얼굴이 빨갛게 상기되었다. 그렇지만 자신들이 불과에게 모욕적인 말을 먼저 했기 때문에 더 이상 반박하지는 못했다.

한국 공군 사고조사위원은 아니지만 한국 공군 사고조사위원들을 대표해서 말한 불과와 프랑스 회사 사고조사위원을 대표하는 스티브 간에 과격한 언사가 오가고 서로 인신공격까지 하는 수준으로 논의가 진행되다보니 회의 분위기가 어색해졌다. 자연스럽게 회의는 휴정됐다.

"스티브, 그렇게 나의 분석결과에 대해 인정을 할 수 없다면 K-16기지에 사고 헬기와 동일한 Super Puma 헬기에 가서 사고기 잔해로부터 수거한 사고 헬기의 단파 안테나 케이블 등을 이용해서 내가 분석한 결과를 검증해보면 어떨까? 그 과정에 납득이 되지 않거나 이의가 있으면 다시 논의를 하는 것이 좋을 것 같은데 어떠한가?"

점심식사 후 불과는 다시 마음을 진정하고 프랑스 사고조사위원 대표에게 제안했다. 프랑스회사측 사고조사위원들도 오전에 자기들 대표 스티브의 언행에 대해 사과를 하고 불과의 제안에 동의를 했다. 뿐만 아니라 강경하게 반대했던 태도에서 풀이 많이 꺾인 채 한발 물러나서 불과의 사고원인분석 내용에 수긍하는 듯해 보였다. 그날은 유난히 아침부터 봄비치고는 온 종일 많은 량의 비가 내리고 있었다. 비도 내리고 사고헬기 대대에 사정이 있어서 오후 4시반경에나 K-16기지에 가서 검증을 할 수가 있었다.

한편으로 불과는 자신의 분석결과에 대해 걱정이 안 되는 것은 아니었다. 자신의 분석은, 사고기와 동일한 헬기에 가서 수거한 사고헬기의 잔해를 가지고 추정한 사고원인에 대하여 검증을 직접 해본 적이 없이 가용한 자료만 가지고 사무실에서 정리한 내용이었기 때문이다. 만약 자신의 사고유발원인 분석과정에 각

구조물들의 제원이나 결합구조에 조금이라도 틀리거나 오차가 있으면 자신이 추정해서 도출한 사고유발원인에 대한 분석에 흠결로 작용할 수도 있기 때문이었다.

K-16기지에 도착하여 불과 일행은 사고기와 동일한 기종의 Super Puma헬기가 지상에 주기된 현장으로 안내되었다. 한·불 사고조사위원들과 사고결과에 관심 있는 여러 사람들이 주시하는 가운데 불과는 '꼬리 회전자 앞에 단파 안테나 고리의 설계·장착이 사고유발원인'이라고 자신이 주장하는 논리적 분석결과에 대해 사고 헬기의 단파 안테나 케이블 등 수거한 잔해들을 가지고 단계적으로 검증해 나갔다. 우려했던 바와는 달리 불과 자신이 놀랠 정도로 모든 제원들과 그 관련 구성품들의 결합구조가 예측했던 바와 정확히 일치했다. 더 이상 누구도 불과의 사고추정원인 분석결과에 대해 반박을 할 수 없을 정도로 분명하게 객관적으로 검증이 된 것이다.

불과는 물론이며 한국 공군 사고조사위원들과 특히 사고헬기 정비요원들의 기쁨은 말할 수 없었다.

"사실은 우리도 사고조사 초기에는 그것을 당신과 유사하게 사고유발원인으로 의심을 했었다."

불과의 검증과정을 지켜 본 프랑스회사 사고조사위원들도 불과의 주장에 대해 거의 90% 이상 수긍을 하는 눈치였다. 그날은 어두워 그것으로 논의를 종료하고 다음날 오전에 공군회관에서 다시 모였다. 이제 남은 것은 불과의 '제작회사의 단파 안테나 설계·장착 하자가 사고유발원인'이라는 분석내용에 대해 프랑스회사 사고조사위원들의 인정여부였다. 인정하면 사고조사는 종결되는 상황이었다.

"당신들의 생각은 어떠한가? 어제 불과의 주장과 그에 대한 설명을 듣고 그의 주장에 동의하는가?"

공군회관에 다시 모여 회의를 시작하면서 한국측 사고조사위원장이 단도직입적으로 프랑스측 사고조사위원들에게 던진 질문이다.

"글쎄, 개인적으로는 거의 100% 인정한다. 하지만 공식적으로는 60~70%밖에 인정할 수 없다. 왜냐면 내가 100% 인정하면 1,000만 불짜리 Super Puma 1대를 한국 공군에 보상해 주어야 하는 책임을 내가 져야하는데, 부장급인 우리 사고조사위원들에게 직급상으로 회사에서는 그러한 중요한 일을 책임지고 결정할 권한을 부여하지 않았기 때문이다."

"그에 더해 1년의 보증기간 중에 사고에 대한 과실이 항공기 제작회사측에 있을 경우 제작회사에서 배상을 해준다고 되어 있지만 실제로는 제작회사가 가입한 보험회사에서 해준다. 그래서 보상여부에 대한 최종 판단은 보험회사가 할 일이지 사고조사위원인 우리들이 할 일이 아니기 때문이기도 하다."

좀 애매한 책임회피성 발언이기도 했지만 현실을 이야기했다. 자신들은 사고유발원인에 대한 최종 결정을 할 권한이 없으며 사고조사결과에 따른 보상은 항공기 제작사가 불의의 사고에 대비하여 가입한 보험회사가 결정할 사안이다. 궁극적으로 제작회사 귀책사유에 의해 보상을 받기 위해서는 불과의 이론적 분석

준비한 자가 기회를 잡는다.

결과가 실험으로 검증이 되어 보험회사가 인정할 때 가능하다는 말을 우회적으로 말한 것이다. 아마 어제 저녁에 의사결정을 위해 전화로 본국과 협의를 한 것같이 보였다.

분명하게 이해는 되었다. 동시에 불과에게는 다시 큰 문제가 제기되었다.

"그렇다면 어떤 실험들을, 어디에 가서, 어떻게 수행해서, 자신이 주장하는 이론을 보험회사 직원들에게 검증해 보일 것인가?"

순간적으로 난감해서 말을 할 수가 없었다. 계속해서 프랑스측 사고조사위원들이 말을 이어갔다. 미리 준비를 해온 듯 보였다.

"이번 사고의 경우 예측만 있을 뿐 그 예측이 사실이라고 확신할 수 없기 때문에 실험들을 통해 검증할 수 있다면 보상 책임이 있는 보험회사가 불과의 주장을 수용할 것입니다."

"아, 그래요? 그렇다면 어떠한 실험들이 필요하다고 당신들은 생각하고 있습니까?"

"아마 다음의 세 가지 사항들은 실험으로 검증이 되어야 할 것입니다. 첫째는 단파 안테나 고리가 실제로 꼬리 회전자 깃들 사이로 흡입될 가능성이 있는가? 둘째는 흡입된 후 단파 안테나 고리가 임의의 어느 꼬리 회전자 깃에 사고 헬기의 흰색 깃의 표면에 재질피로의 원인으로 추정되는 초기손상과 같은 흠집을 낼 수 있는가? 셋째는 어느 꼬리 회전자 깃 표면에 입힌 초기손상이 1회 비행하는 동안 걸리는 하중에 의해 재질피로가 누적되어 해당 꼬리 회전자 깃이 사고 헬기의 파괴된 회전자 깃처럼 완전 파괴될 수 있는가? 입니다."

"…………, 아, 그래요?"

실험을 꼭 해야 하는가? 한다면 어디에 가서 어떻게 할 것인가에 대한 결론을 내릴 수가 없었다. 추후에 더 대화를 나누기로 하고 회의를 마쳤다. 불과는 난감했다. 국내에는 해당 실험을 할 수 있는 장비나 시설이 어느 것도 없는 상황이어서 요구되는 실험들을 국내에서 수행할 수가 없었기 때문이다. 국내에서 직접 실험을 해야 믿을 수는 있겠지만, 어쩔 수 없이 헬기 제작회사인 프랑스 Aerospatiale사 실험실에 가서 한·불 합동 실험을 통해 검증하자는데 의견이 모아졌다.

"불과 중령, 프랑스가 19세기 중반부터 2차 대전 종료 시까지 동남아시아 3국을 100여 년 지배하는 동안 3S(Sex, Small, Sleep) 정책을 펴온 것만 보아도 얼마나 무서운 사람들인지 알 수가 있다. 그러한 사람들의 나라에 자네가 혼자 가서 자네의 이론을 당당하게 검증하고 돌아올 수 있을지 심히 걱정이 되는 바이다. 프랑스인들이 역사적으로 추진해온 대외 식민정책을 보면 너무 신사답지 못한 면들이 많은데 자네에게는 어떻게 대할지? 어쨌든 자네는 절대 양보해서는 안 된다. 반드시 실험으로 증명하고 돌아와야 해!"

"총장님, 범을 잡으려면 범의 굴로 들어가야 한다고 하지 않습니까? 가겠습니다. 가서 해결하고 오겠습니다."

"고맙다. 그렇지만 해결 못하면 아예 망명하고 한국에 돌아오지 말거라."

혼자서 감당하기 어려운 큰 임무수행에 책임을 지워서 어린 부하를 적지에 보내는 지휘관의 걱정과 함께 크게 미안해하시는 애틋한 마음을 마음속으로 깊이 느꼈다. 한편으로는 해결 못하면 귀국치 말고 아예 망명을 하라고 반 농담으로 말씀하시는 데서 사고원인 규명이 대내·외적으로 공군에게 얼마나 중요한 의미를 가지는지를 읽을 수 있었다. 불과는 총장실을 나오면서 다짐했다.

"걱정 마십시오, 공군을 위해서, 총장님을 위해서, 그리고 저의 명예를 위해서 반드시 해결하고 오겠습니다!!!"

비장한 각오로서 군 최고지휘관에게 마음속으로 다짐을 드렸다. 그리고 불과는 본인이 건의 드려 선정한 한국측 사고조사위원 한 명을 대동하고 자신의 주장에 대한 검증 실험을 위해 프랑스 헬기 제작회사에 가게 되었다.

불과는 중대한 사명을 띠고 생전 처음 가보는 유럽지방에 뛰어드는 격이었다. 그렇지만 오랜 외국생활에서 쌓은 경험 탓인지 걱정은 좀 되었어도 기분은 그저 담담하였다. 프랑스 헬기 제작회사에 가서 실험 결과가 좋지 않을 경우를 대비하여 몇 권의 책과 옷가지를 챙겨가지고 여행하는 기분으로 김포에서 파리행 'KE901' 편에 몸을 맡기었다.

당시는 지금과 같이 민항기가 중국과 러시아 상공을 통과하여 유럽에 직접 갈 수 있는 여건이 아니었다. 북극 항로를 따라 가야하는 23시간 정도 비행시간이 소요되는 지루한 여정이었다. 김포에서 어둡기 시작할 때 출발했다. 앵커리지공항을 경유하여 파리 드골공항에 이른 새벽에 도착했다. 그저 캄캄한 하늘만을

어느 노병(老兵)의 꿈

비행하는 정말 피곤한 여행이었다. 파리 드골공항에서 입국수속을 마치고 나니 새벽 6시경이 되었다.

두 가지 실험을 할 헬기 생산 공장이 있는 마르세이유행 프랑스 국내선 이륙시간은 12시경이었다. 6시간을 공항에서 기다렸다. 넓은 드골 국제공항에 국내선 여객기 출구를 찾아서 가는데 지금 생각해 보니 1시간 이상이 걸린 것 같다. 멀어서가 아니고 10~15분 정도면 충분히 공항 셔틀버스를 타고 찾아 갈 수 있는 거리였다. 하지만 불과 일행은 영어밖에 몰라서 프랑스 모국어밖에 모르는 현지인들과 대화가 되지 않아 물어 보는데 한계가 있었기 때문이다. 당시 분명히 파리 드골공항은 국제공항이었다. 그럼에도 어떠한 이유에서였는지 드골공항 어디에서도 영어로 표기가 되어 있는 것이 없음을 말할 것도 없고, 누구와도 영어가 전혀 통하지 않았다. 아마 당시에는 세계적으로 국제화가 덜 이루어진 시대였기 때문일 것이다.

몸짓, 발짓으로 물어가면서 국내선 공항에 찾아가서 보니 아직도 탑승해야할 항공기 이륙시간이 4~5시간이나 남아 있었다. 시간도 많이 남았고 배도 고파서 불과는 동행하는 선배장교와 공항 내 스낵바에 가서 낯이 익지 않은 프랑스 빵 한조각과 우유 한잔을 사서 먹었다. 사람들은 누구나 타국에 가서 환전해간 현지 돈을 사용하게 되면 그 나라 화폐가 익숙해질 때까지 자기 나라 화폐로는 사용한 돈이 얼마인지를 계산해보는 습성이 있다. 아마 비싼지 여부를 판단해 보기 위해서일 터이다.

당시 사먹은 빵 한조각과 우유 한잔 가격을 한국의 원화로 계산해보니 한국과 비교해서 2배 이상이나 비싸다는 것을 알 수 있었다. 출발 전에 파리주재 한국대사관 전화번호와 파리주재 공군유학생 전화 등을 적어간 것이 있어 공항에서 전화 연결을 시도해 보았지만 통화를 하지 못했다. 전화번호가 틀린 것이 아니었다. 안내 글을 읽을 수가 없어 어떻게 다이얼을 돌려야 하는지를 몰라서였다. 지금 생각해도 참 부끄러운 일이다. 모든 안내문들이 불어로 적혀있고 물어볼 사람 또한 마땅치 않으니 간편한 절차조차 따를 수 없어 발생한 일이기도 하다. 정말 답답하기 이를 데 없는 상황이었다.

불어를 모르다보니 공항에서 4~5시간 기다려 국내선을 타는데도 별 우스운 일이 다 벌어졌다. 예약된 국내선 항공권을 발급받는데 발생했다. 짐이 있으면서 짐이 없는 승객이 서는 줄에 잘못 섰던 것이다. 하마터면 타야할 항공기를 탑승하지 못할 뻔한 웃지 못 할 실수까지 했다. 프랑스어로 'Without Bag' 표기를 'With Bag'으로 추정하여 이해를 하고 줄을 서서 기다렸기 때문이다.

"당신은 짐이 있잖아요? 이 줄에서는 짐이 없는 사람만 항공권을 발급해주는데요. 저쪽에 짐 있는 사람들이 서는 줄로 가세요!"

새로이 'With Bag' 승객이 서 있는 줄로 옮겨 제일 끝에 서서 간신히 마지막 표를 할당받아 원하는 항공기를 탑승할 수 있었다. 항공기에 탑승해서 프랑스인들 사이에 샌드위치가 되어 2시간 정도 정말 불편한 시간을 보낸 후 Super Puma 헬기 생산 공장이 위치한 지중해 연안의 마르세이유 공항에 내렸다. '처음 오는 생지에 프랑스 회사에서 마중을 나오지 않으면 어떻게 하나?'하고 걱정을 했었는데, 다행히 사고조사과정에 한국에서 불과의 Counter-Partner로 항상 논란을 했던 프랑스 회사 사고위원 스티브가 부인과 함께 마중을 나와 기다리고 있다가 반가이 불과 일행을 맞아주었다.

"먼 길 오느라 수고했습니다. 많이 지루했지요?"

"아이고, 이렇게 마중 나와 반갑게 맞아주어 고맙습니다."

한국에서 논란할 때는 서로 얼굴까지 붉혀가며 못된 놈, 무식한 놈이라고 욕까지 서로 나눈 사이였지만, 지금 생각해도 당시에 얼마나 반가웠는지 모른다. 서로가 짧은 영어로나마 대화를 나눌 수 있는 현지인이라는 점에서 더 반가움을 느꼈던 것 같다. 마르세이유 공항은 마르세이유시에서 30~40km 정도 떨어져 위치해 있었다. 헬기 제작회사는 공항에서 10~20km정도 거리에 위치한 한국의 읍 소재지 규모의 조그만 도시 "Aix En Province"에 위치해 있었다. 스티브 부부는 불과가 미리 부탁해서 예약을 해놓은 중류급 호텔(한국의 장급수준의 모텔)까지 불과의 일행을 데려다 주고 돌아갔다.

"내일은 일요일이니 푹 쉬세요. 모레 월요일 아침에 픽업하러 오겠습니다. 그때 봅시다."

"오늘 마중 나와 줘서 고맙습니다. 월요일 아침에 봬요."

정말 낯설고 물 설은 이국땅 허름한 호텔 방에서 낮과 밤이 한국과 정반대인 상황이었다. 밤은 되었으나 한국에는 낮이니 잠이 올 리 없지 않은가? 이러한 상황을 대비해서 파리행 비행기 내에서 구매해 온 독한 위스키를 한 컵 마시니 술김에 피곤이 몰려와 잠을 이룰 수 있었다. 다음날 아침 일찍 일어나 호텔 식당에 내려가 일행인 선배장교와 만나서 조찬을 했다.

"불과, 잘 잤어?

"네, 위스키 한 컵 마시고 잤어요."

"어제 저녁에 잠이 오지 않아 프랑스어는 몰라도 혹시나 해서 전화번호부를 들척이다보니 Lee, Kim, Park 등 한국 성씨가 여럿 눈에 띄어서 통화를 시도해 보았는데, 글쎄, 이곳 한인교민회장하고 연결이 되어 그가 아침에 우리를 픽업하러 오기로 했네!"

"아, 그래요? 그렇지 않아도 오늘 무엇을 해야하나하고 생각 중이었는데 잘하셨네요."

선배장교와 호텔식당에서 아침식사를 하고 밖에 나가 낯선 이국 풍경에 젖어 산책을 하고 돌아왔다. 10시경이 되니 그곳 대학에 유학생으로 와 있는 한국교민회장이 차를 가지고 왔다. 그분 덕택에 그곳 명소 몇 군데를 둘러보고 마르세이유 시내 구경도 했다. 점심식사는 그분의 권유로 그 분 집에서 했다. 그래서 그곳에서는 정말 귀하다는 한국 김치까지 먹어볼 수 있는 기회를 가지게 되었다.

불과도 오랜 미국 유학생활 경험이 있어서 유학생의 삶이 얼마나 고달픈지를 안다. 그의 집에 가서 그곳 유학생활이 자신의 미국 유학생활보다 상대적으로 얼마나 어려운지를 보고 느낄 수 있었다. 서양식 아파트하면 누구나 기본적으로 상상이 되는 방이나 거실 바닥에 있어야 할 카펫은 말할 것도 없고 책상하나 제대로 없었다. 낡은 식탁 하나만이 덩그러니 놓여 있는 거실에서 식사 한 끼 얻어먹는 것이 얼마나 미안했는지 모른다. 그렇지만 한국 사람이라는 것 하나만으로 조금도 망설이지 않고 자기 집에 우리 일행을 초대해준데 대해서 무한한 감사를 느끼기도 했다.

"사모님, 힘드시지요? 저도 미국에서 유학생활을 해보아서 공부를 하는 남편보다 적은 돈으로 뒷바라지해야 하는 가족이 얼마나 어려운지를 조금은 안답니다. 너무 맛있게 잘 먹었습니다. 괜찮으시다면, 제가 오늘 저녁에 이곳 프랑스 레스토랑에서 식사를 대접하고 싶은데요?"

"별 찬도 없는데, 그렇게 맛있게 잡수셨다니 고맙습니다. 여보, 저녁식사에 초대해 주셨는데, 어떠셔요?"

"그래요? 저녁에는 특별한 일이 없으니 이분들과 함께 식사하도록 하지요."

스스럼없이 형제같이 대해주는 그분들의 태도에 감사한 마음으로 저녁에는 불과 일행이 그곳에 나름대로 좋아 보이는 레스토랑에 유학생 가족을 초대하여 식사를 함께 했다.

"사실은 저희들이 이곳에 유학 온지 대략 6개월이 조금 지났는데, 지금까지 외식한번 못했어요. 그렇게 프랑스 스테이크를 한번 먹어보고 싶었는데 맛있네요. 이런데 초대해 주셔서 정말 감사합니다."

준비한 자가 기회를 잡는다. ---- 41

"별말씀을요."

몹시 좋아하는 유학생 부인의 모습을 보고 불과는 자신의 미국 유학시절이 생각났다.

"아, 나의 미국에서의 유학생활은 너무 행복했었구나!"

자신의 미국에서의 유학생활이 그곳 유학생의 생활보다 훨씬 형편이 좋았다고는 할 수 없어도 그렇게까지 어려운 생활은 아니었다고 생각이 들었다.

"한 가지만 여쭤 봐도 될까요?"

"어려워하지 마시고 말씀하세요."

"저도 2년 전 정부지원 유학생으로서 미국에서 당신들이 받는 동일한 금액의 생활비를 정부로부터 지원받아 생활했는데 여기서 생활하시는 것을 보니 저는 여유가 많았던 것 같이 느껴져서요?"

"아, 그래요? 그것은 아마 이곳 물가가 상대적으로 비싼 편이고 한국 상점이 없어 중국인 상점에 가서 쌀과 채소 등을 특별히 주문해서 비싸게 구입하기 때문일 겁니다."

그 말을 듣고 나니 새삼 그 가족이 우리 일행에게 베풀어준 그날의 점심이 얼마나 값지고 귀한 음식이었나를 느끼게 해주었다. 허물없이 대해준 그들에게 진정으로 고마운 마음이 들었다.

다음날 아침 Aerospatiale사에서 보내준 벤츠를 타고 그곳 헬기 생산 공장에 스티브 사무실을 안내받아 찾아갔다. 그 사람도 부하직원을 60명 이상이나 거느린 부장급의 오랜 실무 경험을 보유한 사람임을 알 수 있었다. 한국에서의 상황이 이제는 역전

어느 노병(老兵)의 꿈

이 된 기분이 들었다. 프랑스측 사람은 10여 명에 한국측 사람은 2명이니 수적으로도 열세고 또한 그들이 헬기를 생산하는 현장이 아닌가?

"아, 정말 내가 호랑이굴에 들어 왔구나!"

불과는 그러한 기분이 들었다. 그럼에도 어디서 그런 배짱이 생겼는지 그렇게 겁나지는 않았다. 오전에는 서로 상견례를 나누고 전반적인 실험계획에 대하여 브리핑을 받았다. 오후부터 계획된 실험이 진행되었다.

생산회사에서 불과에게 제시한 실험들은 불과가 주장하는 사고원인에 대한 이론적 분석내용에 대해 보험회사에서 납득할 수 있도록 검증하기 위해 제시한 세 가지였다. 총 세 가지 실험 중 두 가지 실험을 그곳 생산 공장에서 수요일까지 완료하고, 특별한 사정이 없으면 목요일에 파리로 이동하여, 금요일에 나머지 한 가지 제일 중요한 재질피로 실험을 파리 르 부르제(Le Bour-get) 공항에 위치한 재질피로 시험소에서 진행하도록 계획되어 있었다.

그곳에서의 두 가지 실험은, (1) 단파 안테나 고리가 어떤 이유에서든 떨어졌을 경우 꼬리 회전자에 흡입될 가능성이 있는가? (2) 흡입이 되었다면 회전자 중 임의의 회전자 깃 표면에 단파 안테나 고리가 재질피로를 야기할 만한 초기 손상을 입힐 가능성이 있는가를 검증하는 실험이었다. 불과는 두 가지 실험 모두 과학적으로 99.9%이상 가능하다는 확신을 가지고 있었다. 그곳에서의 실험 결과에 대해서는 그렇게 우려를 하지 않았다. 오히려 그들이 무슨 수를 쓰지 않을까하는 의구심 때문에 마음 한구석 걱정이 되었다.

"스티브씨, 실험장비가 실제 비행 상황을 유사하게 모의해 줄 수 없을 것 같은데요?"

"불과씨, Super Puma 한대 보상해주면 될 것 아니에요? 당신은 한국에서도 그러더니 우리 회사까지 와서 그렇게 큰 소리 치시는 거예요?"

불과의 입장에서는 한국에서 논쟁할 때와 같이 의구심 때문에 실험 전에 큰 목소리로 스티브에게 문의를 한 것뿐이었다. 그럼에도 그의 답변은 감정적이어서 영 듣기가 거북할 정도였다. 한국에서 불과에게 기가 좀 죽었던 것이 억울하다고 생각해서 그렇게 답변하지 않았나하는 생각이 들었다. 어쨌든 불과에게 열이 났는지 아주 강한 어조로 '너는 우리 회사까지 와서 큰 소리 치느냐?'는 식의 응수였다. 불과도 언짢기는 마찬가지였다. 그렇지만 가만히 생각해보니 그 친구 말이 맞는다는 생각이 들었다. 먼저 미안하다고 사과하고, 마음속으로 다짐했다.

"그렇다, 내가 여기에 온 이유는 나의 논리적 분석이 맞는다는 최종적인 합의를 얻어내기 위해서이다. 나는 여기에 싸우러 온 것이 아니다. 이기러 온 것이다. 개인적인 감정적 요소로 인해 대사를 그르칠 수 없다. 절대로 흔들리지 말자!"

불과는 그 후 세 번째 실험을 르 부르제 공항에 위치한 재질피로 시험소에서 마치고, 파리소재 Aerospatiale 본사에서 최종 결론을 낼 때까지, 마음속으로는 그들의 행동거지에 경각심을 늦추지 않았다. 그렇지만 절대 언쟁은 하지 않았고 항상 웃는 얼굴로 그들을 대했다.

그곳에서의 이틀간에 걸친 두 가지 실험은 모두 불과가 예측한 대로 '가능성이 높다.'는 것으로 판명이 되었다. 실험을 모두 끝내고 수요일 오전에는 그곳 공장을 구경시켜 주었다. 실제 항공 역학을 6년 가까이 학교에서 공부를 했지만 불과에게 항공기 생산회사 견학은 처음이었다. 실제 기계관련 생산 공장을 가서 본 것은 언젠가 대위시절 산업시찰 기회에 '울산 현대 자동차공장'을 견학한 경험이 전부였다. 불과에게 실제 헬기 제작공장의 조기 부품제작단계에서부터 완제품 생산단계까지의 헬기 생산공정 견학은 귀중한 경험이 아닐 수 없었다. 헬기 생산 공장은 생각했던 것보다 그렇게 거창하지는 않았다. 그렇지만 당시에 헬기 생산시설 못지않은 복합소재 연구시설과 각 부품 공정관리 과정들의 시설들은 불과에게 부러움의 대상이 아닐 수 없었다.

목요일 아침 일찍 다시 민간항공편으로 스티브와 함께 파리 Aerospatiale본사로 갔다. 그곳에 있는 재질피로 시험소에서 문제의 핵심인 세 번째 실험이 계획되어 있었기 때문이다. 계획된 실험은 사고 헬기의 꼬리 회전자 깃 표면에 작은 상처(Crack)가 났을 경우 재질에 피로가 누적되어 1회 비행 중에 회전자 깃이 사고기 잔해의 형상(세로로 깃의 1/2이 절단되고 다시 가로로 끝까지 절단되어 분리됨)과 같이 반 토막 나듯 절단이 되는 것을 입증하는 실험이었다. 그 실험은 불과도 도저히 입증할 수 있다고 확신을 할 수 없었다. 그것은 통계적으로 발생 할 수도 있다고 판단한 것이었기에 이론적으로는 가능하나 예상한 사건이 실험 중 발생할 확률은 아주 낮을 수도 있었기 때문이다.

파리 드골공항에 항공편으로 도착하여 Aerospatiale 본사에 안내받아 가보니 회사에서 고용한 한국인 통역관이 우리 일행을 기다리고 있었다. 통역관은 현지에서 8년째 불어불문학 박사과정을 수학하고 있는 한국유학생이었다. 그 젊은 유학생은 회사가 필요할 때마다 Part Time으로 고용되어 일해 왔다고 했다. 그래서인지 회사의 여러 사람들과 안면이 있는 듯했다. 본사에 도착해서 안내받아 간 곳은 총 3,300명 정도의 인력을 고용하여 세계 항공기 생산 5위를 자랑하고 있는 Aerospatiale사 부회장의 집무실이었다.

회사 부회장이 본사의 관련 중역들을 대동하고 불과 일행을 맞아 주었다. 사고조사를 위해 자기네 회사를 찾아온 한국 공군의 사고조사 대표들을 손님의 예우로서 맞이하여 인사를 나누는 의례적인 자리였던 것 같다.

"안녕하세요? 만나게 되어 반갑습니다. 먼 길 오느라 수고 많으셨는데, 불편한 점은 없으셨는지요?"

"만나 뵙게 돼서 반갑습니다. 스티브가 여러 면에서 배려를 해주어서 그렇게 어려운 점은 없었습니다. 그러한 여러 가지 배려에 감사를 드립니다."

"저희들은 금번 실험에 의해 빠른 시일 내에 사고원인 규명이 명확하게 판명되기를 기대하고 있습니다."

"물론 저희들도 그러한 기대 속에 프랑스까지 왔기에 이번 마지막 실험까지 잘 마무리되었으면 합니다."

그리고 불과는 프랑스를 향해 본국을 떠나기 전에 꼭 말하겠다고 다짐한 바를 분명하게 언급했다.

"부회장님, 만약 사고가 제작사 과실로 밝혀진다면 헬기 추락 사고과정에 부상을 입은 한국의 조종사 및 부조종사에게 보상을 해주셨으면 하여 건의를 드립니다."

"그것은 좀 곤란하겠습니다. 판매계약서에 보증기간 내에 탑승 승무원은 보상대상에 포함되어 있지 않습니다."

판매계약사항에 대해 배석한 참모들에게 확인한 후 부회장은 불과의 요구사항을 정중하게 거절했다. 그렇게 말할 것을 불과는 예상했기에 바로 말을 이어갔다.

"보상대상에 포함되어 있다면 제가 무엇 때문에 부회장님께 건의한다고 했겠습니까? 포함되어 있지 않기 때문에 부회장님께 말씀드리는 것입니다. 항공기는 고장이 발생하거나 추락하게 되면 돈만 있으면 상황에 따라 얼마든지 고치거나 새것을 구입하면 됩니다. 하지만 사람의 생명은 돈으로 살 수 없으며, 큰 부상을 입었을 경우에는 부상에서 회복된다고 해도 평생 그 후유증으로 고생을 해야 하지 않습니까? 이번 사고로 중상을 입은 승무원의 경우, 금번 사고가 당신네 제작사 과실에 기인해서 발생했다면, 그들은 당신네 회사에서 제작 판매한 헬기를 탑승했기 때문에 남은 인생을 이번에 입은 부상의 고통을 받으며 살아가게 되어 있습니다."

그리고 한 박자 쉬었다.

준비한 자가 기회를 잡는다. _ _ _ _ 47

"동양 사람들은 도의적인 책임을 중시합니다. 이번 사고의 경우 설령 Warranty 조항에 명시되어 있지는 않다고 해도, 제작사 과실로 사고가 발생했다면, 동양적 사고로는 당연히 당신의 회사에서 보상을 해 주어야 합니다. 그것이 바로 동양적 사고의 도의적인 책임을 회사가 지는 것입니다."

말을 하는 김에 첨언해서 한 가지 더 강조했다.

"보상을 해준다고 해야 그 금액은 당신네 회사의 입장에서는 우리가 한국에서 일반적으로 말하는 '껌 값'에 지나지 않는 적은 액수일 것입니다. 그럼에도 행정적으로 처리된 서류상 계약만 따지면서 보상을 해주지 않아 평생 당신네 회사를 원망하면서 살아가는 사람들이 있다면 전 세계를 상대하는 당신네 회사가 복을 받을 수 있겠습니까?"

"보상은 우리 회사가 가입한 보험회사에서 해결할 문제이니 알아보도록 하겠습니다."

동양의 도의적인 책임 중시사상과 보상비용이라 해봤자 회사의 입장에서는 껌 값에 불과하다는 불과의 장황하면서도 조용하고 분명한 주장을 듣고 부회장은 간단하게 답변했다.

"저는 보험회사에 대해서는 잘 모릅니다. 아는 것이 있다면 분명히 보험회사에서는 Warranty조항에 승무원의 부상에 대한 보상이 명시되어 있지 않기 때문에 보상을 해주지 못하겠다고 답변할 것이라는 것입니다. 그래서 회사가 도의적인 책임을 지고 직접 보상을 해주실 것을 건의 드린 것입니다. 그러니 대승적 차원에서 회사의 명예를 생각해서 꼭 한국 공군 승무원 부상에 대해 회사가 자체적으로 보상을 해주실 것을 부탁드립니다.”

강하다 못해 간곡하게 부탁을 했다. 그렇지만 전혀 예상치도 못했다. ‘지성이면 감천’이라는 속담대로 하늘이 감동해서인지 간곡한 부탁이 현실이 되어 그 다음해에 돌아왔다. 불과가 프랑스 Aerospatiale사 부회장에게 판매 계약서의 Warranty 조항에도 포함되어 있지 않은 사고기 조종사에 대한 보상 요구가 현실이 되어 보상을 받았다는 것이다. 보상금을 받게 되었다는 소식을 프랑스에 다녀온 1989년 다음해 1월에 전해 들었다. 불과에게는 항공기 보상 소식보다도 더욱 값진 것이라고 생각되어 기쁜 마음을 금할 길이 없었다. 불과가 협상과정에서 부회장 설득에 성공한 것이다. 그때 밑져야 본전이라고 생각하면서 작심하고 말한 몇 마디의 말이 현실이 되어 3억 원에 달하는 금액을 승무원들의 피해보상비용으로 받게 된 것이다. 불과는 30년이 지난 지금 생각해도 어린 나이에 자기 자신이 이룬 쾌거에 대해 참 대견했다고 생각하며 그렇게 당당했던 자신에 대해 기쁘고 흐뭇한 마음이다.

부회장과 상호 의례적인 인사를 끝낸 후 불과는 하루 종일 본사의 이곳저곳에 끌려 다니며 회사를 견학했다. 마지막으로 파리 에어쇼를 개최하는 ‘Le Bourget’ 공항에 위치하고 있는 재질피로 시험소까지 견학을 했다. 날이 저물면서 그들이 예약해 준 파리 동북쪽 시내 근교에 위치한 2류급 ‘Lovotel’ 호텔에 여장을 풀었다.

이제 다시 같이 간 선배장교와 둘만 남게 되었다. 저녁을 해결

해야 할 일이 남았다. 프랑스에 도착한 이후 점심식사 걱정은 하지 않아도 되었다. 마르세이유 근처에 위치한 헬기 생산 공장에서나 그날 도착한 파리에 위치한 본사에서는 일과를 진행하는 시간였기에 회사 내 VIP식당에서 12시경부터 3시경에나 끝나는 훌륭한 프랑스 정식을 그들이 제공해주었기 때문이다. 그렇지만 저녁때가 되어 퇴근하게 되면 늘 '어떻게 저녁식사를 해결하나?'하는 걱정을 해야만 했다. 물론 호텔식당이나 호텔 주위에 흔히 있는 고급 레스토랑에 가서 정식을 먹으면 간단히 해결할 수 있었다. 그렇지만 일비로 공군에서 지급받아 가지고 간 비용은 고작 일일 미화 105$였기 때문에 저녁식사 비용으로 큰 비용을 지불할 처지가 못 되었다. 당시 프랑스에도 분명히 간이음식점이 있었겠지만 언어와 음식을 모르는 상황에서 아무데나 들어갈 수도 없고 정말 걱정꺼리가 아닐 수 없었다.

그날은 일행 둘이서 호텔 Check-in 전에 눈에 띈 호텔 주위에 위치한 피자집을 찾았다. 가는 날이 무슨 날이라고 저녁 7시가 넘어 영업이 끝나 문을 닫은 후였다. 할 수 없이 피자집 근처에 있는 빵집에 들러서 우리와는 낯이 익지 않으나 먹을 만하게 보이는 빵 몇 개와 우유를 사가지고 호텔로 와서 저녁식사를 대신해서 먹었다. 나중에 안 일이지만 레스토랑에 가서 원하는 메뉴 한두 가지만 시켜서 먹으면 되는 것을 꼭 점심에 정식만 먹다 보니 레스토랑에 가서는 정식만 주문해야 되는 줄로 알고 웃지 못 할 걱정을 해왔던 것이다.

빵 몇 개로 간단히 식사를 대신하고 잠을 자려는데 다음날 있

어느 노병(老兵)의 꿈

을 실험을 생각하니 걱정이 되어 잠을 이룰 수가 없었다. 불과 판단으로 재질피로에 의한 꼬리 회전자 깃의 절단 가능성은 확률적으로 5% 이하 정도로 아주 낮았다.

"만약에 실험 대상 회전자 깃이 사고기 흰색 회전자 깃 잔해에 나타난 흔적과 같은 크기의 최초 손상 크기(Initial Crack Size)에 의해 실험을 통해서 1회 비행시간 동안에 발생한 사고에서와 같이 절단이 안 되었을 경우 프랑스측 사고조사위원들은 무엇이라고 말할까?"

"그렇게 되었을 경우 그들과 어떤 논리를 가지고 싸울 것인가? 그들은 어떠한 논리로 나올까?"

프랑스에 가면서 가지고 간 책들을 들추어 보면서 이 생각 저 생각으로 잠 못 이룬 파리에서의 생애 첫날밤이었다.

간밤에 잠을 설쳤었음에도 걱정이 되어 다음날 아침에 일찍 일어났다. 호텔 식당에서 간단히 아침식사를 한 후 기다리고 있으려니 회사에서 고용한 한국인 통역관이 차를 가지고 데리러 왔다.

회사에 가서 오전에 마지막 남은 제일 중요한, 그렇지만 확신할 수가 없어 제일 자신이 없는, 실험계획에 대해 재질피로 시험소에 근무하는 사람 주관하에 브리핑을 들었다. 물론 불과가 예상했던 대로 그들은 불과 일행이 그곳에 오기 전에 수차례에 걸쳐 경우별, 꼬리 회전자 깃에 걸리는 부하를 증가시키면서 실험을 해보고 그 결과를 실험계획에 포함해서 브리핑을 해주었다.

그들은 최초 손상 크기와 회전자 깃에 걸리는 부하를 변수로

해서 15회 이상의 실험을 해보고 그 결과를 브리핑 해준 것으로 기억이 난다. 회전자 깃 잔해에 나타난 최초 손상 위치에 최초 손상 크기(대략 2.24cm×0.3cm크기)에서부터 엄지손가락이 통과할 정도의 손상 크기까지 4개의 회전자 깃에 인위적으로 손상을 낸 후 각 손상 크기마다 정상비행 상태에 회전자 깃에 걸리는 부하를 '1'이라 할 때 이를 1.3배 걸리는 상태까지 4단계로 나누어 1시간 비행에 걸리는 동등한 사이클(Cycle)의 부하를 가하여 재질피로에 의해 최초 손상이 확산되어 회전자 깃이 절단되는가를 실험한 결과였다. 그들이 실험계획 브리핑에 포함해서 설명해준 사전 실험결과는 '어떠한 경우에도 절단이 되지 않았다.'는 내용으로서 불과가 예측했던 최악의 비관적인 내용이었다.

오후에는 실험 장치를 견학시켜 주었다.

"내가 이론적으로 주장한 것에 대해 실험에 의한 검증에 실패했을 때 즉, 회전자 깃이 절단되지 않았을 때 어떻게 대처할 것인가?"

"무슨 이유를 만들어야 결과에 무관하게 내 주장을 관철시켜 한국 공군에 유리한 합의점을 찾을 수 있을까?"

"저들은 나보다 이론이나 경험측면에서 훨씬 비교 우위에 있는데, 나의 주장을 반박할 때 어떻게 대응할 것인가?"

그들의 실험계획 브리핑에 포함한 사전 실험결과를 볼 때 검증 실패가 거의 확실시 되는 상황이었다. 정말 불과의 뇌리 속은 많은 상념들로 인해 혼란스러웠다. 분명한 것은 불과의 이론적 주장이 실험으로 검증이 되지 않으면 불과보다 훨씬 경험이 많고 논리에 밝은 사람들이 나타나 불과의 주장에 대해 논리적이며 과학적으로 반박할 것이라는 것이었다. 점심식사 후 드디어 실험을 착수할 시간이 되었다.

"지금부터 실험을 하려고 하는데 동의하십니까?"

"네, 동의합니다."

"그렇다면 실험대에 인위적으로 흠집을 낸 회전자 깃을 위치시켜야 하는데, 불과 당신이 그것을 직접 위치시키고 고정시켰으면 하는데 어떻게 생각하십니까?"

"그래요? 그렇지만 저는 본 실험과 실험 장치에 대해서는 기술자가 아닙니다. 이곳 시험소에 전문기술요원이 우리 사고조사위원들을 대신해서 실험을 주관해주는 것이 합리적이라 생각되어 부탁드리고 싶습니다."

프랑스측 사고조사위원 스티브가 불과에게 실험 시작에 대한 동의를 구하면서 물어서 불과가 답변했다.

시험소에 실험담당자가 프랑스측 사고위원인 Stevnard(스티브)와 보험회사 직원, 한국측에서 불과와 사고조사위원 1명, 시험소 책임자 등이 보는 앞에서 실험 대상인 실제 Super Puma 헬기의 꼬리 회전자 깃 표면에 사고 잔해 백색 회전자 깃 표면에 남아 있는 초기 손상 흔적과 유사한 크기 및 형태(2.24cm×0.3cm)의 손상을 공구를 이용해서 인위적으로 만든 후 실험대에 설치해 놓고 실험을 시작했다. 일행들은 브리핑 받은 사무실에서 대략 1시간 정도 소요되는 실험의 결과를 기다렸다.

비록 겉으로는 태연하려해도 마음속으로는 큰 우려와 걱정 속에 시간이 흘러갔다. 얼마의 시간이 지났다. 실험담당자가 사무실에 나타났다. 물론 주어진 조건에서 절단되지 않았다는 결과였다. 실험 회전자 깃에 인위적으로 만든 손상에 1~2mm정도 재질 피로에 의해 손상확산(Crack Propagation)현상이 나타났다고 부연했다. 직접 확인해 보니 그가 말한 대로 손상확산의 흔적이 분명했다. 그것은 재질피로에 의해 절단가능성이 있다는 것을 보여주는 결정적인 증거이기도 했다.

"예상했던 대로군! 그런데 사고기의 회전자 깃 표면에 실제 초기 손상이 어느 정도 크기인지, 어떤 형태였는지를 정확하게 알지 못하니, 실험대상 회전자 깃 표면에 만든 인위적 손상을 Chord 방향(회전자 깃 세로 방향)으로 양쪽에 1~2mm정도 더 크게 만들어 다시 한 번 실험을 해보면 어떨까요?"

세 가지 실험 중 결정적인 가장 중요한 실험이 너무 쉽게 아닌 것으로 판명이 나서 불과에게 미안해서 그랬는지, 아니면 한 번 더 시도를 해본다 해도 결과는 아닌 것으로 판명날 것이 분명하기 때문이라서 그랬는지, 아니면 두 가지 모두 이유에서 그랬는지 스티브가 불과에게 제안했다.

불과는 마음속으로 한 번 더 시도를 해본다고 해도 결과는 달라지지 않을 수도 있지만, 그래도 일말의 희망을 가지고 더 시도해보는 것이 좋지 않겠는가하는 생각을 했다.

"물론 실험시간을 더 연장해서 한다고 해도 절단은 되지 않겠지만, 당신 생각이 그러니 그렇게 합시다."

어느 노병(老兵)의 꿈

불과는 착잡한 상태의 마음으로 동의를 해주었다. 그는 아무리 태연자약하려해도 머릿속에는 온통 걱정밖에 남아 있는 것이 없었다. 절단이 되는가를 검증하는 실험에서 절단이 안 된다는 결과에 어떻게 대처해야 한단 말인가?

이제 남은 길은 억지를 부리며 우기는 것밖에 없다고 생각이 됐다. 우길 대상을 실험장치의 한계로 설정했다. 그들의 실험 장치로는 실제 비행 상황을 동일하게 모의할 수 없다는 논리이다. 그들의 실험 장치는 지상에 설치된 2차원 모의실험 장치이기 때문에 실제 비행시와 같이 3차원에서 발생하는 모든 복잡한 현상들을 정확하게 모의할 수 없다. 그러한 이유 때문에 실제 비행 상태에서는 절단이 되었는데도 지상실험에서는 안 나타났다는 논리이다. 그러한 주장은 누구도 논박(論駁)하기가 어려운 논리이다. 마음속으로 그렇게 하기로 단단히 준비를 하였다. 계속해서 다른 뾰족한 수는 없을까하고 한참 궁리를 하고 있는데 조금 전에 와서 다시 실험을 해보겠다고 간 실험담당자가 황급히 달려왔다.

"실험대에 실험대상 회전자 깃을 장치해 놓고 실험을 다시 시작한지 채 몇 분이 지나지 않아서 회전자 깃이 불과가 예상했던 대로 피로에 의하여 절단이 되었습니다."

회사측 사고조사위원인 스티브의 얼굴색이 변했다. 처음 시도에서 예상했던 결과가 발생하지 않자 재시도를 제안했던 그였지만 전혀 예상 밖의 사실이기에 그랬는지 실험결과를 인정하려 하지 않았다. 실험결과를 말해 준 실험담당자에게 힐난조로 말

준비한 자가 기회를 잡는다.

했다.

"아마 네가 회전자 깃을 실험장비에 잘못 장착하여 실험 중 부하가 잘 못 걸려 절단된 것 아니야?"

물론 직책상 실험담당자보다 한참 높은 그였기에 그렇게 추궁할 수도 있는 처지였다. 또한 그의 지적이 가능할 수도 있는 상황이었다. 그렇지만 불과에게는 그의 지적이 전혀 예상 밖의 사실을 인정하지 않으려는 억지로 여겨졌다.

불과는 자신의 경험에 비추어 자신 있게 말 할 수 있는 것은 엔지니어는 거짓말을 못한다는 것이다. 물론 할 수도 있겠지만 그때는 서투르게 되어 있다. 실험담당자의 말은 분명히 거짓이 아니라고 생각이 되었다.

"&&%#$$@, ###%%#^&……?"

실험담당자는 스티브의 말에 상당히 자존심이 상했는지 자기네 프랑스 말로 큰소리로 강하게 무엇인가를 항의하는 것같이 보였다. 불과는 스티브의 말이 자기를 무시하는 처사라고 항변하였으리라고 추측을 해보았다. 조용히 옆에서 불과와 함께 그 두 사람의 대화를 듣고 있던 63세가 되어 2년 후에 은퇴 예정이라는 Aerospatiale사의 원로급에 속하는 재질피로 시험소장이 스티브에게 말했다.

"스티브, 내 명예를 걸고 내 부하가 수행한 실험이 정확하게 진행되었음을 보장한다고 해도 실험결과를 부정할 텐가?"

"…………!!"

Aerospatiale사가 설립되면서부터 평생을 회사와 함께 살아

왔다는 그 노신사의 말에 스티브도 더 이상 할 말이 없는지 조용했다. 그렇다. 발생할 확률이 5%도 훨씬 안 되는 가능성이 실제 실험으로 증명이 되었다. 너무나 어려운, 일어날 가능성이 아주 낮은 희박한 사건이 현실로 나타난 것이다. 불과 역시 처음에는 '이것이 꿈이 아닌가?'하고 생각이 들 정도였다.

"하나님 감사합니다. 우리 공군의 명예를 지켜주시기 위하여 역사해 주셨음을 감사, 그리고 또 감사드립니다."

"또한, 한국에서 간절히 제가 이기고 돌아오기를 염원하는 공군에 모든 가족들, 내 사랑하는 아내의 기도에 감사를 드립니다. 덕분에 이렇게 자랑스럽게 한국 공군에 명예를 드높이는 계기를 마련하게 되었습니다."

불과는 제일 먼저 자신이 믿는 하나님께 감사드렸다. 프랑스로 출발하기 위해 인사드릴 때 염려와 걱정을 해주시던 지휘관 참모님들께도 감사를 드렸다. 그리고 누구보다도 제일 많이 염려와 걱정을 할 사랑하는 아내와 아이들의 간절한 기도 덕분에 좋은 결과를 갖게 되었다고 깊이 감사를 드렸다. 멀리에서나마 하나같이 좋은 결과를 가지고 돌아오기만을 기원하시는 그분들의 성원이 없었다면 이러한 결과를 얻지 못했으리라. 정말 모든 영광을 멀리 한국에서 좋은 소식만을 고대하시는 분들께 돌려드리며 감사드렸다. 1989.4.7일 금요일 15:30분경, 불과가 평생 잊지 못할 지금도 생생하게 기억하고 있는 순간이다. 잠시 시간이 흘러 마음속에 격정을 가라앉힌 뒤 스티브에게 제의했다.

"스티브씨, 이제 세 가지 실험이 모두 끝났으니 사고조사의 결

준비한 자가 기회를 잡는다.

론을 내립시다.”

 “불과씨, 오늘은 금요일이고 내일, 모레가 휴일입니다. 당신은 프랑스에 처음 방문한 것으로 알고 있는데, 실험도 다 끝냈고 모처럼 주말이 되었으니 파리 주변에 관광도 하면서 주말을 통해 휴식을 취한 후 월요일 오전에 결론을 내리는 것이 좋을듯한데 어떻게 생각하십니까?”

 사실 결론 내릴 것이 뭐 있는가? 양측 합의하에 이론 및 실험으로 ‘프랑스 회사측의 단파 안테나 설계·장착 잘못으로 인해 사고가 발생하였음이 증명되었다.’고 사인만하면 되는 것인데 왜 굳이 월요일까지 미루려 하는가? 불과는 빨리 귀국하고 싶은 마음에 즉시 결론을 내자는 주장을 펼쳤다. 스티브의 입장에서는 실험 결과를 회사 지휘부에 보고하고 그들의 의견을 들어야 했기에 결론은 늦추자는 주장을 굽히지 않았다.

 지금 같았으면 당연하다고 생각할 일이었음에도 불구하고 불과는 당시 큰 의구심이 앞섰다. 출국하기 전 공군본부에서 총장께서 항상 경각심을 늦추지 말라고 누누이 말씀하시던 것이 뇌리에 떠올랐기에 더 그러했던 것 같다. 불과는 몇 번이나 내친김에 오늘 사고조사의 결론을 매듭짓자고 제의했다. 그러나 월요일에 결론을 내자고 주장하는 스티브는 결코 양보를 하지 않았다. 어쩔 수 없이 그날은 그것으로 일과를 끝내고 숙소로 돌아왔다.

 회사측에서는 불과 일행이 주말 휴무기간 동안 파리 시내를 관광할 수 있도록 자동차를 렌트해 놓고 통역관이 관광을 안내하도록 배려해 주었다. 불과가 Aerospatiale사측에서 고용한 한

어느 노병(老兵)의 꿈

국인 통역관을 통해 숙소에 돌아와서 알게 된 사실이다. 그러니까 식사비와 관광지 입장료만 불과 일행이 부담하면 원하는 대로 관광할 수 있도록 배려(?)해 놓았던 것이다. 그렇지 않아도 결론 도출을 월요일로 미룬 사실만으로도 의구심을 불러일으키기에 충분한데 주말 동안 관광까지 할 수 있도록 조치를 취해 놨다는 사실은 불과의 마음을 더욱 불안하게 만들기에 충분했다.

"아마 오늘의 실험결과는 즉시 회사 수뇌부까지 전달이 되었을 것이다. 자기들끼리 어떻게 대처할 것인가에 대해 회의를 하였겠지? 회의를 통해 그렇게 주말 동안 자기들에게 유리한 결론을 도출한 후 월요일 오전에 불과일행에게 제시할 것이다. 그들이 제시한 결론이 실험결과대로가 아니고 전혀 예상 밖의 이유를 대면서 자기들의 실수를 인정하지 않는다면 나는 어떻게 대처해야 하는가?"

불과의 뇌리 속에는 온통 그 생각뿐이었다. 그날 저녁에는 실험하기 전인 전날 저녁과는 전혀 다른 걱정을 하느라 잠을 이룰 수가 없었다. 그렇게 그들이 비상식적인 태도로 나온다면 마지막까지 사인을 하지 않고 귀국하는 수밖에 없다고 다짐을 했다.

다음날은 평일보다 좀 늦게 일어났다. 쌓인 노독도 노독이겠지만 이틀째 계속 걱정 때문에 잠을 설치고 나서 그런지 아침이 되어서도 잠을 잔 것 같지가 않고 몸이 무거웠다. 회사에서 배려(?)해 준 관광을 하기 위해 아침 식사를 하러 호텔 식당에 내려가니 한국인 통역관이 불과일행의 관광안내를 위하여 대기하고 있었다. 식사 후 파리 시내 관광에 대하여 간단히 설명을 들었다. 그날 하루는 파리 교외 남서쪽에 위치하고 있는 베르사이유 궁을 가기로 계획이 되어 있었다. 시내를 가로질러 베르사이유 궁으로 가는 길에서도 불과의 머릿속에는 어제 저녁의 연장선상에서 온통 프랑스 회사측이 실험결과를 인정하지 않을 경우에 어떻게 대처할 것인가에 대한 걱정밖에 아무것도 없었다.

"어떻게 해야 한국 공군이 원하는 결론을 얻어 가지고 귀국할 수 있을까?"

걱정한다고 될 일이 아닌 줄 알면서도, 또한 프랑스인들이 모두 다 나쁜 사람이 아니라는 것 역시 알면서도 걱정을 하게 된 것은, 처음부터 프랑스 회사측 사고조사위원들이 사고의 원인을 한국 공군의 잘못으로 몰아붙이려했다는 분명한 사실과, 반드시 좋은 결과를 가지고 귀국해야 한다는 강박관념 때문이었으리라 생각이 된다.

파리 교외 남서쪽 20km정도에 위치하고 있는 루이 13세 때부터 짓기 시작하여 루이14세 때 완성했다는 베르사이유궁에 도착했다. 통역관의 이야기로는 보통 때에 궁에 들어가기 위해서는 관광객이 많기 때문에 항상 줄을 한참 서야 한다고 했다. 우리 일행이 갔을 때는 사람이 별로 없어서 곧바로 들어갈 수가 있었다. 2시간 가까이 궁의 내부를 관람했다. 불과는 비록 예술, 특히 미술에는 문외한이지만 정말 아름답고 훌륭한 예술의 극치라고 칭찬하고 싶었다. 석조건물에 내부는 대리석으로 장식한 하나하나 그 자체가 모두 예술품이었다.

가는 곳마다 그냥 지나치기에는 아까워서 사진 찍기에 인색하

어느 노병(老兵)의 꿈

기로 소문난 불과지만 계속 찍다가 포기하고 대신 궁내에 위치한 기념품 판매소에서 궁의 내·외부 중요한 작품들을 모두 사진으로 찍어 설명까지 곁들인 책자 중 가장 최상품 한권을 샀다. 몇 푼이 아니고 책 한권에 5만 원 가까이 되는 거금을 지불하였다. 조금도 아까운 생각이 들지 않았다. 하나의 장편 서사시라 할 수 있는 내부 벽과 천정의 그림들은 걸작 중의 걸작들이라 할 수 있는 훌륭한 작품들이었다. 어느 나라의 궁이든지 그 나라 고유의 멋과 아름다움이 있게 되어 있다. 베르사이유궁은 그 웅장함이나 내부 모든 설계와 장식들이 예술의 나라답게 사람들을 압도하는 그 무엇인가가 있는 것 같은 느낌이 들었다.

예술에 둔감한 사람이라고 생각해온 불과였지만 그 웅장함과 화려함, 그 예술성에 감탄했다. 그러나 동양인으로서 지기 싫은 오기에서인지 중국 북경의 옛 황궁인 자금성을 보기 전에는 세계에서 가장 훌륭한 멋있는 궁이라고는 말하지 않겠다는 생각을 해보았다. 그날은 베르사이유궁을 둘러보고 시내로 들어와서 시내 관광을 조금 더하고 관광을 끝냈다. 기분이 아침보다 한결 나아졌다. 좀 돌아다니며 관광하고 활동하다보니 걱정이 조금은 잊혀 진 듯도 했다.

다음날은 파리 시내에 있는 노트르담 성당부터 시작하여 루브르 박물관, 에펠탑, 몽마르트 언덕 등을 관람했다. 그중에서도 가장 인상이 깊었던 것은 에펠탑이었다. 아마 불과가 공학도이기 때문이었으리라. 에펠탑은 프랑스의 토목공학자인 에펠(Eiffel Gustave)에 의하여 설계된 것이다. 프랑스 독립 100주년을 기념하기 위하여 1889년에 2년여의 공정 끝에 완성되었다고 한다. 이 철탑은 프랑스 정부의 혁명 100주년 기념물 공모에 응모한 100가지 이상의 제안들 중에서 당선되어 건립된 것이다. 공모 당시 「철의 마술사(Magician of Iron)」라는 별명의 에펠이 제안한 '982ft(300m) 높이의 철탑 건립안'에 대한 사람들의 반응은 놀라움, 회의, 반대 등으로 엇갈렸었다고 한다.

"예술의 파리에 어울리지 않게 미적인 감각이 전혀 없는 놀라울 정도의 큰 철탑일 뿐이다."

당시 반대의 가장 큰 이유였다고 한다. 지금 생각해보면 그러한 아이러니한 반대의 이유에도 불구하고 결국 철탑 건립 제안은 채택되었다. 그리고 로마의 성 바오로 성당의 돔이나 이집트 기자의 대 피라미드보다 두 배 높이의 대 건축물이지만 상대적으로 몇 배나 적은 노동력과 비용으로 건립되었다고 한다. 건립된 탑의 이름은 제안자의 이름인 「에펠」로 명명되어 현재까지 그 위상을 과시하고 있다. 그 후 에펠탑은 에펠탑 건설에 반대했던 이유와는 정반대로 예술의 도시라는 파리를 대표하는 상징물이 된 것이다. 그러니 얼마나 아이러니한가?

에펠 탑은 엔지니어의 시각에서 볼 때 금속 아치와 트러스(Metal Arch & Truss)구조로서 건립 당시 정역학의 총화이며 기술적인 큰 업적이라고 할 수 있다. 건립 후 에펠탑은 1939년 미국 뉴욕에 크라이슬러(Chrysler)빌딩이 건립되기까지 세계에서 가장 높은 구조물로 군림해왔다.

"어느 누가 이 탑에 대하여 미적 감각이 없다고 할 수 있겠는가?"

당시 불과가 놀란 것은 무엇보다도 과학이 고도로 발단된 오늘날에도 대부분의 사람들이 생각조차 할 수 없는 300m 높이의 건축물을 100년 전에 구상하고 설계하여 건립할 수 있었다는 프랑스인의 저력이었다. 말로 평가하기는 쉽다. 그러나 그것을 현실로 받아들여 구체화하기는 결코 국민의 저력이 없이는 이루어질 수 없다는 생각이다.

에펠탑 최상위 전망대까지 엘리베이터를 타고 올라가니 파리 시내가 한눈에 들어왔다. 작일 관람한 베르사이유궁이 서남쪽 멀리에 보였다. 정경 중 우리 서울시내와 틀린 것이 있다면 시내 곳곳에 넓은 숲이 많다는 것이었다. 우리를 안내한 통역관의 말에 의하면 파리시내의 공기오염을 정화하기 위하여 국가에서 시내의 곳곳에 넓은 지역의 숲을 보호하고 있다고 했다. 장기적인 안목을 가지고 장기간 도시를 건설해 오는 과정에 시내 곳곳에 넓은 삼림지역을 보호하고 개발지역에서 제외시킴으로써 지금까지 삼림이 잘 보존되어있는 것으로 생각이 되었다.

이틀째 많은 것들을 보고 느끼다 보니 관광을 하는 중에는 실험결과 결론을 맺을 일에 대하여 많이 잊을 수 있었다. 관광을 마치고 숙소에 오니 이제 내일로 다가온, 그동안 우여곡절 속에 프랑스까지 와서 실험까지 수행한 사고조사 결론 맺는 일이 다시 떠올라서 큰 걱정 속에 우려가 되었다.

"내일 프랑스 회사측에서는 어떠한 결론을 유도하려 할까? 그것이 우리의 목적한 바와 상이하다면 어떻게 나는 대처해야

할까?"

물론 지금 생각해보면 지나친 염려였다고 생각이 되기도 하지만 당시 임무를 생각해보면 그럴 수밖에 없었다.

그동안 쌓인 여독으로 몸은 몹시 피곤하였다. 그럼에도 긴장을 풀 수 없는 상황이라서 그날 밤은 정말 나의 인생에서 긴하룻밤 중에 하나로 기억이 된다. 쉬지 않고 흐르는 시간은 새 아침을 가져다주었다. 그러니까 정확하게 1989.4.10일 아침, 호텔에서 간단히 아침식사를 마치고 Aerospatiale 본사로 향했다.

처음 그곳 본사에 갔을 때 사람을 만났던 곳으로 생각이 되는 조그만 회의실로 안내되었다. 그곳에 벌써 스티브가 와서 기다리고 있었다. 공식적으로 사고조사의 결론을 도출하고 한·불양 측의 사고조사 대표가 사고조사결과 결론에 사인을 하는 자리였다. 불측에서는 전무이사급 한명과 국제사업담당 업무요원 몇명이 더 참석을 했다.

스티브씨가 지난 주말을 이용하여 작성했다는 사고조사 경위 및 결론에 대한 보고서를 불과에게 내밀었다.

"불과씨, 내용을 확인해보고 이의가 없으면 사인하시죠?"

그때 불과의 기분은 오랫동안 준비해온 어려운 과목의 기말고사 시험지를 받아보는 기분이었다. 사전에 어떻게 결론을 맺었다는 언질도 없이 불쑥 통명스럽게 건네주는 스티브씨의 실험결과 보고서를 긴장된 마음으로 받아 읽어 내려갔다. 사고경위 등에 대한 기술로 시작하여 결론은 불과가 주장한대로 항공기 제

작회사측의 잘못된 단파 안테나 설계·장착이 원인이 되어 사고
가 발생하게 되었다고 기술되어 있었다.

불과가 그동안 수없이 염려와 우려 속에 걱정했던 것과는 달리
그들은 신사답게 모든 실험결과를 사실 그대로 받아들이고 회사
측의 설계·제작 잘못을 인정한 내용이었다.

"불과씨, 보고서 내용 어디에 이의가 있습니까?"

"아니요. 고맙습니다. 몇 군데 영어 문법과 스펠 몇 자 수정할
것을 제외하고는 전혀 없습니다."

스티브씨의 질문에 기쁜 마음으로 답변을 했다. 이의가 있을
이유가 전혀 없었다. 불과와 비슷한 수준으로 영어를 구사할 줄
아는 스티브씨가 영어로 적성한 보고서 내용 중 몇 군데 영어 문
법과 단어 철자가 맞지 않는 것들을 지적해주고, 내용에는 전혀
이의가 없음을 말해주었다. 영어 문법상의 착오 및 단어 철자들
을 수정한 후 한·불 양측은 그동안의 사고조사 결과에 대하여
공동으로 사인을 함으로써 사고조사가 종결되었다.

불과는 정말 한없이 기뻤다. 불과는 기껏해야 얼마 전에 겨우
책을 손에서 내려놓고 학교 문을 나선 사람이다. 말하자면 그저
이론적으로 조금 알고 있을 정도의 갓 나온 햇병아리 수준의 실
력보유자에 불과하다. 그러한 사람이 국내에 실력이 있다는 엔
지니어들까지도 '가능할까?' 하고 의문을 제기해 온 문제에 대해
겁 없이 도전해서 담대하게 이론적으로 분석하고, 그 결과를 수
십 년에 걸쳐 기술을 축적하여 세계 5위권의 항공기제작회사에
와서 실험으로 증명한 것이다. 자신이 그렇게 당당하게 한국 공

군의 위상과 실력을 그들에게 보여주었다는 사실이 꿈만 같이 생각이 되었다. 그렇지만 분명히 꿈은 아니었다. 불과는 한국인으로서의 자부심과 한국 공군장교로서의 긍지를 뿌듯하게 느낄 수 있었다. 이제 사고조사는 모두 끝이 났다. 사고조사 결론에 사인을 한 후 그 자리에 함께 있었던 프랑스측 사람들에게 처음으로 허심탄회하게 말을 했다.

"저는 사실 많은 염려와 우려 속에 프랑스에 왔습니다. 혹시 당신들이 재질피로 실험을 어떻게 수행할까? 실험결과를 인위적으로 파괴가 발생하지 않도록 하지는 않을까? 실험결과를 수용하지 않고 억지는 부리지 않을까? 정말 그동안 많은 시간을 염려와 우려 속에 보냈습니다. 그런데 당신들의 과학에 대한 믿음과 실험결과를 그대로 수용하는 것을 보고 제가 너무 우려를 했다는 것을 알게 되었네요."

".............?"

"한 가지 질문이 있는데요?"

"무엇인지 말씀하시지요."

"그동안 당신들의 사고조사 전략은 무엇이었지요?"

"Aerospatiale사는 Super Puma 헬기를 세계시장에 주 생산품으로 내놓고 판매하고 있는 회사입니다. 한국에서 발생한 Super Puma 사고는 Aerospatiale사에 치명적인 불운한 일이 아닐 수 없습니다. 그렇지만 회사의 명예와 관련된 일이기도해서 회사에 고위층으로부터 '사고조사를 통해 사고유발원인을 정확하게 밝혀야 한다.'는 백지위임장을 받아서 발생한 사실 그대로를 명확하게 규명하는 것이었습니다. 그러한 지침이라서 우리는 조금도 정책적 차원에서 고려를 하지 않고 실험결과 도출된 그대로 사고조사를 종결지었습니다."

"아, 그랬었군요. 고맙습니다."

"고맙다니요? 우리가 고마워해야 할 일이지요. 이제 사고조사의 후속조치로, 꼬리 회전자 앞에 단파 안테나 장착 형상의 Super Puma 헬기를 운영하고 있는 나라들에 '시한성 기술지시(TCTO[2])'를 내릴 계획입니다. 그리고 한국 공군에는 보험회사 측과 협의하여 가능한 빠른 시일 내에 Super Puma 헬기 1대를 보상하도록 조치해 드리도록 하겠습니다."

"회사측의 공정한 처사에 정말 감사를 드립니다. 또한, 당신의 회사에 대한 사랑과 열정에 경의를 표합니다. 아, 그런데 부회장님 접견시 말씀드렸던 부상당한 사고 헬기 승무원들의 보상도 꼭 해주셔야 합니다."

불과는 무엇보다도 회사측에 감사를 표명했다. 또한, 자신과 사고조사과정에서 수없이 논란을 벌였던 스티브씨에게 그의 인간적 순수함에 진정으로 고마움을 표명했다. 끝으로 사고기의 부상당한 승무원들에 대한 보상도 사고보상에 포함해 줄 것을 다시 한 번 간곡히 요청했다.

이제 불과는 프랑스에 온 목적을 달성했다. 남은 것은 가능한 빨리 귀국하는 것이었다. 일정계획에는 프랑스 육군의 Super

---

2) Time Compliance Technical Orders; 문제발생 항목에 대한 일종의 수리지시서

Puma 운영부대 방문 등이 더 남아 있었다. 그렇지만 그것은 만약의 경우를 대비하여 짜놓은 스케줄이었기에 모두 안가겠다고 통보를 해놓고 가능한 빨리 귀국할 수 있는 대한항공 노선을 알아보았다. 이틀 후 4월 12일 수요일에 스위스 취리히에서 출발하는 노선을 이용할 경우 목요일 파리를 출발하는 대한항공 노선보다 하루 먼저 서울에 도착할 수 있다고 판단이 되었다. 한국에서 좋은 결과를 간절하게 기다리는 분들을 생각해서 하루라도 빨리 귀국하기로 결정했다. 프랑스 헬기 제작회사측에 부탁하여 파리주재 대한항공지사에 사람을 보내어 원래 파리에서 출발하기로 되어 있던 항공기 탑승권을 취리히에서 출발하는 항공기 탑승권으로 바꾸었다.

그날 저녁식사는 프랑스 회사측에서 파리 시내에 있는 식당에서 함께 하자고 제안했다. 다음날 새벽에 스위스 취리히로 출발하기로 계획했기에 오후에 숙소로 돌아와 짐을 모두 꾸려놓고 저녁식사 약속장소로 나갔다. 회사 영업부가 불과 일행과의 저녁행사를 주최했다. 참석자들은 주로 사고조사위원들이었다. 그날 저녁행사의 주요 내용은 저녁식사는 간단히 하고 서유럽에 볼거리로 정평이 나있는 'Crazy Horse'라는 쇼를 구경하는 것이었다. 저녁식사는 일반적으로 그들이 즐기는 3시간에 걸쳐하는 정식 만찬으로 하지 않았다. 간단히 요기를 한 후 쇼 상영장으로 갔다. 입장료는 그들이 계산을 했는데 사람당 5만 원 정도였던 것으로 기억이 난다.

쇼의 이름부터 호기심이 갔다. 그에 더해 쇼 상영장이 불과가 유학시절 가본 적이 있는 미국의 라스베거스 MGM호텔에 쇼 상영장보다 상대적으로 소규모이어서 상당히 궁금했다. 쇼 상영시간은 2시간 정도였다. 쇼에 등장인물은 남자가 2명, 여자가 18명으로 'Crazy Horse'라는 이름이 의미하는 바와 같이 모두가 '미친 말'과 같이 느껴졌다. 쇼의 내용 중 한 가지만 소개 한다면 여자 출연자들이 때로는 모두 함께, 때로는 몇 명씩 출연하여 춤도 추고 노래도 부르며 쇼를 보여주었는데 옷을 입은 형상이 정상과 반대라는 것이다. 즉 가릴 데는 안 가리고 안 가릴 데는 가리는 그러한 옷 차림새였다. 그랬음에도 인상적인 것은 조금도 추하다거나 저속하게 느껴지지 않았다는 것이다. 오히려 고귀한 예술적 정취까지 풍긴다고 느꼈다는 것이다. 쇼를 관람하고 프랑스측 요원들과 작별 후 숙소에 도착하니 밤 12시가 거의 다되었던 것으로 기억이 된다.

그날 저녁은 정말 오랜만에 아무 걱정 없이 편안하게 잠을 잘 수가 있었다. 다음날은 새벽 6시에 파리 시내 기차역에서 출발하는 스위스행 열차를 타야 했다. 불과는 5시에 기상하여 선배 장교와 둘이서 김포에서 파리에 갈 때와 마찬가지로 안내자 없는 서투른 귀국길에 올랐다. 다시 프랑스말만 하는 사람들 틈에서 당시 우리 한국의 기차역과는 달리 개찰구도 없는, 수많은 열차가 출발하는 기차역에서 스위스행 기차를 찾아 타는 것은 그리 쉬운 일이 아니었다. 부족한 영어와 손짓, 발짓 등으로 묻고 물어 스위스행 열차를 간신히 찾아서 탑승했다. 일부러 기차여행을 선택하게 된 것은 기차 여행을 하면서 프랑스의 풍물을 한

눈에 보고 싶어서였다. 생각했던 대로 고속열차로 6시간에 걸쳐 프랑스 중북부 지역을 서에서 동으로 가로 지르는 기차여행은 약간 지루한 것을 제외하고는 즐거웠던 것으로 기억이 난다.

국토의 대부분이 산악지방인 한국과는 대조적으로 대부분이 평야지역이어서 홍수의 재해가 없다는 프랑스를 서에서 동으로 몇 시간을 고속열차로 달려도 산이라고는 볼 수 없었다. 모두 경작이 가능한 평야지대를 지나면서 경치의 단조로움에 지루함 보다는 한국과 비교하여 부러움이 앞섰다. 4시간 반 정도 끝이 안보이는 평야지역을 달린 후 열차는 약간 구릉지역의 오르막길을 질주하는 것 같았다. 곧 얼마 되지 않아 스위스 세관원과 경비원이 여권 조사를 하는 것을 보고 스위스 국경을 통과했다는 것을 알게 되었다. 불과 일행에게는 여행객으로 보여서 그랬는지 아예 여권을 보자고도 하지 않고 지나쳤다.

프랑스에서와 달리 스위스로 들어가니 모든 신호 표시판에 적혀 있는 글씨들과 열차 내에 안내 방송에 세 번째이긴 하지만 영어를 사용했다. 취리히 역에서 열차에서 내려 안내 표지판을 따라서 갔는데 궁금한 것이 있으면 영어로 물어 볼 수 있어 프랑스에서와 같은 불편함이 없어 좋았다. 먼저 파리주재 대한항공지사를 통해서 예약해둔 취리히 국제공항 근처에 위치한 호텔을 찾아가서 체크인하고 다시 시내로 나왔다. 우리나라 서울에서 옛날 1960년대까지 운행했던 전차를 타고 취리히 시내 관광을 하면서 그날 오후를 보냈다.

알프스 산 대부분이 국토인 아름다운 경치의 나라 스위스에 여행 중 지금까지 머리에 남아있는 것이 있다면 공항은 물론이며 시내 곳곳에 무장경찰(군인?)들 모습이다. 세계 각국에서 온 평화로이 시내를 돌아다니는 사람들과는 대조적으로 제복차림에 M-16으로 보이는 총을 어깨에 메고 경비를 하는 그들을 보면서 느낀 것은 낯선 지역에 처음 온 여행자로서의 두려움보다는 만약에 나에게 무슨 일이 발생한다면 도와줄 것이라는 안도감이었다. 아마도 그러한 이유 때문에 많은 외국 관광객들이 두려움이 없이 자유로이 시내 중심가를 관람하며 여행을 즐길 수 있지 않나 하는 생각이 들었다.

낯선 스위스 취리히에서 하루 저녁을 보내고, 다음날 오전 11시경에 출발하는 대한항공편으로 서울로 향했다. 함부르크를 거쳐 앵커리지에 잠시 기착한 후 김포에 도착했다. 장장 23시간하고 몇 십 분이 더 소요되는 장시간의 항공여행이었다. 프랑스에 갈 때는 미지의 세계에 대한 두려움 등으로 덜 지루했다. 이제 모든 것을 마무리 짓고 귀국하는 길은 정말 길게 느껴졌다. 김포에 도착해서 마중 나온 아내와 택시를 타고 저녁 8시경에 집에 도착했다. 집에 도착하니 기다리는 것은 '즉시 본부로 들어오라.' 는 전화를 이용한 구두명령이었다.

다음날 아침 8시 일과 보고시 지휘관에게 보고해야 할 보고문서 작성을 위해서였다. 저녁식사를 할 틈도 주지 않았다. 내용은 중요하지 않고 그저 자신이 책임자로서 지휘관에게 해야 하는 '보고' 자체만을 중요하게 생각하는 머슴들의 행태에 서운한 마음이 앞섰다.

준비한 자가 기회를 잡는다.

"야, 불과 중령 너, 프랑스 여행은 처음이라며?"

"네."

"그럼 프랑스까지 여행을 가는데 부족한 경비는 네가 개인적으로 부담해서 한화를 달러로 바꿔서 가도록 해."

프랑스에 갈 적에 해외공무 출장 시 정상적으로 주어야 하는 일일 식비도 유럽기준 비용(당시 145불)을 주지 않고 미국기준으로 105불씩 계산해서 주면서 당시 공군 감찰감이 불과에게 한 말이다. 공군과 대한민국의 명예를 걸고 호랑이를 잡으려고 호랑이 굴에 들어간다는 비장한 각오 하에 막중한 사명을 띠고 적지에 들어가는 1개 중령에게 어깨에 별을 두 개씩이나 달고 있었던 사람이 할 수 있는 말인가? 출국 시 가졌던 그에 대한 서운한 마음까지 떠올라 지휘관께서 좋은 결과를 손꼽아 기다린다는 순진한 생각에 군인으로서 하루라도 빨리 귀국하려 노력했던 자신이 우습게 느껴졌다.

"그렇게 명일 아침 보고가 중요하고 급했다면 불과가 도착하는 김포공항에 관용차 하나 배차해서 내보내주지 그랬어? 그러면 시간을 아껴서 귀국하자마자 곧바로 본부 사무실로 직행해서 보고서를 작성할 수 있었을 것 아닌가?"

머슴들과 아부꾼들의 모습에 한편으로 은근히 화가 나기도 했다. 쉴 틈도 없이 낮과 밤이 뒤바뀌어 피곤한 상태였다. 그렇지만 군인이 아니었던가? 부대로 들어가서 늦게까지 보고서를 작성했다. 정리 후 집에 돌아와 쉬고 다음날 아침 지휘관께 보고를 드렸다. 보고를 드리는 부하나 보고를 받으시는 지휘관이나 모두 기쁜 마음으로 드리고, 받으실 수 있었다. 지휘관께서는 특별히 불과에게 치하의 말씀과 과분한 촌지까지 하사해 주셨다. 불과는 정확하게 사고원인을 분석할 수 있는 지혜를 주시고 한국 공군의 명예를 지켜주시기 위해 자신에게 여러 가지 배려를 해주신 하나님께 모든 영광을 드렸다. 또한, 그는 그 당시나 30년이 지난 지금이나, 아마 시간이 많이 지난 미래에도, 변함없는 마음으로 당시 자신이 받은 모든 영광을 자신의 조국과 군에 드림을 분명히 밝히고 싶다.

"조국과 군이 자신에게 그러한 일을 처리할 수 있는 능력을 구비할 수 있는 기회를 부여하여 키워주었기 때문에 가능한 일이 아니었던가? 그에 더해 어찌 공인으로서 자신이 수행한 업무의 성과를 어떻게 개인의 공으로 돌릴 수 있겠는가?"

그 후 많은 사람들이 불과에게 질문을 했다.

"야, 불과 대단해, 어떻게 그러한 일을 할 수 있게 되었어?"

"아닙니다. 운이 좋아서……, 그럴 수 있었던 것 같습니다. 소가 외양간에서 캄캄한 저녁에 우연히 뒷걸음질 치다가 쥐를 밟아서 잡는 것처럼 어떻게 하다 보니 그렇게 되었네요."

한국인들의 심리를 너무 잘 알기에 조심스럽게 자기 자신을 낮추어 겸손한 말로 넘겼다. 그렇지만 결코 운이 좋거나 어떻게 하다 보니 그렇게 된 것이 아니었다. 불과가 당시 앞서가는 과학도의 한 사람으로서 Super Puma 사고조사에서 큰 성과를 거둘 수 있었던 것은 그가 유학시절에 그러한 일에 대비해서 철저하게 준비를 하였기 때문에 가능한 일이었다.

준비한 자가 기회를 잡는다.

준비한 자가 기회를 잡는다고 하지 않는가? 그는 꿈이 있었기에 미국 유학시절 미래에 공군에 복귀해서 필요할 것이라고 생각되는 분야에 대해서는 주위 사람들이 미친 사람이라고 할 정도로 학문적으로 섭렵했다. 그 결과 학문적으로 여러 분야가 복잡하게 얽히고설켜서 발생한 사고 헬기의 HF 안테나의 결함 발생에서부터 결국은 꼬리 회전자의 기능중지까지 일련의 사고 진행과정을 공학적 분석을 통해 이론적으로 정리할 수 있었던 것이다. 동역학, 공기역학, 재료역학, 복합소재구조, 파괴공학 등의 문제로 해석해서 수식화한 후 이를 수학적으로 풀어서 답을 도출해 나가면서 확인했다. 그러한 과정을 통해 결국에는 HF 안테나 결함이 사고를 유발했음을 논리적으로 추론할 수 있었던 것이다. 그의 주장이 과학적이었음은 프랑스 제작사측의 요구대로 그들의 도구를 이용해서 실험을 통해 이론적 분석결과를 검증함으로써 입증이 되었다.

당시 한국에는 불과가 해석한 'HF 안테나의 결함 발생에서부터 꼬리 회전자의 기능중지까지의 공학적 분석'을 검증해서 증명할만한 장비나 시설이 없었다. 또한, 사고 잔해의 파괴 단면을 촬영할 수 있는 투과전자현미경(TEM)과 주사전자현미경(SEM)을 다루는 전문가도 없었다. 이에 더해 무엇보다도 꼬리회전자의 표면에 HF 안테나 걸이에 의해 생긴 '2.24cm×0.3cm' 크기의 아주 미세한 흠집이 비행 한 시간 동안 피로누적에 의해 폭 70cm, 길이 1.5m의 꼬리 회전자를 두 동강나게 했다는 불과의 주장을 실험할만한 실험시설이 없었다.

어느 노병(老兵)의 꿈

불과가 자신의 주장을 검증하기 위해서는 프랑스 제작회사에 갈 수밖에 없었다는 말은 무엇을 의미하는가? 당시 불과는 유학기간 미친 듯이 공부한 결과, 첨단과학도가 되어 있었다는 것을 의미한다. 그러했기에 자신의 과학에 근거한 분석결과에 확신을 가지고 있었던 것이다.

　한마디로 불과는 과거 유학시절 공군에 귀대해서 필요할지도 모르는 상황을 대비하여 학문적 배경을 차곡차곡 쌓았기 때문에 그렇게 군과 국가의 위상을 드높일 수 있었던 기회를 잡게 되었던 것이다. 불과가 이룬 성과는 꿈이 있다면 그 꿈을 이루기 위해 열정을 가지고 꿈을 이룰 때까지 자신의 의지를 관철해야 함을 보여주는 불과의 인생에 좋은 사례들 중 하나였다.

6.25전쟁이 발발하여 낙동강 전선까지 밀렸다가 다시 서울을 탈환하고 압록강까지 진격하였으나, 중공군의 개입으로 연합군과 한국군이 한창 남쪽으로 다시 밀리고 있던 시절이었다. 쌍방이 밀고 밀렸던 한반도의 남북을 관통하는 경부선 도로를 기준할 때 충청남도 예산군은 변방에 지나지 않는다. 전쟁 중이라고는 하나 그 지역은 그런대로 평온했다고 할 수 있다. 불과는 1951년 2월 21일 새벽 4시경에 예산군의 어느 산골 마을에 농부의 둘째 아들로 태어났다.

그가 태어난 당시 한국은 전쟁 중이었을 때나 전쟁이 종료된 후에나 사람들의 밥을 굶는 일이 일상일 정도로 전 세계에 최빈국 중에서도 최빈국이었다. 그럼에도 불과는 자수성가를 목표로 열심히 노력해 오신 부모님 덕분에 비록 보리밥이지만 굶지 않고 먹을 수 있는 환경에서 자랐다. 어려서 얼마나 꽁 보리밥을 많이 먹어서 질렸는지, 오늘날 건강식이라고 일부러 찾아다니면서 먹는 보리밥까지도 불과는 변함없이 좋아하지 않는다.

불과는 선호사상이 강한 가정에 다섯째로 태어났다. 불과는 위에 형이 한 명에 누나가 셋이다. 집안에 자손들이 번창하기 위해 아들 하나는 더 있어야 한다고 간절히 바라던 차에 얻은 두 번째 아들이 돌이 갓 지나서 죽었다고 한다. 그래서 집안에 조부와 부모님이 크게 실의에 빠져있을 때에 불과가 태어난 것이다. 그런 탓에 불과는 태어나면서부터 집안에 귀여움을 독차지하게 되었다. 특히 조부의 각별한 사랑을 받았다. 어머니로부터 젖이 떨어지기도 전에 조부는 자신의 품에서 그를 키웠다. 그의 조부는 사실 시골 촌부에 지나지 않았으나 자신의 백부께서 정 3품 통훈대부를 제수 받았다는 사실에 양반집안 사람이라는 자부심이 강했다.

그렇다보니 불과의 조부는 인식 능력이 아직 미흡한 3~4세의 아주 어린 나이 때부터 불과에게 엄한 유교식 예의범절을 주입시켰다. 그 결과 불과는 주위에서 사람들이 놀랄 정도로 어른이나 주위사람들에게 예의범절이 밝아 칭찬과 사랑을 받으면서 성장할 수 있었다. 현재 70세가 된 나이에도 불구하고 불과는 아직도 한국 사회에 부합하는 장유유서가 의식화되어 있다. 또한 어려서부터 사랑받는 법이 체질화되어 있어서 지금까지 그가 살아온 세월 동안 주위 사람들로부터 배척보다는 환영을 받으며 살아올 수 있었다고 생각한다.

"불과, 자네는 영관장교에 불과하면서 한참 높은 장군들에게까지도 하고 싶은 말을 다하면서 어떻게 그렇게 꾸지람보다는 인정을 받니? 정말 불가사의하지만 부럽다."

군에서 현역으로 복무하던 동안 선배들로부터 종종 들은 말이다. 그것은 조부님께 지극한 정성으로 효도하는 금슬 좋은 부모님과 3~5살 터울의 형제자매 사이에서 사랑을 받으며 성장했기 때문이라고 불과는 생각한다. 더욱이 한참 한 인간으로서 인격이 형성되는 과정인 중학교 시절까지 흠 없이 정상적으로 성장한 결과라고 생각하고 있다. 불과는 주위에서 중학교 시절부터 부모 슬하를 떠나 도시에 유학하여 하숙을 하면서 자란 아이들이 빗나가는 사례들을 여럿 보아왔다. 그래서 불과는 지금도 사람이 제대로 되려면 최소한 15~6세까지는 정상적인 가정에서 부모님과 함께 스킨십을 통해 감정을 나누고 사랑을 받으면서 성장해야 한다고 굳게 믿고 있다.

불과는 다섯 살에 조부님으로부터 천자문을 배웠다. 그 결과 한글과 한문 천자를 일찍 깨우치게 되었다. 여섯 살 적 어느 봄날에 조부님을 쫓아서 '덕산 5일장'에 간적이 있다. 조부님께서는 불과에게 심부름을 시키시고 그 대가로 100환3)을 주셨다. 불과가 태어나 처음으로 돈을 자기 소유로 받은 것이다. 불과는 조부께서 '그 돈으로 무엇을 하겠느냐?'고 물으셔서, 책을 장마당에 펴 놓고 파는 이동서점에 가서 최경 선생이 그린 만화 '삼국지4)' 시리즈 중 1권을 샀다. 그것이 계기가 되어 그는 초등학교시절 그 후속편을 구할 수 있는데 까지 구해서 탐독했다. 정말 좋아했다. 그것이 계기가 되어 삼국지 매니어가 되었다. 단권으로 된 소설 삼국지로부터 총 10권으로 편집된 완편 '삼국지연의'까지 여러 저자들이 집필한 다양한 삼국지들을 셀 수 없을 정

---

3) 1957년은 화폐개혁 전으로서 쌀 한말이 3,000환 정도였음
4) 중국 고전 중 하나인 '삼국연의'에 관우의 오관돌파부터 연재로 편집해서 펴낸 만화

도로 많이 읽었다.

　어린 불과는 특히 관운장의 의로운 삶에 매료되었었다. 관운장은 조조가 자신을 거두어 준 것에 대한 고마움을 전장에서 공을 세워 갚았다고 생각이 되자 초연히 떠난다. 조조는 관운장을 자기 부하로 만들기 위해 그에게 직위, 금은보화, 여자 등을 아끼지 않고 제공해주었다. 그랬음에도 오래전 생사를 같이 하기로 약속한 의형제 유현덕의 소식을 알게 되자 그를 찾아서 모든 것을 그대로 남겨 놓은 채 당당하게 떠나는 모습이 어린 마음에도 좋았던 듯싶다. 오만해 보이면서도 약속과 의리를 가장 중시하는 관운장의 모습에서 불과는 자신의 성장한 후의 모습을 그리지 않았나하는 생각이 든다. 오죽했으면 그는 20대 후반 군 장교시절에도 관운장의 의롭고 당당한 정신과 사상을 파악하고 싶어 삼국지의 오관돌파 대목만을 정독해서 읽었을 정도였다. 어쩌면 불과의 인생 전반전에 해당하는 37년 9개월을 군인의 한 사람으로서 나라를 지키는 일선에서 의롭게 살아온 삶이 숙명적이지 않았나 생각이 든다.

　불과는 큰 누나보다 15살이 어리다. 불과는 6살적에 1년 전 화성군 병점면 광산김씨 집 안에 맏며느리로 시집간 큰 누나의 집에 조부를 따라서 간적이 있다. 큰 누나의 집은 공군의 수원 10전투비행단에서 불과 5km 정도의 거리에 위치해 있었다. 당시 수원기지에 착륙하기 위해 활주로 상공 1,700ft 고도를 유지하여 편대지어 나르는 전투기들을 보고 어린 그의 가슴에 무엇을 담았을까?

어려서의 꿈이 그 인생을 좌우한다.

"나는 커서 전투기를 타는 조종사가 될 것이야!"

불과가 그 여행에서 집으로 돌아온 후 형제들에게 장래의 꿈으로 말했다고 한다. 그는 기억에도 없다. 그의 형에 증언이다. 그러한 연유에서 불과는 지금도 자신이 6살의 어린 가슴에 품었던 꿈이 13년 후 자신을 공군사관학교에 무의식적으로 인도하지 않았나하는 생각을 하곤 한다.

불과의 집안에서도 자식들에 대한 기대는 남들 집안과 다를 바가 없었다. 큰 아들인 불과의 형은 가업을 잇기 위해 농과대학에 가는 것이었다. 둘째인 불과는 집안을 빛내기 위해 법대에 가서 사법고시에 합격해서 판·검사가 되는 것이 그의 조부님과 부모님의 바람이었다. 더구나 어린 다섯 살에 천자문을 뗄 정도로 명석하다고 생각했기 때문에 그의 조부님과 부모님은 강력하게 그것을 원했다. 불과도 조부님과 부모님의 뜻에 따라 법대에 진학하기를 어려서부터 원했었다. 법대에 가서 판·검사가 되는 꿈을 그려보면서 자란 것이다.

처음으로 접한 '삼국지' 영향 탓인지 부모님 슬하에서 다닌 초등학교와 중등학교 시절에 그는 공부보다 친구들과 사귀면서 놀이하는 것은 더 좋아했다. 그 결과, 그는 초등학교와 중학교 동기 중 형제와 같은 친구들 몇 명이 있을 정도이다.

"공부 못하는 자식은 자식이 아니다."

불과 부친의 인식이었다. 그렇게 공부 잘하기를 희망하는 부친의 바람에 따라 초등학교 때 2회, 중등학교 때 1회 정도 작심하고 공부를 해서 그 해에는 자기 학년에서 또한 전교에서 1등도

해보았다. 그렇기 때문에 그는 공부에 신경을 별로 쓰지 않았다. 나도 목표를 정하고 공부하면 1등도 할 수 있다는 자신감 때문이었으리라. 공부하는 것에 별로 관심을 가지고 있는 듯이 보이지 않은 탓에 초등학교 6학년 때나 중등학교 3학년 때 그는 당시 명문학교에 진학해서 당시 그가 다닌 학교를 빛 낼 학생으로 주의를 받지 못했다. 그 자신도 그것을 바라지도, 생각지도 않았다. 그럼에도 당시 그가 다닌 지역에 중등학교에는 주변에 위치한 5~6개 초등학교에서 입학시험을 보고 그 결과에 따라 진학을 할 수 있었는데 그는 자신이 졸업한 초등학교 동기들 중에 예측을 불허하고 최고의 성적으로 중등학교에 입학하기도 했다.

중등학교 시절에도 초등학교 시절과 별로 다르지 않았다. 불과는 공부에는 별로 관심이 없어 보였다. 3학년이 되어서야 좀 긴장을 했다. 학과 공부보다는 입시준비에 신경을 썼다. 당시 대전에 있는 농과대학에 다니던 불과의 형이 대전에 있는 명문 고등학교 입학을 추천하며 그 학교 입학원서를 구해왔다. 그렇지만 불과는 미래에 좋은 대학에 진학하여 사법고시에 합격하기 위해서는 대전보다는 서울에 있는 고등학교에 진학하는 것이 유리하다고 판단했다. 그렇지만 당시 불과에게는 서울에 연고도 없었고 서울에 위치한 고등학교에 대한 정보도 거의 없었다.

다행스럽게도 불과의 중학교 동기 중 서울에 사업을 하고 있는 형이 있어 방학 때마다 서울에 가서 학원에 다녀 고등학교 정보에 밝은 동기가 한 명 있었다. 그 동기 추천에 따라 그 동기가 지망하는 고등학교에 지원하게 되었다. 마땅히 서울에 머무를 데가 없다 보니 그 동기의 형님 댁에 기거하면서 그와 함께 지원한 학교에 가서 입학시험도 치렀다.

"나는 합격한 것 같은데 너는 어려울 것 같다. 왜냐면 우리가 현재 영어와 수학시험은 어떻게 보았는지 평가하기가 어렵잖니? 최악의 경우를 고려해서 영어와 수학 이외의 과목에서는 거의 만점을 맞아야 합격권에 들어간다고 할 수 있는데, 나는 거의 영어와 수학 이외의 전 과목에서 만점을 맞은 것 같은데, 너는 말하는 것을 들어보니 한 과목에 최소한 2~3개 정도씩은 틀린 것 같구나! 너는 어려울 것 같다."

".............."

시험을 치르고 귀가하여 저녁에 둘이서 기억에 의존해 시험결과를 비교해보고, 불과 동기가 한 말이다.

"어떻게 저렇게 친구에게 야박하게 말할 수 있을까?"

어린 나이였음에도 야속한 마음을 금할 길이 없었다. 하지만 불과는 야속한 마음에 머물러 있을 수가 없었다. 중등학교 졸업식에서 불과는 최소한 2등이나 3등 수상은 할 것으로 생각했었다. 그렇지만 예상과는 전혀 다르게 수상권에 들지 못했다. 공부 못하는 자식은 자식이 아니라는 의식이 강한 불과의 아버님은 졸업행사 후 불과와 말도 하지 않으셨다. 그러한 아버님 생각이 떠올랐다. 불합격한 상태로 어떻게 아버님을 뵐 수 있겠는가? 2차로 학생을 뽑는 고등학교 2~3개를 선택해서 입학원서를 구입해서 1차 도전이 실패했을 경우에 제출하려 준비를 했다. 불합격했다는 시험결과만 가지고는 도저히 아버님께 갈 수는 없다고

어느 노병(老兵)의 꿈

생각했었기 때문이다.

　예상을 뒤 없고 불과는 그의 중등학교 동기와 함께 1차로 지망한 학교에 합격을 했다. 그것도 당시 조간신문에 합격자 발표가 서열 순임을 감안할 때 그의 동기보다 훨씬 좋은 성적으로 합격이 된 듯했다. 어쩌면 불과의 모교인 중등학교에서 졸업생을 배출한 이후 처음으로 서울의 당시 명문 고등학교 중 하나인 고등학교에 진학한 경우가 되었다. 당시 그의 중등학교 졸업식장에서 불과 대신 수상한 동기들은 불과가 지원한 고등학교와 비교할 때 상대적으로 훨씬 낮은 수준의 학교에 지원했었음에도 실패해서 재수한 것으로 기억을 한다.

　"나는 연습 때나 잘하는 연습선수가 아니다. 시합에 나가서 얼지 않고 진짜 실력을 발휘하는 시합선수다."

　그 후 지금까지 불과는 자신에 대해 그렇게 말하기를 좋아한다. 그의 말대로 불과는 미국 유학시절을 포함해서 정말 어떠한 시험에서도 시합선수로서의 면모를 보여주었다.

　세월이 지나 나이가 들어 생각해 보니 그의 고등학교 시절은 쉽지 만은 않았다. 한국 나이 16살 먹은 자식이 연고가 없는 서울에서 고등학교를 다닌다는 것을 지금의 부모님들은 생각도 못할 일이다. 처음 3개월은 한 동네에 사는 그의 초·중등학교 동기인 6촌 형을 따라 그의 누나 집에서 하숙형태로 지내며 학교를 다녔다. 그 과정에서 불과는 자신만을 위해 그의 육촌 누나가 새벽 4시 반에 일어나 아침을 준비해야 하는 것이 마음에 걸려서 그 집에서 있을 수가 없었다. 3개월 정도 지나 그 집에서 나와 서울의 변두리 지역에서 하숙을 하며 학교를 다녔다. 변두리 지역을 선택한 것은 시골에서 하숙비를 보내주시는 아버님의 부담을 덜어드리기 위해서였다. 새벽 6시에 학교에 가고 저녁 8시가 지나서 귀가하는 하숙생을 좋아할 하숙집 주인은 이 세상에 없을 것이다. 하숙을 시작한지 6개월이 지나 아버님께 간청을 하게 되었다.

"아버님, 마음 편하게 학교에 다닐 수 있도록 방을 하나 얻어 주셨으면 합니다."

"어리고 게으른 네가 어떻게 아침에 일찍 일어나 밥해먹고 학교에 다닐 수 있겠니? 아무리 생각해도 그것은 무리다."

당시 부모님은 정말 걱정을 많이 하셨다. 초·중등학교 시절 항상 어머님이 아침밥을 차려 놓고 깨워야 일어나 황급히 식사를 하고 허겁지겁 학교에 가던 그였기 때문이다. 그랬던 그가 자신이 밥을 해먹고 학교에 다니겠다고 말을 하니 걱정이 되지 않는 부모가 어디에 있겠는가? 예나 지금이나 자식을 이기는 부모는 없다고 한다. 마침내 아버님으로부터 승낙을 받았다. 방을 하나 얻어 자취생활을 했다. 6개월 동안 참으로 마음이 편해서 살 것 같았다.

문제는 항상 발생하게 되어 있다. 아버님께서 보내주시는 생활비가 있는 동안은 매식을 하고 생활비가 떨어지면 식사를 거르는 경우가 많게 되었다. 문제를 해결하기 위해 2학년 말까지 친구들과 같이 하숙과 자취를 반복하면서 학교를 다녀야했다. 그렇지만 3학년이 되어서는 의식을 걱정하지 않고 학교에 다닐 수 있게 되었다. 불과의 형이 서울에 직장을 갖게 되자 아버님께서 불과도 함께 기거할 수 있도록 큰 전세 집을 불과의 형에게 얻어 주셨기 때문이다.

불과의 고등학교 시절은 정말 '다이나믹'했다는 표현이 적절할 터이다. 고등학교에 입학해서 보니 여러 가지 낯선 모습들을 겪게 되었다. 그는 1학년 8반에 배치되어 있었다. 당시 고등학교 학생들은 통상적으로 머리를 삭발하고 학교에 다녔다. 그럼에도 불과가 입학한 고등학교만은 다른 학교와 달이 스포츠형 머리로 기르는 것이 허용되어 있었다. 그것도 모른 채 빡빡 밀은 머리로 교반에 들어갔다. 다른 학생들에게 웃음거리가 될 수밖에 없었다.

본인은 다른 학생들이 왜 웃는지도 모른 채 생전 처음 들어보는 전라도 강진 출신의 전라도 사투리에, 경상도 삼천포 출신의 경상도 사투리들로 시끄러움 속에서 다소 혼란스러웠다. 학생들은 구성원 60명 중 30여 명이 야구부와 학교에 있지도 않은 송구부에 학교를 대표하는 선수요원으로 입학한 특기생들이었다. 그러니까 8반 학생 중 서울 출신들은 대부분 돈이 많은 집안에서 부족함이 없이 자랐으나 성적은 좀 떨어지는 학생들이었다. 부족한 것이 없이 귀하게 자란 서울 출신의 동기들 눈에 저 멀리 전라도, 경상도, 충청도 오지에서 유학 온 천진난만한 촌놈들이 어떻게 보였을까? 불과가 기억하기로 그들은 신기하다는 듯이, 대견스럽다는 듯이 보았던 것 같다. 그럼에도 대단히 환영해 주었던 것으로 기억된다. 용기를 북돋아 주었고 조언도 해 주었다.

어려서의 꿈이 그 인생을 좌우한다.

불과는 지금도 따뜻하게 대해준 그들에게 감사한 마음이다.

나중에 알게 된 사실이지만 1학년은 8반까지 있었는데 7반은 '돌반', 8반은 '깡돌반'이라고 부르는 것이었다. 입학시험 결과 종합점수는 합격권에 들었어도 영어와 수학 성적이 평균 이하인 학생들을 모아서 그 성적순으로 7반과 8반을 편성한 것이라고 했다. 그가 8반이라는 것은 그는 입학시험에서 수학과 영어 성적이 최하위권이라는 것을 의미하는 것이었다. 그가 입학 후 한 달 이내에 치른 수학 실력고사가 그것을 증명해주었다. 그 시험에서 불과는 그의 인생에서 처음으로 100점 만점에 '17점'을 맞은 것이다. 지금 종합해보니 아마 그때 17점이 그의 인생에서 처음이자 마지막이었던 것 같다.

당시 불과가 졸업한 시골에 중등학교에서는 3학년 동안 영어·수학 교과서 한 권씩을 끝까지 가르쳐 주지도 않았다. 반면에 서울의 경우는 좋은 고등학교 취학을 위해 명성이 있는 중등학교에서는 보통 3학년 일 년 동안 3~4권씩의 교과서를 가르쳤다. 그러니 불과의 영어와 수학 성적이 바닥인 것은 당연한 결과였다. 학교 방침에 따라 17점 맞은 성적표를 시골에 계신 부모님께 보낼 수밖에 없었다. 어쩔 수 없이 성적표를 아버님께 보내면서 불과는 아버님께 맹세서한을 동봉해서 보냈다.

"아버님 죄송합니다. 부끄럽습니다. 다시는 이렇게 형편없는 성적표를 보내드리지 않겠습니다. 이번 한번만 용서해 주시고 마음에 노여움을 푸십시오."

그의 맹세는 아버님에게보다도 어쩌면 자신에게 다짐한 것이

어느 노병(老兵)의 꿈

었다. 1학년 동안 불과는 숙식 여건 등 학업 환경이 열악하였음에도 2학년 올라갈 때 성적은 대략 480여 명 중 100등 이내로 진입해서 2학년이 되어서는 '돌반'이 아닌 '우반'에 편성될 수 있었다.

모든 환경이 열악하였음에도 불과는 고등학교에 입학하여 한 달도 되지 않아 중학교 동기이면서 같이 고등학교에 입학한 동기의 권유에 따라 유도부에 입단하게 되었다. 낯선 학교생활에 중학교 동기가 제안했다.

"불과야, 너와 나같이 시골에서 온 촌놈들이 서울출신 아이들에게 무시당하지 않고, 매 맞지 않고 학교에 다니려면 운동부에 들어가는 것이 최고라고 하는데 어떻게 생각해? 역도부도 있고 유도부가 있는데 어디가 좋을까?"

"아, 그런 점도 고려해야 했구나? 나는 전혀 생각도 못했는데~, 네가 좋다면 나도 동의해, 네가 들어가는 운동부에 나도 동참할게."

그의 말에 공감하면서 동의했다. 매 맞지 않고 학교에 다니기는 격투기에 해당하는 유도부가 좋을 것 같다고 의견에 일치를 보아 동기와 함께 유도부에 입단하게 되었다. 그 후 매일 10시간 학과 종료 후 2시간 반 정도를 유도부에 들러서 유도를 배웠다. 참으로 도전적인 생활이었다. 3개월 정도가 지났다. 불과에게 유도부 입단을 권유해서 함께 유도부에 들어간 불과의 동기가 자기는 운동을 못하겠다고 말했다.

"불과야. 나는 좋은 대학에 가는 것이 꿈인데 유도부 선배들을 보니 유도부에 있다가는 좋은 대학에 가기는 어려울 것 같지 않니? 유도부에서 매일 운동을 하는 것이 시간 낭비 같아서 더 이상 운동을 못하겠어. 유도부에서 나가려고 해."

"야 재문아, 나는 너의 제안으로 유도부에 입단했는데, 갑자기 네가 나가겠다고 하니 나는 어떻게 해야 하니? 그렇지만 나는 네가 생각하는 것처럼 생각하지는 않아. 내가 공부하기에 달려 있는 것이지 유도부에서 운동을 한다고 나쁜 대학에 가라는 법이 있어?"

"아냐! 봐라 3학년 유도부 선배들 모두 건달 같지 않니? 3학년 선배 모두 '우반'이 아닌 공부 못하는 '열반'에 있잖아? 그런데 무슨 희망이 있어, 나는 유도부에서 나갈 거야."

그의 유도부 퇴단 의사는 단호했다. 당시 유도부 내규에는 유도부에 자진해서 입단했다가 임의로 퇴단할 때에는 정신봉[5]으로 50대의 매를 맞고 나가도록 규정이 되어 있었다. 그 친구는 1년 선배들로부터 정신봉으로 50대를 맞고 운동부에서 퇴출당했다. 그렇게 나가겠다는 사람을 험악하게 때리는 규정은 유도부에 입단한 후 임의로 퇴단하는 것을 방지하기 위한 한 가지 예방책인데, 선배들 말에 의하면 한 기수에 1~2명은 그렇게 나갔다고 말했다.

그렇게 매를 맞고 운동부를 나간 동기로부터 동반 퇴단의 간곡한 권유에도 불구하고 불과는 운동부를 퇴단하지 않았다. 불과

---

5) 유도부 내규상 선배들이 후배들을 지도(필요시 엉덩이 구타)하기 위해 박달나무로 만들어 놓은 길이 100cm, 직경 6~7cm 정도 크기의 몽둥이

어느 노병(老兵)의 꿈

에게 유도부 생활은 그의 인생에 정말 유익한 생활이었다고 생각이 된다. 유도부에 들어갈 때는 가슴둘레가 88cm정도여서 선배들이 그를 '새갈비'라고 불렀다. 그렇게 보잘 것 없었던 새갈비가 유도부 생활 1년이 지나지 않아 가슴둘레가 105cm가 넘을 정도의 건장한 청년의 모습으로 성장했다. 매일 운동하기 전 훈련으로 학교 뒷산 정상까지 뛰어 올라갔다가 내려오는 달리기를 1년 이상 쉬지 않고 하다 보니, 단번에 10km 이상을 쉬지 않고 뛸 수 있는 마라톤 선수도 되었다.

불과에게 그렇게 고등학교에서 2년여의 유도부 생활은 그 후 그의 인생에 어떤 체력적인 어려움도 극복할 수 있는 인내심을 육성하는 계기가 되었다. 그에 더해 지금 생각해보면 가장 값졌다고 생각이 되는 것은 무엇보다도 그의 인생에서 제일 가깝게 지내게 된 좋은 친구들 대부분을 운동을 하면서 사귀게 되었다는 것이다. 매 맞고 운동부를 중도 하차한 친구의 우려와 달리 불과의 유도부 동기들은 대부분 당시 한국 최고의 대학을 포함해서 자기들이 원하는 대학에 진학했다.

한편 불과에게 운동부 생활은 손익을 따져본다면 익(益)이 훨씬 많다하겠지만 손(損)도 없다고는 할 수 없다. 운동을 계속한 탓에 친구들도 많이 사귀게 되고 서울 생활도 익숙해졌다. 그만큼 2학년이 되어서는 공부를 게을리하고 친구들과 어울리는 것을 좋아하다 보니 성적이 떨어졌다는 것이다. 좀 늦은 감이 없지 않았지만 2학년 후반기부터는 다시 집중해서 진학을 위한 공부에 매진하게 되었다.

지금 생각해도 그 원인을 알 수가 없다. 불과는 당시 강력하게 법대 진학을 희망하면서도 공사 입학시험을 한번 치러보겠다고 생각했다. 그러한 연유로 불과는 3학년 반 편성시 1차 법대 진학을 위해 문과를 선택했다가 하루가 지나 담임선생님과 상의한 후 이과로 변경했다. 당시 법대 진학반인 문과 반에서는 '수학1'만을 가르쳤다. 그렇지만 사관학교 입학시험을 보기위해서는 '수학2'를 가르치는 이과에 편성되어야 했기 때문이다. 더욱이 '수학2'에서는 '수학1'의 내용을 모두 포함하고 있어서 이과반으로 편성이 되어도 사관학교 입학시험을 치른 후 법대 입학시험을 치르는 데 문제가 없었기 때문이다.

계획대로 그는 3학년이 되어 9월에 치르는 공군사관학교 입학 필기시험에 도전했다. 시험을 보고 난 후 그 결과에 관계없이 바로 담임선생님과 상의했다. 국어·영어·수학의 3개 필수과목에 자신이 가장 자신 있는 세계사를 선택과목으로 결정하고 법대 입학시험 준비체제로 전환하여 공부에 매진했다. 그 과정에서 불과는 공사 입학 필기시험 합격 통지를 받고 2차 종합 신체검사[6]와 체력 검정도 성실히 치렀다. 그럼에도 법대 입학시험 준비는 소홀히 하지 않았다.

법대 입학시험은 다음해(1969년) 1월 16일에 계획이 되어 있었다. 입학시험 준비에 마지막 피치를 올리던 그해 12월 21일에 공군사관학교 최종 합격자가 발표되었다. 합격자 명단에 불과의

---

6) 공군의 조종사는 대부분을 공군사관학교 졸업자로 수급하기 때문에 사관학교 입학시 조종사 요건에 부합하는 신체적 요건 구비여부를 점검.

어느 노병(老兵)의 꿈

이름이 포함되어 있었다. 발표를 보고 난 후 그 다음날까지 불과는 장래 진로에 대해 많은 생각을 했다.

그의 아버님과 형님은 사관학교에 진학하는 것을 원하지 않았다. 그의 삼촌과 형이 군에 입대해서 어려움을 많이 겪은 경험 때문이다. 불과의 아버님은 불과의 성격을 잘 알고 계셨기에 사관학교에 가려면 육군사관학교를 가야한다고 말씀하시기도 했다. 26일 정도만 더 공부하면 그동안 자신과 부모님이 간절히 원하는 법대 입학시험을 볼 수 있었는데 불과는 심사숙고 끝에 법대 입학시험을 포기했다. 마음 한구석에 공군사관학교를 가고 싶은 생각이 강하게 자리 잡고 있었기 때문이었는지, 내면적으로는 법대 진학을 하고 싶지 않았기 때문이었는지 그 이유는 지금 생각해도 확실하지 않다.

"내가 지금 제일 원하는 것은 이 지옥생활 같은 진학공부에서 벗어나는 것이다. 앞으로 26일이나 지옥생활 같은 진학공부를 더해야 한다. 인생을 걸어가는 과정에서 꼭 원하는 것만을 선택해야 하는 것은 아니지 않는가? 때로는 차선을 선택해보는 것도 현명한 선택이 되지 않을까? 그동안 내 잣대로 판단한 것이 법대에 진학하는 것이 제일 좋다고 판단했던 것이지 제 3의 잣대로 평가할 때는 다를 수도 있지 않을까?"

불과의 지금 기억 속에 아직 생생하게 남아 있는 당시 고민했던 생각들이다. 하루하루의 진학공부가 지옥생활 같다. 이러한 생활에서 하루라도 빨리 벗어나고 싶다. 인생에서는 꼭 자신이 원하는 것만을 선택할 수 있을까? 때로는 차선을 선택하는 것이

어려서의 꿈이 그 인생을 좌우한다.

더 현명한 선택이 될 수도 있지 않을까? 하고 마음속으로 가졌던 생각들이다. 자기 자신에게 말한 법대시험 포기를 위한 명분과 변명들이기도 하다. 시간이 지난 후에는 다음과 같은 생각도 해보았다. 거부감 없이 법대가기를 강력히 희망했으면서도, 공군사관학교 입학시험을 치른 것부터, 합격자 발표를 보고 공군사관학교에 입학하기로 결정한 것은 운명적이었다. 어쩌면, 그가 여섯 살 적 수원 비행장에서 전투기들이 이착륙하는 것을 먼 발치에서 보고 '나도 커서는 전투조종사가 되고 싶다.'고 꿈을 그려보았던 것이 그의 마음 저변 무의식 속에 강하게 아로새겨져 있어 그렇게 유도하지 않았나하는 생각이다.

세월이 지나 장년이 된 후에도 불과는 종종 자신의 어렸던 시절을 회상하며 다음과 같은 결론을 내려 보곤 했다. 한국 나이 7살에 대부분이 2~3살이나 많은 동네 아이들과 함께 초등학교에 들어가 중등학교까지 나이 많은 동창들과 잘 어울렸다. 그 결과 친구들도 많이 사귀었다. 16살에는 단신으로 서울에 유학하여 2년을 하숙과 자취를 반복하면서 매일 하루에 10시간의 학과수업과 학과 후 2시간 반 이상 유도부에 들러 유도를 교습 받았다. 운동부에서 활동을 하였기 때문에 기회가 많았지만 불과는 고등학생으로서 본분에서 벗어나는 탈선을 하지 않았다. 정신적으로 신체적으로 건강하게 성장하여 공군 사관학교에 입교까지 한 것은 정말 기특한 일이다. 그렇게 될 수 있었던 것은 아마 그의 마음 저변에 잔재해 있는 정상적인 성장과정에서 어려서부터 조부님을 포함해서 부모님 등으로부터 받은 올바른 가정교육 때문이다.

어느 노병(老兵)의 꿈

"어린 아이에게 교육은 아무것도 쓰여 있지 않은 칠판에 낙서하는 것과 같다."

교육심리학자 칸트의 말이다. 금슬이 좋은 부모님 슬하에서 조부님으로부터의 엄한 가정교육과 지극한 사랑을 받아온 불과에게 구김살 있는 생각은 없었다. 항상 활발했고 남을 부러워하거나 탓하지도 않았다. 주어진 모든 일에 긍정적으로 대처했다. 농사일을 어렵게 하여 생활비를 보내주시는 부모님께 늘 감사했다. 항상 자랑스럽게 생각하면서도 미안하고 죄송한 마음뿐이었다. 초·중등학교 시절 학교 도서관에서 빌려 밤을 새면서 보았던 위인들에 전기 또한 그의 성장에 좋은 영향을 미쳤을 것이다.

어려서 처음으로 그가 자신의 마음 판에 좋은 삶의 모습이라고 새겼던 선현들의 모습이 마음 저변에 남아서 그를 사관학교 생도로, 전투조종사로, 그리고 지금까지도 의(義)를 삶에 최고의 가치로 추구하면서 살아가는 예비역 군인의 한사람으로 인도하지 않았는가하고 생각도 한다. 한편으로는 그가 즐겨 읽었던 중국의 고전 삼국지에 나오는 제갈량과 같은 지혜를 갖고 싶다는 의식이 저변에 강하게 자리 잡고 있었기 때문에 당시 주위에 많은 사람들의 만류에도 불구하고 한창 실무에서 일할 30대 중반에 석·박사 학위 취득을 위해 미국에 유학하는 길을 선택한 것이 아닌가 생각하기도 한다.

◀ 성취한 꿈은 더 큰 꿈과
자신을 갖게 한다.

　불과의 나이 19세가 되던 1969년 2월 1일 현재는 보라매공원
으로 바뀐 공군사관학교 교정에 가입교[7]하던 기억이 생생하게
남아 있다. 불과는 사관학교 입학시험 합격자 발표 후 한 달 10
일 정도 입시공부의 지옥에서 벗어난 해방감으로 세상에 부러울
것이 없는 날들을 보냈다. 육군사관학교에 합격한 고등학교 동
창과 함께 고향에 내려가 겨울 눈이 쌓인 산에서 산토끼 몰이도
하고 고향 친구들과 몰려다니며 못 마시던 술도 한두 잔 마셔보
았다. 그렇게 고등학교 시절 쌓였던 스트레스를 모두 털어냈던
기억이 난다.

　법대 진학을 포기한 일련의 아쉬움이 마음 한구석 남아 있었
다. 생도규정이 엄격하다고 전해들은 사관학교 생활에 대한 막
연한 두려움과 기대감 속에 선배들의 환영 도열을 지나 사관학
교 연병장에 모였다. 미리 편성된 '메추리기본군사훈련대대의
소속편대와 내무실'에 배속되었다. 그런 다음 6명씩 배속된 내
무실로 4학년 '내무지도생도'를 따라 자리를 옮겼다. 내무실에

---

7) 사관학교 생도로 입교하기 전 4주 동안 생도로서의 기본 소양(군대 예의범절,
　걸음걸이, 경례태도, 언어구사 등) 육성을 위해 설계된 훈련과정

서는 내무지도생도의 소개부터 시작해서 내무실 동료들 간에 상호 소개와 인사가 있었다. 불과 내무실 차례가 되어 이발소에 가서 짧은 스포츠형으로 이발을 했다. 한 사람당 6~7분이 소요되는 이발시간, 그때서야 '이런 세계도 있구나!'하고 약간 긴장을 했던 감정이 지금도 기억 속에 남아 있다.

그 후 장교로 임관하여 영관장교시절까지 부대 이발관의 짧은 이발시간에 익숙하다보니 나중에는 오히려 이발시간이 길으면 이상하게 느껴지기도 했다. 내무실원 모두 동시에 이발을 하고 내무반에 돌아와 군복으로 환복하고 나니 내무지도 생도의 태도가 180° 바뀌었다. '민간인'에서 사관학교에 '가입교 생도'로 신분이 바뀌었다는 것을 실감하는 순간이었다.

사실 가입교 제도는 교육과 훈련을 통해 순수 민간인을 군인으로 전환시키기 위한 제도이다. 짧은 4주 동안 외형적인 자세, 태도, 걸음걸이에서부터 군인다운 사고방식, 가치관, 강인한 품성 등을 가질 수 있도록 체계적이며 단계적으로 계획된 교육·훈련 제도이다. 그렇기 때문에 누구나가 손쉽게 극복할 수 있는 교육·훈련이 아니었다. 훈련 기간 동안 교육·훈련을 이기지 못해 밤에 사관학교 울타리를 넘어 탈영하는 가입교 생도들이 이를 입증해 준다. 불과의 가입교 기간에도 동료 2명이나 야간에 탈영을 했다. 나중에 알게 되었는데 탈영자들 모두 시골 출신이었지만 집에서는 금지옥엽으로 귀하게 자란 젊은이들이라고 했다. 그러한 사실은 가입교 동안의 교육·훈련이 어느 군대훈련보다도 엄하며 가혹함을 의미한다. 가입교 생활을 경험해본 사람이

성취한 꿈은 더 큰 꿈과 자신을 갖게 한다.

라면 누구나가 느끼는 감정일 것이다.

불과의 경우는 달랐다. 그는 16살에 연고도 없는 서울에 유학하여 고등학교 1~2년을 아버님의 원격 지원하에 혼자서 의식을 해결하면서 살아본 경험이 있다. 무쇠라도 소화시킬 듯이 한참 잘 먹고 성장할 나이에 배고프지 않을 정도로 자신이 의식을 해결하면서 매일 10시간의 학과수업을 소화했고 2시간 반 이상 고된 유도를 배우는 생활을 경험했다. 하루가 멀다 하고 툭하면 잘 못도 없이 1년 선배들로부터 벌칙과 구타를 당했다. 불과는 그렇게 강인한 체력과 정신력이 없이는 견딜 수 없는 환경을 사관학교 입교 전에 이미 경험을 했던 것이다.

그러한 그에게 사관학교 생활은 너무 좋은 환경이었다. 야외 훈련 중이나 식사 집합 때 툭하면 실시하는 선착순 구보나 수십 번의 팔굽혀펴기 벌칙들이 불과에게는 벌칙도 아니었다. 구보와 팔굽혀펴기는 고등학교 유도부 시절 매일 본격적으로 유도 훈련하기 전 기본으로 하던 운동이었다. 고등학교 시절 거의 매일 1년 선배들에게 당한 구타 덕분에 사관학교에서 선배들이 가끔 실시하는 사랑의 구타는 그에게 구타라고 느껴지지도 않을 정도였다. 더구나 그는 활달하며 구김살이 없는 인상이다. 선배들에게 좋은 인상을 주었나 보다. 가입교 시절을 포함해서 생도생활 동안 선배들에게 개인적이거나 감정적인 구타를 당한 적이 거의 없었다.

고등학교 시절과 비교해 사관학교의 생활은 그에게 천국과 같은 생활이라고 당시 생각했었다. 무엇보다도 가장 중요한 의식

어느 노병(老兵)의 꿈

걱정을 할 필요가 없다. 교육·훈련 받은 대로 행동하고 규정에 따라 생활하면 된다. 용돈으로 월급도 준다. 문제될 것이 무엇이 있는가? 그에게 사관학교 가입교 기간의 생활은 신체적으로는 다소 고되기는 했다. 그렇지만 생도생활에 회의를 느껴 마음 한 편으로 갈등하는 일부 동료들과 달리 마음은 편하고 재미있어 해볼 만한 생활이었다. 그는 지금도 그의 가입교 기간 처음 2주간 내무지도를 해준 선배와의 만남을 운명적 만남이었다고 생각한다. 오늘의 불과가 존재하도록 하는데 결정적인 역할을 해주었기 때문이다. 그 선배는 그에게서 좋은 싹수를 발견했는지 어느 날 그를 조용히 불렀다.

"사관학교 생활이 어때? 재미있어?"

"글쎄요? 재미보다는 좀 도전적이네요."

"도전적이라, 그렇다면 수석 졸업을 목표로 열심히 사관생도 생활을 해볼 용의는 없니?"

"네? ………, 거기까지는 생각하지 못했는데요."

"아 그래? 그럼 한번 내 제안을 생각해보렴, 내가 그동안 너를 쭉~~ 지켜보니 네가 목표만 정해놓고 분발한다면 너는 충분히 그럴만한 능력이 있는 것 같다고 생각했다. 너는 충분히 그럴 수 있어. 하니 그렇게 목표를 세워놓고 의지를 굽히지 말고 생도생활을 해 보거라."

"글쎄요? ……."

사실이 그랬다. 가입교 생활은 여유를 허락하는 생활이 아니었다. 가입교 4주 동안 불과에게는 상대적으로 받아야 할 교

성취한 꿈은 더 큰 꿈과 자신을 갖게 한다.

육·훈련이 다른 동료들보다 덜 힘들고 어렵지 않게 느꼈을 뿐, 미래 생도 4년간의 계획을 미리 수립할 정도로 여유가 있는 생활은 아니었다. 그렇다보니 생도가 되어 어떻게 생활하겠다는 생각을 그 선배가 말하기 전까지 꿈에서도 생각해 본 적이 없었다. 그러한 그에게 열심히 공부하여 수석으로 졸업하라는 제언과 너는 충분히 그럴 수 있을 것 같다는 선배의 격려는 그의 마음 한구석 잠재의식을 일깨우기에 충분했다. 마음 저변에 잠자고 있던 '나도 목표만 세워놓고 힘껏 노력하면 무엇이든 달성할 수 있다.'는 젊은이의 패기와 자신감을 고취하기에 충분했던 것이다.

그 이후 그렇게 격려해주신데 대해 항상 감사하게 생각하면서, 한편으로는 '나에게도 메추리 기본군사훈련을 받을 때 그렇게 조언해주신 분이 있었더라면~~'하는 아쉬움이 남아있어 그러한 조언을 불과에게 해주지 않았나하는 생각도 해보았다. 어쨌든 그 선배의 제안은 초·중·고등학교 시절 성적 1등에는 별로 관심이 없이 생활을 했던 불과였기에 처음에 1등 졸업은 다소 낯선 느낌의 말이었다. 그렇지만 '한번 나도 시도해 볼까?'하는 마음을 갖게 하는 계기를 마련해 주기에 충분했다. 그래서 불과는 마음속으로 한번 다짐을 하였다.

"그래 한번 목표를 세워놓고 노력을 해보자."

그렇게 목표를 정해놓고 생활한 탓인지 그의 긍정적인 생활태도 때문인지 그는 가입교 생도생활 평가에서 동기생 중에서 제일 좋은 성적을 거두었다. 그 결과는 그에게 수석 졸업의 가능성

어느 노병(老兵)의 꿈

에 대한 자신감을 갖게 하는 계기로 작용했다.

사관학교 생도 생활에는 준수해야 할 규율이 엄격하다. 참고 견뎌야 할 인내심을 때로는 한계점까지 요구하기도 한다. 생도들의 일과는 기상하여 침대 정돈하고 내무실 등 청소부터 시작된다. 다음은 단체로 모여서 전생도가 같이 아침식사를 하고 내무실로 들어와 그날의 학과 준비를 한다. 단체로 집합하여 학과장에 가서 오전 수업을 받고 다시 단체로 집합하여 점심 식사한다. 오후 수업을 받은 후 저녁식사를 하고 잠시 청소와 빨래 등 자유 시간을 갖는다. 그리고는 내무실에서 저녁 점호하고 잘 때까지 학과 자습을 한다.

잡다한 생각을 할 틈을 주지 않기 위해서라는 명분하에 1학년 생도들에게는 선배들이 쉴 틈을 주지 않는다. 공공장소 및 시설에 청소는 2학년 선배의 감독하에 도맡아 해야 하며 점호나 식사집합 전·후에는 여유시간만 있으면 보행 및 경례태도 연습을 한다. 연습 중 선배들의 기준에 미달하여 지적 받은데 대한 벌칙까지 받다보면 하루가 어떻게 지났는지 모를 정도이다. 요즈음에는 군에서 구타가 없다고 하지만 그가 사관학교 다닐 때는 구타는 비공식적으로 일상적인 일이었다. 불과는 지금도 구타에 대해 그렇게 부정적인 면만을 생각하지 않는다. 혈기 방장한 젊은이들이 어울려 사는 세계에 여기저기 에너지가 부딪쳐 불꽃 튀기는 것이 구타라고 생각하기 때문이다. 그래서 때로는 당연한 일로 받아드렸다. 맞으면서도 당연하다고 생각하기도 했다. 하지만 어떤 경우는 무지막지하게 짐승과 같이 후배들에게 구타는 물론 인격적으로 무시하는 심한 경우도 있었다. 그러한 측면 때문에 당시 불과는 사관학교 사회는 선인과 악인이 공존하는 세계라고 생각했었다.

다음은 1년 선후배 사이에 대부분의 구타가 점진적으로 심하게 진행되어지는 과정이다. 어떠한 이유에서든지 1년 선배에게 개인적으로 잘못 보여 불려갔다고 하자. 기합을 받거나 몇 대 구타를 당하게 되면 대부분 감정적으로 발전해 나간다. 일반 사회에서는 말도 되지 않는 사소한 언행들이 사관학교 1년 선후배 사이에서는 지적의 대상이 된다. 그렇기 때문에 선배의 지적에 대해 후배생도 대부분은 자기는 별로 잘못이 없다고 생각한다. 잘못이 없다는 생각은 불쾌하거나 언짢은 얼굴 표정으로 표출된다. 후배의 불만스런 표정으로부터 선배는 자신이 무시당한다는 기분을 느낀다. 그렇게 진행이 되면서 별 것도 아닌 일로 후배를 간단하게 교육시키기 위해 소환해 놓고는 감정이 폭발하여 노발대발한다. 그러한 악순환에 의해 1년 선후배간에 사소한 부딪침이 마치 후배가 엄청난 잘못을 한 것처럼 침소봉대 비화되어 후배만 흠씬 두들겨 맞게 된다.

불과는 생도생활 당시를 회상해 보면 아직도 기억이 생생하게 짐승 같다고 생각한 선배들이 기억난다. 몇 가지 소개하면 다음과 같은 내용들이다.

"선배님, 그쪽에 있는 간장 좀 패스해 주시겠어요?"

식당에서 발생한 일이다. 식탁에서 선배들 앞에 있는 것들을 사용하기 위해서는 패스해 달라고 요청하도록 교육을 받는다.

그럼에도 감히 1학년 메추리가 식탁에서 선배한테 선배 앞에 놓여 있는 간장을 손이 닿지 않아 패스해 달라고 했다고 식사 후 선배 내무반으로 불려가서 매를 맞았다.

당시 주말이 되면 대부분의 2, 3, 4학년 생도들은 외출을 나가고 생도대에는 아직 외출을 제한하는 1학년 메추리 생도들만 남게 되어 있다. 토요일 저녁식사는 보리밥이지만, 1학년들이 밥이라도 마음껏 먹으라고 외출나간 선배들 몫의 밥까지 제공되기 때문에 외출은 못나가도 항상 배가 고픈 1학년 메추리에게는 기대되는 시간이다. 거의 대부분 선배들은 외출 나가서 감시하는 눈도 적고 푸근한 마음에 마음껏 저녁식사를 하고 기분 좋게 목욕을 하기 위해 목욕탕에 갔다.

"으음, 기분이 좋구나."

수증기로 인해 조명이 흐려져 어두컴컴한 목욕탕에서 온수에 몸을 담그고 눈을 감고 오랜만에 휴식을 즐기고 있었다.

"어이 메추리, 감히 메추리가 목욕탕에서 눈을 감고 있어?

이따, 밤 12시에 2편대 9내무실로 와."

무엇을 잘못했단 말인가? 1학년 메추리는 사람도 아닌가? 벌을 주거나 매를 때리려면 현장에서 하면 될 것 아닌가? 6시간 후 밤 12시에 자기 내무실로 오라니, 이 얼마나 잔인하고 비인간적 처사인가? 후배라는 이유만으로 밤 12시에 자기 내무실로 소환하여 캄캄한 내무실에서 검은 장갑을 끼고 후배를 마음껏 구타하면서 즐기는 인간 말종이 과거 사관학교에는 있었다.

불과의 뇌리에 지금도 생생한 잊어버려지지 않고 남아 있는 잔상 하나를 더 소개해 본다. 불과가 3학년 때 발생한 일이다. 불과의 내무실은 당시 점호장 가까이에 위치해 있었다. 그러한 이유에서인지 동기생 중에 한 명이 매일 아침 기상 점호 후 점호모임에 지적을 받은 후배가 있을 경우, 자기 내무실이 아닌 불과의 내무실로 소환하여 검은 장갑을 끼고 복부 구타를 하였다. 그러던 어느 날이었다. 생도 옷장인 캐비넷 사이에 좌우로 움직이지 못하게 후배를 세워 놓고 검은 장갑을 끼고 복부를 구타하다가 후배가 졸도하니까 일으켜 세워 의자에 앉혀 놓은 후 깨어나니까 다시 세워 놓고 복부 구타를 하는 것이었다. 불과는 그것을 목격하고 정말 더 이상 인내를 할 수가 없었다.

"야 개XX야, 너도 사람이냐? 즉시 우리 내무실에서 나가! 후배를 때리려면 너희 내무실에서 때려, 왜 남의 내무실에 불러다가 매일 아침마다 구타를 하냐? 너 같이 사람 같지 않은 X이 비인간적으로 구타하는 것을 보고나면 나는 구역질이 나와서 아침 식사를 못해~~, 이 나쁜XX야, 즉시 꺼져~~!"

참다못해 소리를 질러 내쫓았다. 그러한 악질 중에 악질도 있었다. 그런데 분명한 것은 후배라는 이유만으로 그렇게 함부로 인격을 모독하고 비인간적으로 구타한 사람치고 사관학교 졸업후에 잘된 사람이 없더라는 사실이다.

사관학교 1학년 생활은 정말 역동적이면서도 쉽지만은 않은 생활이었다. 그렇다보니 1학년 1년 동안 생도생활을 하면서 많은 생각들을 하게 되어 있다.

"내가 무엇 때문에 이렇게 어렵게 살아야 하는가?"

"내 능력이 이 정도로 부족한가?"

"내가 평생 이렇게 어려운 군 생활을 할 수 있을까?"

"어려운 군 생활을 꼭 해야만 하는가?"

"그렇다면 나의 사관학교 선택이 잘못된 것은 아닌가?"

많은 1학년 생도들이 1년 동안 생도생활을 하면서 자신과 나누는 대화내용들이다. 회의 속에 자퇴를 고민한다. 사관학교 입교를 자신이 선택했기에 자퇴 역시 쉽게 결심하게 되어 있다. 그 결과이다. 특히 고등학교까지 부모 슬하에서 어려움이 없이 성장해온 사람들이나 수능성적이 좋아 학교 지망의 선택에 여지가 많다고 생각하는 사람들일수록 더욱 사관학교 1학년 생활을 회의와 고민 속에 어렵게 보내게 되어 있다. 그렇다 보니 그들의 1학년 학과 성적이 좋을 수 있겠는가?

불과의 경우는 좀 달랐다. 사관학교 입학시험을 치루고 법대를 지망해서 공부를 게을리하지 않았기에 높은 수능 성적도 받았다. 아주 좋은 성적으로 사관학교에 입교했음에도 불과의 생도 1학년 생활은 자퇴를 고민하는 생도들과 정반대의 생활이었다. 불과에게 생도생활은 전혀 불편하지 않았고 도전적이었으며 재미있는 생활이었다. 그에 더해 선배의 조언으로 열심히 공부를 해야 하는 이유까지 갖게 되었지 않은가?

당시 동료들보다 상대적으로 어린 7살에 초등학교에 들어간 불과에게 학교에 선배들은 최소한 그보다 나이가 한 살은 많을 수밖에 없었다. 어려서부터 철저하게 장유유서를 교육받아 온 탓이어서 그런지 그는 선배들에게 건방지다는 소리는 들어 본 적이 없다. 그렇게 불과는 선배들에게 밉지 않은 모습이었다. 그래서 생도생활이 더 편했다고 할 수도 있다. 그 결과 1학년 1학기에 그는 동기생 중에 학업우등과 내무우등을 이룬 유일한 종합우등생이 되었다. 1학년 2학기에는 생도 정규 학과보다는 그해 말에 미국 대학의 입학시험(SAT[8])을 치르기 위해 개인지도식의 영어 공부만을 집중적으로 수학했다. 1학기 성적순으로 4명을 선발해서 SAT 입학시험을 치러야 하는 1~4등내에 포함되었기 때문이다. 네 명 중 SAT 성적이 제일 좋은 생도 1명이 미 공군사관학교에 유학을 가도록 계획되어 있었다. 그런데 불과는 미국 공군사관학교에 유학을 원하지 않았다.

"한국 공군에서 제대로 성장하기 위해서는 한국군 특히 공군에 문화를 정확하게 알고 적응하기 위해 한국의 공군사관학교를 졸업해야 한다."

당시 어린 나이였음에도 불과는 그렇게 생각했다. 지도 훈육관에게 면담을 신청해서 한국 공군사관학교 졸업을 희망하니 네 명만의 별도교육에서 자신을 제외시켜 달라고 요청했다. 그렇지만 별도교육에서 제외되지 않았다. 대신 정신상태가 불량한 것으로 평가되었다. 그것은 2학년 1·2학기 동안 훈육관이 평가하는 내무 성적에 그대로 반영이 되었다. 그 결과 학업성적이 제일 좋았으면서도 종합우등 대신 학업우등에 만족해야 했다. 당시에

---

8) 미국의 칼리지 보드(College board)에서 주관하는 Scholastic Aptitude Test의 준말

는 생각지 못했지만 1학년 2학기 동안 별도의 영어 집중교육은 장교로 임관 후 미국 유학을 위한 선발고사, 선발된 후 입학허가서 획득을 위한 TOEFL 및 GRE 시험과정에 큰 도움이 되었다.

지금도 그렇지만 당시에도 일선현장에서 조종사가 부족하다는 이유로 그의 1년 선배들은 3학년 1학기를 마치고 조종사가 되기 위한 비행훈련에 입과 했다. 불과의 동기생들은 3학년 2학기를 12월에 마치고 1월초에 비행훈련에 입과 해야 했다. 그러한 사실을 알게 된 불과는 자신의 사관학교 3학년 1년이 인생에서 마지막으로 정규과정에서 학과를 수업하는 기회라고 생각했다.

"내가 그 당시 좀 열심히 공부를 했었어야 하는데 ……."

미래에 그렇게 생도시절을 아쉬워하는 후회의 빌미를 남기고 싶지 않았다. 마지막 정규과정 수업에 미련 없이 공부를 해보겠다고 마음속으로 다짐을 했다. 다짐한대로 초등학교 이후 학교생활에서 처음으로 전력을 다해 학업에 집중했다. '하늘은 스스로 돕는자를 돕는다.'고 하지 않는가? 불과는 3학년 1·2학기 동안 그의 생애에 전무후무한 최고의 성적을 거둘 수 있었다. 그 때를 생각하면 지금도 마음 한구석 뿌듯한 기분이 남아 있는 듯하다.

"하나님은 공평해서 한 사람에게 모든 분야에 뛰어난 재능을 주시지 않고 대신 능력들을 나누어 주셨다. 어느 사람에게 어떤 특정분야에 상대적으로 뛰어난 능력을 주셨다면, 다른 어떤 분야에는 상대적으로 열등한 능력을 주시게 되어 있다."

불과는 당시에도 그랬고 지금도 변함없이 그렇게 생각한다. 하나님은 공평하신 분이셔서 한 사람에게 모든 분야에 뛰어난 재능을 주시지 않았다. 대신 능력들을 공평하게 나누어 주셨다는 생각이다. 불과는 주변사람들의 자신에 대한 평가에도 불구하고 불과는 한 번도 자신의 머리가 명석하거나 좋다고 생각한 적이 없다. 다른 사람보다 머리가 뛰어나게 좋다고 생각한 적도 없다. 그는 역사, 지리, 사회, 법학 등 사회학 분야에는 암기력이 뛰어나다. 수학이나 물리학, 응용공학 분야 과목들은 재미가 있어 좋아한다. 반면에 어학 및 경제학 영역에는 소질이 없다고 생각해 왔다. 그래서 그런지 관심도 없고 노력을 해도 진전이 상대적으로 느리다.

불과가 수학하는 과정에 다른 사람들과 다른 점은 시험 치르는 시기라고 해서 벼락치기로 공부한 적이 없었다는 것이다. 내일 시험이라고 해도 평소와 다르게 밤늦게까지 공부를 한 적이 없다는 말이다. 그럼에도 그는 항상 좋은 시험점수를 받았다. 어느 학과목에서는 동기생 중 2명만이 과락을 하지 않은 경우가 있었다. 그 과목에서도 그는 95점을 맞았다. 그 정도로 성적이 좋았으니 그를 아는 사람들은 그는 머리가 비상하게 좋다고 말한다. 그러나 그것은 사실과 다르다. 언제인지는 정확하지 않으나 사관학교시절 불과는 자신의 공부하는 방법을 개발했다. 자신이 개발한 공부 방법에 따라 공부를 한 것이 그렇게 좋은 성적을 얻을 수 있게 한 것이다.

그가 개발한 공부 방법은 간단하다. 계획적인 공부일 뿐이다. 학기 초나 중간고사 후 다음에 치를 시험을 생각하면 아직 2달이나 남아 있다고 여유롭게 생각된다. 그렇지만 수강 과목별로 다음에 치러야 하는 시험 때까지 시험을 위해 투입해서 공부할 수 있는 시간을 계산해보면 생각이 바뀌게 되어 있다. 일상생활을 하면서 각 과목별 다음 시험을 대비해서 자습에 투입할 수 있는 시간은 정말 몇 시간이 되지 않음을 알게 된다. 사관학교 학부과정의 경우 한 학기에 통상적으로 6~7과목을 수강한다. 빠듯하게 일과가 짜여 있는 생도생활에서 저녁 자습시간은 통상적으로 2시간 남짓하다. 중간고사나 기말고사를 대비한 공부는 저녁 자습시간 밖에 할애를 할 수가 없는 것이 현실이다. 그러한 여건이라서 저녁 자습시간에 과목당 시험을 대비해서 투입할 수 있는 시간은 겨우 10여 시간이 채 되지 않음을 알게 된다. 그것을 알게 되면 정신이 번쩍 든다. 항상 내일이 시험을 치르는 날처럼 생각되는 이유이다.

"시험을 대비해 공부할 시간이 극히 제한되어 있는데 어떻게 평소 학과시간에 집중하지 않을 수 있겠는가? 시험까지는 아직 날짜가 많이 남았다고 해도 실제로 공부할 수 있는 시간은 얼마 되지 않는다. 어찌 오늘 자습시간을 허송하며 보낼 수 있단 말인가?"

불과는 그러한 방식으로 사고했다. 항상 내일이 시험 보는 날이라는 생각으로 학과수업에 임하면서 생활했다. 그 후 미국 유학시절 학생 신분으로서 공부한 기간에도 마찬가지였다. 그 결과 그는 내일 시험이 있다고 해도 밤 12시 넘어 공부한 적이 없었다. 그럼에도 불구하고 생도생활을 포함해서 미국에서 5년 반의 석·박사학위과정 유학생활 동안 누구와 비교해도 상대적으로 월등한 성적과 성과를 거둘 수 있었던 것이다. 그것이 그가 좋은 성적을 거둔 비결이다.

4학년에 올라가는 해 1월에 그는 동기생 중에 1차 36명 비행훈련 입과자 중에 한 명으로서 조종사가 되기 위한 초등비행훈련과정에 입과했다. 당시 조종사가 되기 위해서는 이후 15개월의 초·중·고등의 3개 비행훈련과정에서 도태되지 않고 각 과정들을 수료해야 가능했다. 불과는 36명의 1차 비행훈련과정 입과자 중 18명이 도태되고, 18명만이 조종사가 되었는데 그 중에 한사람이었다. 그 중에서도 영광스럽게도 13명의 전투조종사 그룹에 포함되었다.

조종사가 되기 위해서는 무엇보다도 천부적인 '주의분배력'이 있어야 한다. 말 그대로 주의분배력이란 동시에 주의를 잘 분배해서 여러 가지 일을 동시에 제대로 처리하는 능력을 말한다. 사람이 많은 명동거리를 걸어가면서도 앞에 오는 사람도 확인하고 길옆에 가게 간판까지도 인식할 수 있는 능력을 말한다. 이에 더해 무엇보다 중요한 것은 조종교관을 믿고 그가 가르치는 대로 따르는 것이다. 조종술과 같은 고도의 첨단기술을 배움에 있어서 가능한 빠른 시간에 어느 수준까지 도달하기 위해서는 기술전수자를 믿고 그가 하라는 대로 모방하면서 자기 것으로 습성화하는 것이 지름길이라는 말이다. 이는 불과가 조종사가 되어 4년의 '조종사 고등훈련과정'에 교관조종사로서 조종교육을 하면서 얻은 교훈이기도 하다.

불과는 공을 사용하는 운동에는 별로 소질이 없어도 비행기를 조종하는 주의분배력에는 재능을 타고난 듯하다. 불과는 어려서부터 장유유서의 체질화와 가르쳐주는 사람에게 순종하는 습성이 있다. 그것이 도움이 되어서인지 타고난 재능 탓이었는지 불과는 많은 사람들이 세상에서 가장 어려운 훈련 중에 하나라는 비행훈련과정에서도 별로 어려움을 모른 채 좋은 성적으로 수료할 수 있었다. 더구나 초·중·고등의 3개 비행훈련과정에 인성이 좋은 비행교관들을 만난 것도 동기생들이 부러워할 정도로 그에게는 행운이었다.

일반적으로 하나의 비행훈련과정에 각 조종교관들은 1~2명의 학생 조종사를 담당 학생으로 배정받아 2명이 탑승하는 훈련기를 이용해서 1:1로 비행기술을 가르친다. 비행훈련 중에 학생이 잘못해서 비행 사고를 유발할 경우 교관도 함께 죽을 수 있기 때문에 어떠한 교육보다도 규율이 엄한 교육이라고 할 수가 있다. 어려운 비행기술을 배우는 과정에 조종 학생들이 실수를 하는 것은 당연하다. 그렇지만 실수를 하게 되면 훈련 중에도 죽을 수가 있다. 그러하니 다시는 그러한 실수를 하지 말라는 차원에서 일반적으로 엄한 벌칙을 준다. 그렇다 보니 학생 조종사들이 교관과 비행을 한 후 브리핑실에 가보면 '살벌하다.'는 표현이 맞을 정도로 엄한 벌칙들이 많았다. 그럼에도 불과는 운이 좋아 3개의 비행훈련 과정에서 교관으로부터 욕 한번 듣지 않고 비행훈련을 마칠 수 있었을 정도로 인성이 좋은 비행교관들을 만났던 것이다.

성취한 꿈은 더 큰 꿈과 자신을 갖게 한다.

"못된 시어머니 밑에서 갖은 학대를 받으며 자란 며느리가 악덕 시어머니가 된다."

속담에 있는 격언이다. 불과는 그와 반대의 경우에 해당한다. 비행훈련 교관의 임기는 일반적으로 2년이다. 조종학생을 교육하는 교관생활이 단조로우면서도 힘들기 때문이다. 불과는 가장 힘들다는 고등비행과정 교관생활을 4년 동안 했다. 그랬으면서도 자신의 옛 비행교관들을 본받아 학생들에게 존칭을 써가면서 비이성적인 벌칙을 가한 적이 없이 후배 조종사를 양성하는데 헌신할 수 있었다. 그만큼 자신의 성장한 환경이 중요하다 할 수 있다.

불과는 1년 3개월의 비행훈련을 생도로서 수료했다. 졸업식 행사에 참석하기 위해 당시 광주 1전투비행단에서 고등비행훈련과정 수료식을 마치고 조종사가 되어 대방동에 위치한 공군사관학교에 이동 배치되었다. 졸업식을 10여 일 앞두고 전 동기생들과 함께 졸업식 행사 예행연습을 하기 위해서다. 공사생도들에게 조종사가 되는 것은 그들의 꿈이기에 당시 그의 동기생 중 조종사 휘장을 가슴에 달고 졸업식에 참석하는 18명의 졸업생들은 후배들에게 부러움의 대상이었다. 그에 더해 불과는 수석 졸업의 영광을 누리게 되지 않았는가?

당시에는 육·해·공군 사관학교 졸업식에 대통령 내외께서 참석하셔서 주관을 해주셨다. 그에 더해 졸업식 몇 일전에는 육·해·공군 사관학교의 졸업생 중 1등에서 5까지 생도들을 모두 청와대에 초대해서 만찬까지 베풀어 주셨다. 지금 생각해도 정말 영광스러운 자리였다. 대통령 내외분 바로 앞자리에 육·해·공군

사관학교 수석 졸업자들이 나란히 앉을 수 있도록 자리가 배치되어 있었다. 당시 불과가 앉았던 테이블에는 그의 명패와 육영수 영부인께서 손수 종이로 형상화해서 만든 비행기 모형에 아래와 같은 글이 적혀 있었다.

"超人이란 필요한 일을 견디어 나갈 뿐 아니라 그 苦難을 사랑하는 사람이다."

불과는 당시 영부인께서 직접 만드시고 그 위에 글을 쓰셨다는 비행기 모형을 아직까지도 고이 간직하고 있다. 어쩌면 영부인께서 남겨주신 그 글은 지금까지 그의 인생을 이끌어온 좌우명이라고 할 수도 있다. 그가 사관학교를 졸업 후 지금까지 살아온 삶을 한마디로 나타내는 글이라고도 할 수 있다.

"사람은 오랫동안 꿈을 그리면 그 꿈을 닮아간다고 한다." 어쩌면 그런지 모르겠다. 사관학교 수석 졸업의 영예는 그 후 불과의 모든 생활을 완전히 바꾸어 놓았다. 그는 무엇보다도 시골에서 자식 잘되기만을 바라시며 농사지어 자식들 뒷바라지 해주신 부모님을 기쁘시게 해드렸다는 것이 무척이나 기뻤다. 또한 형제자매들이 그를 자랑스러워하니 즐거웠다. 그래서 그는 마음속으로 다짐했다.

"나는 사관학교 4년간의 생활에서 내 자신과의 투쟁을 통해 진정한 강자로서 수석졸업의 영예를 누리게 되었다. 앞으로 군 생활동안 어떠한 경우에도 동기생들과 경쟁하지 않고 항상 양보하겠다. 더욱이 수석 졸업의 영예를 개인의 입신양명에 발판으로 삼지 않고, 군과 국가 발전을 위한 터전으로 생각하고 헌신하겠다."

성취한 꿈은 더 큰 꿈과 자신을 갖게 한다.

불과가 생도시절 가졌던 수석 졸업의 꿈이 실현되면서 그 꿈은 더 높은 곳을 향해 발전한 것이다. 이제 자신의 개인적 출세보다는 국가에 헌신하겠다는 꿈으로 승화시킨 것이다.

이후 불과의 승화시킨 소망이 그의 33년 7개월의 군 장교로서의 생활을 좌우했다. 그렇게 살아온 결과, 나름대로는 군 발전과 국가에 기여했다고 생각되는 것들이 몇 가지가 있어 이 글을 쓸 수도 있었다고 생각한다.

어느 노병(老兵)의 꿈

◀ 행복이란 마음으로 느끼는 것이다.

"국가의 맏아들로 살라!"

"국가의 맏아들이 어떻게 그렇게 천박한 생각과 행동을 할 수 있느냐?"

불과가 사관학교 생도시절에 선배들로부터 가장 많이 전해들은 말들 중 두 가지이다. 하도 많이 귀가 닳도록 얻어 듣다보니 무의식적으로 그러한 자세로 살아가는 것이 당연하게 여겨지게 되었다. 여기에 더해 1968.12.5일 정부가 발표한 당시 한국의 교육지표를 담은 「국민교육헌장」도 한 몫을 했다.

"우리는 민족중흥의 역사적 사명을 띠고 이 땅에 태어났다. 조상의 빛난 얼을 오늘에 되살려, 안으로 자주독립의 자세를 확립하고, 밖으로 인류 공영에 이바지할 때다. -중략-, 우리의 창의와 협력을 바탕으로 나라가 발전하며, 나라의 융성이 나의 발전의 근본임을 깨달아, 자유와 권리에 따르는 책임과 의무를 다하며, 스스로 국가 건설에 참여하고 봉사하는 국민정신을 드높인다. -하략-, 길이 후손에 물려줄 영광된 통일 조국의 앞날을 내다보며, 신념과 긍지를 지닌 근면한 국민으로서, 민족의 슬기를 모아 줄기찬 노력으로, 새 역사를 창조하자."

불과의 세대는 위의 「국민교육헌장」을 암송할 수 있어야 했다. 암송하는지를 수시로 점검받으면서 살아온 덕에 그 내용들이 머릿속에 각인되어 있는 세대이기도 하다. 그렇다보니 사관학교를 졸업한 장교들이 국가의 맏아들로서 살아가야 하는 것은 당연하다고 생각했다. 이후 「국민교육헌장」은 일본의 메이지 천황시대에 제정한 '교육칙어'와 이념이 매우 유사하다는 주장, 내용이 집단주의적 가치를 담고 있다는 비판 등에 의해 1994년 이후 사실상 폐기되었다. 그렇지만 불과는 지금도 「국민교육헌장」에 담겨진 사상과 글들을 좋아한다. 개인적으로 우리 한국인들에게 필요한 멋있는 내용의 글들이며, 한국의 오늘을 견인한 동력 중에 하나라고 생각하기 때문이다.

사관학교 졸업 후 그는 광주기지에 당시 최고의 초음속전투기인 F-5A/B를 전력으로 하는 전투비행대대에 배속이 되었다. 전투조종사로서의 생활이 시작된 것이다.

"북한의 군사전략에 의하면 그들은 새벽 동틀 역에 가용한 모든 전투기들을 동원해서 대량으로 기습공격을 감행하면서 전쟁이 시작될 것이다."

1970년대 초 불과가 한국 공군의 전투비행대대에 배속된 시기에 예상했던 전쟁발발 시나리오이다. 예상되는 전쟁양상에 한국 공군의 대응개념은 다음과 같이 단호했다.

"적이 기습 공격을 감행할 시에 한국 공군은 모든 가용 전투기 전력을 동원해서 적의 활주로 등 제공 표적들에 대해 동시에 공격·파괴함으로써 적에게 치명적인 피해를 가한다."

적의 공중기습 공격 전력들에 대해 아군의 전력을 총 동원하여 방어하는 소극적 개념이 아니고, 적의 공격에 대응해서 우리도 모든 전력을 동원해서 적의 핵심표적을 공격한다는 적극적인 개념이었다.

당시 한국 공군은 보유 전투기 중 F-4D/E 주·야간 전투기는 주·야간 8, 15, 30분 비상대기에 투입되었다. 반면에 F-5/86 등 주간 전투기들은 일출 30분 전부터 일몰 30분 후까지 역시 3, 5, 15, 30분 비상대기에 투입되었다. 전투비행대대에 조종사들은 모두 30분 이내 비상대기에 투입되었다고 말하면 틀림없다. 그러한 여건에 대비해서 공군은 조종사, 정비사 등 핵심 전투요원들의 관사를 모두 비행단 안에 건립하여 유지했다. 그리고 비행단마다 주 착륙지역 활주로 연장선상 좌우 유휴지에 9홀 크기의 골프장을 건설했다. 비상대기실에서 대기해야 하는 3, 5분 비상대기 전투요원들을 제외하고 일정지역 이내에서 대기를 해야 하는 15, 30분 비상대기 전투요원들에게 '비행장 내에서 대기하면서 골프라도 치라.'라는 배려차원에서 골프장을 건설한 것이다.

불과가 전투대대에 배속된 이후 대략 3년 동안은 한 달에 보통 18~20일을 5분 비상대기 근무를 섰다. 집이 아닌 비행단 「Alert Room」에서 잠을 잔 것이다. 그만큼 5분 비상대기에 많이 투입되었음을 의미한다. 그럼에도 전투조종사로서 조국 영공방위의 최전선에 서 있다는 사명감, 보람 등으로 누구하나 불평하는 사람은 없었다. 하늘을 찌를 듯한 기상이었다. 민족중흥의 역사적 사명을 띠고 태어나 국가의 맏아들로서 살아가야 하는 사람들이 당연히 져야하는 책임이자 의무로 생각했었던 것 같다.

젊은 장교시절 불과는 정말 자신이 한국에서 '빨간 머플러'로 대변되는 전투조종사로서 긍지를 가지고 자신의 직업에 만족을 느끼며 열심히 생활했다. 그가 전투대대에 배속된 3년 동안은 광주기지에서 1년에 꼭 몇 건씩 비행사고가 발생하여 조종사들이 순직했다.

"사람들이 저렇게 죽어 나가는데, 조종사로서 비행하는 것이 두렵지 않아?"

"아니, 나는 확신해, 절대로 죽지 않을 거야!"

주위에 불과를 아끼고 사랑하는 많은 사람들이 염려스러운 마음으로 묻곤 했다. 지금 생각해보면 어떤 이유에서였던지 모르겠으나 비행을 하면서 한 번도 사고에 대한 두려움을 느낀 적은 없었다. 비행하는 것이 두려웠다면 아마 오늘 이 자리에 있지 못했으리라 생각이 된다.

"나는 절대로 비행사고로 죽을 수 없다."

순직조종사의 장례식에 참석할 때마다 불과는 굳게 다짐했다. 실천이 따르지 않는 다짐은 아무런 의미가 없다. 다짐을 한만큼 이상으로 불과는 비행 안전을 유지하기 위해 비행을 최우선시하는 생활을 하였다.

"비행 전에는 반드시 8시간 이상을 수면해야 한다."

"공복으로 비행해서는 안 된다."

"심한 근심·걱정이 있는 상황에서는 비행을 자제한다."

"다음날 비행이 있을 경우에는 음주를 하지 않는다."

어느 노병(老兵)의 꿈

모두 비행을 위한 안전수칙들이다. 한마디로 올바른 정신과 건전한 신체를 유지하기 위한 건강한 생활습관들을 육성하여 습성화했다. 불과는 지금도 새벽에 직접 운전을 해서 멀리 가야 할 때는 운전 중 저혈당에 의한 사고를 방지하기 위해 아침식사를 반드시 한다. 저혈당 증세는 사람의 판단력 저하 및 반응시간 저하를 초래하기 때문이다. 불과는 은퇴를 한 지금도 과거 조종사 생활을 하면서 습성화한 대부분의 좋은 습관들을 지켜나가고 있다.

　　불과는 비행대대 동료인 선·후배들과의 좋은 인간관계 유지에도 최선을 다했다. 그 대표적인 사례를 하나 들어보자. 불과는 술에 약했다. 무엇보다도 불과는 술을 좋아하지 않았다. 소주 두 잔이 불과의 주량이었다. 소주나 맥주 두 잔 정도를 마셔 술기운이 돌면 그 기운을 이기지 못하고 불과는 잠을 자야했다. 지금도 그 습관은 마찬가지이다.

　　불과는 술을 잘 마시지도, 좋아하지도 않으면서 총각시절 동료 선·후배가 '술 한잔하러 외출 나가자.'고 제안할 때 한 번도 거절한 기억이 없다. 당시 전투비행대대에 조종사들은 대부분이 비상대기를 해야 했기에 통상적으로 비상대기가 해제되는 저녁 일몰 30분 후에야 부대 밖으로 외출이 가능했었다. 불과는 의례히 술집에 가서 술을 한두 잔 마시고 나면 취해서 의자에 앉아 잠을 잤다. 불과가 한 두 시간 지나 술기운이 가셔서 잠에서 깨어날 때쯤이면 같이 간 동료 선·후배들은 만취가 되어 한참 즐거운 때이나 통금시간이 다 되어 숙소에 들어올 시간이 된다. 당시 통금시간은 저녁 12시였다. 그러면 그는 그의 이름하에 술값을 외상으로 달아놓고 만취한 동료 선·후배들은 인도해서 숙소로 들어오곤 했다.

그러한 전투조종사로서 1년간 총각생활 결과, 제대로 된 양복 한 벌이 없었다. 숙소에는 군에서 공식적으로 지급하는 지급품 이외에는 제대로 된 집기 하나 없는 상황이었다. 매월 수령하는 봉급은 그 전달에 외상으로 마신 술값을 지불하고 나면 항상 부족한 지경이었다. 1974년 4월 어느 봄날 휴일 아침에 불과는 자신이 보낸 지난 일 년 동안 초급장교인 소위로서의 생활을 되돌아보았다.

"아무리 그래도 이렇게 한심하게 살 수는 없다."

"이것이 내가 꿈꾸어온 전투조종사의 생활이란 말인가?"

"이렇게 아까운 청년시절 시간들을 허비할 수는 없어."

"그렇다면 이 생활에서 어떻게 해야 벗어날 수 있을까?"

불과는 지난 일 년 자신의 생활이 너무 한심하다는 생각이 들었다. 그렇지만 후회는 하지 않았다. 좋은 경험을 했다고 생각했다. 총각 숙소에서의 생활, 지난 1년이면 족하다고 생각했다. 더 이상은 그에게 너무 아까운 청년시절이라 생각했다.

"안정된 생활을 위해 결혼을 할까?"

"동료 조종사들과 유대를 쌓는 생활도 중요하지 않나?"

"그렇지만 청년시절을 아끼는 삶이 더 중요하지 않겠나?"

불과는 결혼을 생각했다. 안정된 생활이 필요하다고 생각했기 때문이다. 동료 조종사들과 어울려 재미있게 생활하는 것도 중요하지만 오히려 그 시간을 개인 발전에 투자하는 것이 옳다는 생각이 들었다.

"그런데 결혼을 하기에는 너무 어리지 않아?"

어느 노병(老兵)의 꿈

"결혼은 인생에 중요한 대사 중에 하나인데 너무 쉽게 생각하는 것 아냐?"

"결혼을 한다면 누구하고 결혼하지?"

당시 불과의 나이 24살이었다. 결혼에 대해 갑자기 생각을 하니 여러 가지 생각이 들었다. 당시 그가 근무하던 지역에서는 총각 조종사들이 인기가 좋았다. 불과도 그 덕분에 그가 잘 다니던 집에 선배 친척이 주선을 해서 맞선을 보기도 했다. 친구 소개로 서울에 대학 4학년 학생을 만나보기도 했다. 그런데 불과에게는 생도 4학년 비행훈련 떠나면서 친구 소개로 우연히 알게 되어 그동안 교제해오던 여자가 있었다. 비행훈련 15개월 동안 무려 300통 이상이나 편지를 보낸 진짜 좋아하는 여자였다.

곰곰이 생각해보니 지금 결혼을 한다고 해도, 아니면 3년 후에 결혼한다고 해도, 설령 5년 후에 결혼한다고 해도 그 여자와 결혼을 할 것이라는 생각이 들었다. 그해 4월 어느 날 서울에 사는 그 여자에게 전화를 했다.

"염숙(가명)씨, 우리 금년 가을에 결혼할까?"

"……결혼?, 아니 어떻게~~, 내 나이가 지금 몇인데? 집에서 어른들이 허락을 하실까요?"

"부모님께 허락을 받으면 되지, 뭐?"

"부모님과 상의해볼게요."

"상의 드리는 것이 어려울 것 같으면 내가 아버님한테 허락을 받으러 서울에 갈게."

갑작스런 막무가내식의 제안에 당시 23살이었던 불과가 그렇게 끔찍하게 사랑했던 그 여자는 무척 당황해하며 놀라는 기색이었다. 부모님과 상의해보겠다고 했다. 그렇게 갑작스레 결정한 결혼이었다.

한 달 정도 지나 4월 말 경에 상경하여 불과가 그토록 사랑하던 여자의 부모님께 결혼 허락을 받았다. 고향에 계신 부모님께도 그 여자를 데리고 내려갔다. 인사를 시키고 결혼을 하겠다고 말씀을 드리니 의외로 받아들이셨지만 허락을 해주셨다. 양가 부모님의 허락 하에 약혼 및 결혼 날짜를 잡았다. 1974.7.31일 가까운 친지들과 양가 부모님을 모시고 조촐하게 약혼식을 치르고, 그해 11.17일 잔설이 내린 날, 서울 종로구 「비원」 앞에 위치한 '신혼예식장'에서 결혼식을 올렸다. 그렇게 갑작스럽게 결정한 결혼이지만 불과는 지금까지 그 여자와 함께 45년 이상 행복한 삶을 살아가고 있다.

지금 생각해보면 아이들 소꿉장난 같았던 신혼의 결혼생활, 참으로 알콩달콩 기억에 남는 소박하면서도 재미있었던 생활이었다. 결혼은 했는데 부대 내 관사에 여유가 없어 비행단 후문 밖 가까운 곳에 월세방을 얻어서 몇 달 생활을 했다. 당시 공군중위 봉급이 1만 9천여 원이었다. 여기에 비행수당 2만 9천원을 더 받았다. 아내에게 처음으로 갖다가 준 봉급 봉투에 내용물은 총각시절 먹은 외상 술값을 공제하고 8천 6백여 원이 전부였다. 당시 방 월세 4천 5백 원을 지불하고 나니 4천 백 원 정도가 남았다. 아내 친구 2명이 친구 신혼살림 구경 온다고 서울에서 광주 송정리까지 왔는데 여유가 없어 그들이 상경하는 차표를 사주지 못했다. 그 후 오랫동안 아내와 그 친구들에게 마음속으로 얼마나 미안해했는지 모른다. '왜 그렇게 주변머리가 없었을까?' 하는 생각이 지금도 뇌리를 스친다.

"내 아내와 제일 가까운 친구들인데 돈을 빌려서라도 차표를 사줘야 하는 것 아냐?"

"여유가 없으면 못 사주는 것이지 돈을 빌려서까지 사주는 것이 옳아?"

아마 그 당시 생각으로는 없으면 없는 대로 생활하는 것이 옳다는 생각에 그랬던 것 같다. 그 후 신용카드가 생활화되기 전까지 가게에서 외상으로 물건 한번 구입한 적이 없는 집안 문화를 보면 그 당시 생각이 틀리다고 생각이 되지는 않는다. 그렇지만 한편으로 지금까지 미안하게 생각이 드는 것을 보면 융통성이 없었던 것도 사실이다.

불과는 지금도 정말 행복한 날들이었다고 아내와 신혼생활을 이야기 할 적마다 이야기를 한다. 그 후 그는 공군 사정으로 인해 수원, 강릉기지에 전투비행대대 생활을 하게 된다. 그곳에서 중견 전투조종사로서 성장한 후 조종사 양성을 담당하는 전투비행대대에 교관요원으로 선발되어 다시 광주기지에 되돌아 왔다. 그 후 본격적으로 교관 조종사 생활을 하게 된다. 그동안 열심히 비행을 한 결과 비행기량도 향상되어 비행에 대한 부담도 줄어들었다. 조종사의 생활에도 익숙해져 있어 선·후배들과 비행대대에서 생활도 재미가 있었다. 아내와 두 딸까지 더한 단란한 가정생활, 지금 생각해 보면 부족한 것도 참 많았다. 그렇지만 그의 인생에서 가장 행복한 날들이 아니었나 생각이 된다.

◀ 전문가는 손쉽게
되는 것이 아니다.

불과에게 광주기지는 처음 배속이 되어 전투조종사로서 생활
을 시작해서 그런지 지금도 고향과도 같이 느껴진다. 결혼 후 얼
마 되지 않아 상부지시에 의해 불과는 동료들과 함께 갑작스럽
게 광주기지를 떠나 수원기지에 배속되게 되었다. 수원기지 6개
월, 강릉기지 8개월 생활 후 조종사 편대장에 교관자격까지 보
유한 조종사로서 대략 1년 반 만에 1976년 초여름 광주기지에
되돌아왔다. 당시 처음으로 「조종사 양성 고등비행훈련대대겸
전투비행대대」로 편성된 대대에 동기생 중에서 처음으로 3명이
고등과정 교관 조종사로 선발되어 배속이 되었는데 그 중에 한
명이었다. 동기생 중에서 처음으로 초음속 기종으로 운영되는
조종사 양성을 위한 고등비행훈련과정 교관 조종사로 선발되었
다는 것은 큰 자부심을 갖기에 충분했다. 조종 기량을 어느 정도
인정받은 객관적인 평가 결과였기 때문이다.

큰 꿈을 품고 대대에 배속되어 대대장께 신고한 첫날이다. 일
과 후 대대장이 그날 배속된 교관 조종사들을 당시 광주기지에
있던 미군 클럽에 초대해서 따라 갔다. 간단하게 맥주 한잔하는
자리였다.

어느 노병(老兵)의 꿈

"불과 대위, 자네는 셈에 밝지?"

"네?"

"대대 조종사 휴게실하고 휴게실에 있는 어항을 관리하도록 하게."

"어항까지요?"

"문제가 있는가? 내일 출근해서 그동안 관리한 선배로부터 업무 인계를 받고 관리하도록 하게?"

"………!!, 네, 알겠습니다."

불과는 크게 실망을 했다. '교관 조종사로 명예롭게 차출되어 온 나에게 기껏 어항이나 관리하라고?' 불과는 대대장의 지시에 대해 마음속으로 인정할 수가 없었다. 그래서 어황관리에 대해 선임자로부터 인계를 받지 않았다. 대대에 배속되어 일주일 정도 지난 어느 날 대대장께서 불렀다.

"어항관리 인계를 받아 관리를 하고 있나?"

"네?, 아직 인계를 받지 않았는데요."

"뭐~~~, 며칠이 지났는데, 정신이 있는 거야 없는 거야? 대대장 지시가 말같이 여겨지지 않는 거야, 뭐야~~~~?"

내심 어항관리장교를 하라는데 큰 실망과 함께 불만을 가지고 무언의 태업을 하다가 날벼락을 맞은 격이 되었다. 눈에서 눈물이 나올 정도로 주의를 들었다. 그 후 불과에게 교관 조종사로서의 생활은 재미있고 보람이 있는 생활이었지만 어항관리장교로서의 생활은 정말 고달팠다.

불과의 대대장은 당시 공군에서 소문이 날 정도로 엄한 분이었

전문가는 손쉽게 되는 것이 아니다.

다. 3개월이 멀다하고 대대장으로부터 공공연하게 어항관리를 잘못한다고 지적을 받고 주의를 들었다. 몇 번 그렇게 공개석상에서 혼이 나고 나니 불과도 마음속에 오기가 발동했다. 어항관리 관련 서적들을 구입해서 공부를 하기 시작했다. 집에는 어항을 손수 제작해서 열대어들을 키워가면서 관리방법을 익혔다. 열대어들의 생태환경유지, 번식방법, 병충해 치료법, 수초 키우기, 어항청결유지 등에 대해 실험·실습을 했다. 나름대로 지속적으로 연구 및 실험을 하면서 아울러 대대 휴게실 어항관리에 집중했다.

그 결과 관상용 어항관리에 나름대로 전문가가 되었다. 얼마 되지 않아 불과대대 휴게실에 있는 어항이 당시 비행단에 있는 열대어 어항들과 비교할 때 상대적으로 최고 상태라고 소문이 날 정도로 관리를 했다. 그럼에도 불과는 3개월마다 주기적으로 '어항관리를 제대로 못한다.'고 대대장으로부터 주의를 듣고 지적을 받았다. 대대장이 얼마나 엄한지 대대원 한명을 찍어서 한 번 공개적으로 주의를 주게 되면 그 후 며칠은 대대 분위기가 험악할 정도로 얼어붙었다. 조종사 휴게실에 들어가서 휴식하는 조종사도 볼 수가 없었다. 대대원 모두들 대대장에게 어떠한 흠도 잡히지 않기 위해 바싹 긴장해서 생활을 해야 했다. 당시 대대장이 어항관리장교 혼내는 것은 대대원을 긴장시키는 시발점으로 작용했다.

불과는 한참이 지나서야 그러한 사실을 알게 되었다. 대대장이 왜 3개월마다 주기적으로 불과에게 심한 꾸지람을 시작으로 비행대대 분위기를 긴장시키는 이유가 있었다. 당시 불과가 소속해 있던 비행대대는 조종사 양성과정에 고등 비행훈련을 담당했었다. 전투비행대대 임무를 수행하면서, 병행해서 매 3개월마다 고등 훈련과정에 입과하여 6개월 동안 고등 비행훈련과정을 이수한 학생 조종사들을 수료시켰다. 고등 비행훈련과정은 타 초급이나 중급 비행훈련과정과 달리 해당 과정을 수료하게 되면 수료생들은 명실공이 조종학생 신분에서 벗어나 미래 영공방위에 핵심인 조종사로서 자격을 부여받았다. 그러한 중요성 때문에 수료식 행사를 참모총장이 주관했다. 당연히 3개월마다 참모총장이 비행대대를 방문했다. 총장이 대대를 방문하게 되면 보고를 받은 후 조종사 휴게실에서 대대 조종사들과 대화를 나누었는데, 총장이 앉는 자리 바로 옆에 휴게실 어항이 위치해 있었던 것이다.

대대장 입장에서는 어항의 청결한 상태가 무엇보다도 중요하다고 생각했던 것 같다. 불과가 나중에 알게 된 사실인데, 대대장은 대략 수료식 행사 15일전이면 꼭 어항관리를 문제 삼아 지적을 했다. 그러한 지적에 대비해 대략 20일 전부터 어항 청소는 물론 수초와 기르는 관상어에 이르기까지 관리를 아무리 잘 해놓아도 대대장으로부터 지적과 주의를 받는 것은 변함이 없었다. 왜 그랬을까?

그는 일석이조의 효과를 바랐던 것이다. 조종학생 한 차수가 수료할 때쯤이면 대대 분위기가 어수선하게 되어 있다. 반면에 매일 조종학생 비행훈련을 최대한 시행해야 하는 비행대대 여건

전문가는 손쉽게 되는 것이 아니다.

은 비행사고 예방을 위해서는 구성원의 한 치에 방심이 있어서는 안 된다. 수료식 준비에 교관들은 바쁘고 학생들은 들떠 있는 상황이면, 비행 사고를 유발할 수 있는 빈틈이 생기게 되어 있다. 대대장은 그러한 빈틈을 허락할 수가 없었다. 비행 사고를 예방하기 위한 대대장 나름대로의 지휘·통솔방법으로서 주기적으로 조종사들을 긴장시켰던 것이다.

어찌되었든 그의 3년 이상 대대장 임기 동안 그렇게 많은 비행 훈련을 했음에도 경미한 사고 한 건 없었음을 보면 효과적인 지휘관리 방법 중에 하나라고 생각이 된다. 그 후에도 그 대대장은 불과를 대외적으로는 어항에 전문가라고 칭찬과 홍보를 아끼지 않았으면서도, 대내적으로는 3개월마다 주기적으로 지적과 꾸지람을 하지 않은 적이 없었다. 불과는 아무리 잘해도 주기적으로 꾸지람과 질타를 받다보니 지금까지도 뇌리에 생생하게 남아 있는 그 대대장의 교훈들을 기억하고 있다.

"아무리 사소한 일이라도 맡은바 일에는 최선을 다해라."

"맡은 일에는 전문가가 되라!"

불과는 대대장의 징그러울 정도로 반복적인 꾸지람과 질타를 승화시켜 교훈으로 받아들였다. 그 결과 불과는 진정 어항의 전문가가 되었다. 당시는 비행단 대대마다 어항 몇 개씩을 보유하고 있었다. 불과는 그 어항들에 내부 치장도 해주고, 구성 물고기 비율도 맞추어 주었다. 병들은 물고기 치료도 해주면서, 지금 전역을 한다고 해도 밖에 나가서 수족관을 운영하면 먹고 사는 데 문제가 없겠다고 농담을 들을 정도의 전문가가 되었다.

어느 노병(老兵)의 꿈

그 이후 '자신이 하는 일에 전문가가 되라.'는 그 분의 교훈을 명심해서 불과는 자신이 연루된 일들을 소홀히 한 적이 없다. 그렇게 보면 그 대대장님은 오늘의 불과를 있게 한 불과 인생의 스승 몇 분 중에 한 분이라 할 수 있다. 분명 불과에게는 아주 감사하고 고마운 분임에 틀림없다. 그럼에도 불과는 그 분을 좋아하지 않는다. 만나게 되면 반가운 마음보다 피하고 싶은 마음이 앞선다. 당시 비행대대에서 너무 많이 혼이 난 탓이라고 생각된다. 그러한 연유로 불과는 그 이후 군 생활하는 동안 후배나 부하들에게 교훈을 주기 위해 꾸지람이나 질타를 할 경우에는 가식보다는 진실한 마음을 가지고 대했다.

◀ 하늘은 스스로
돕는 자를 돕는다.

불과가 군 생활 중 인생에 새옹지마가 어떤 것인지를 직접 체험했다. 그 내용을 소개해 보자.

조종사의 교관생활은 특별한 하자가 없는 한 조종사가 거쳐야 할 과정일 수 있다. 공군은 매년 전역 등 손실에 대비해 일정 규모의 조종사를 유지하기 위해 조종사를 양성하는 훈련비행단을 운영한다. 훈련비행단에 교관조종사는 과정에 따라 그 자격기준이 다소 다르기는 하지만 대부분 기성조종사가 된 후 3~4년차에 선발이 되어 훈련비행단에 배속이 된다. 후배 조종사 양성에 2~3년 교관조종사로서 복무 후 다시 기성조종사로서 복귀하는 것이 일반적이다.

불과는 고등과정에 교관조종사로서 1976년 후반기부터 1978년 후반기까지 2년 동안 복무를 마쳤다. 2년의 교관생활을 끝내고 동기생 중에서 군번이 가장 빠른 탓에 제일 먼저 고등과정 훈련대대를 떠났다. 다른 신예기종으로 전환하기 위해 비행단 작전본부에 잠시 머무르며 작전장교로서 근무하게 되었다. 불행하게도 그 기간 중에 불과가 떠나온 비행대대에서 비행사고가 발생했다. 학생조종사는 순직하고 교관조종사는 1%도 안 되는 생

어느 노병(老兵)의 꿈

존 확률의 사고 상황에서 큰 부상이나 화상도 입지 않고 구조되었다. 사고의 충격에서 구조된 교관 조종사는 일정기간 심리적 치료를 위해 요양이 필요한 상태였다. 구조된 조종사가 요양차 떠나면서 그 대대에는 교관 조종사 한명이 부족하게 되었다. 그것이 빌미가 되어 불과는 자신의 의지와 무관하게 명령에 의해 신예기 전환을 포기해야 했다. 2년의 교관생활을 완료하고 만기가 되어 떠났던 비행대대에 언제 끝난다는 기약도 없이 다시 배속되게 된 것이다.

불과는 당시 조종사 대부분이 원하는 신예기종으로 전환할 날만 기다리다가 포기를 해야 했다. 무엇보다도 2년의 힘들고 고된 고등비행과정 교관생활을 정리하고 떠났는데 그 비행대대에 다시 전입되었다는 현실 앞에 그는 앞이 막막할 정도로 낙심했다. 어느 누구도 앞으로 얼마 동안 더 교관생활을 하면 대대를 떠날 수 있다고 말해주는 사람도 없었다. 불과는 마음속으로 자신만이 겪어야 하는 운명에 대해 야속함도 많이 느꼈다. 지금 생각해보면 조종사로서 생활하는 동안 불과가 가장 좌절감을 느낀 경우였던 것으로 기억이 된다. 불과는 그러한 좌절감에도 불구하고 어떠한 불평이나, 내색을 하지 않았다. 어린 마음이었지만 불과는 태연스럽게 현실을 받아들이려고 자신과의 힘든 싸움을 했다.

"나만 왜 이렇게 양보해야 하지? ……아무리 인생은 새옹지마(塞翁之馬)라고 하지만 이것은 너무 한 것 아니야?"

"모든 것은 마음먹기에 달려 있다고 하는데, 내가 불평을 한다고 마음이 위안을 받을 수 있는 것은 아니지 않는가?"

20대 초반 생도시절에 열심히 먹었던 마음의 양식들이 소화되어 불과의 마음을 위로해주었다. 불과가 자신의 마음을 달래고 위로했던 '인생은 새옹지마'라는 말대로, 불과가 다시 떠났던 대대로 돌아간 비행생활이 그에게 시간이 한참 지난 후에 큰 도움이 될 줄을 누가 알았으랴?

전투조종사에게는 통상적으로 강인한 체력이 요구된다고 한다. 맞는 말이다. 전투조종사는 보통 사람들이 평소 일상생활을 하면서 지구의 중력에 의해 신체가 받는 하중의 5~6배에 하중을 공중 3차원의 세계에서 임무를 수행하는 과정에 받기도 해야 하기 때문이다. 그런데 당시 고등비행 훈련과정에 교관조종사의 임기를 2년으로 제한했다. 특히 전투기로 운영하는 당시 고등비행 훈련과정에 교관조종사는 조종학생 양성훈련을 위해 신체적으로 견디기 힘든 5~6배의 하중이 걸리는 공중 특수기동 훈련비행을 주기적으로 수행해야 하는 것이 그 제한 이유 중에 하나가 아니었나 생각된다.

불과는 떠났던 대대로 다시 돌아와 그러한 힘든 주어진 임무수행에 매진했다. 정말 코피가 날 정도로 임무를 열심히 수행했다. 1978년 봄으로 기억이 된다. 그 해 봄은 날씨가 유난히 좋아 매일 3회씩 비행했다. 주간에 2회는 교관조종사로서 학생훈련을 위한 비행을 하고, 야간에 1회는 전투조종사로서 야간 공중사격대회 출전을 위해 공중사격훈련을 위한 비행을 했다. 주간에는 조종이 서투른 학생조종사들을 태우고 공중에서 특수기동 비행훈련을 시키면서 평소보다 5~6배에 해당하는 하중을 받아야 했고, 야간에는 공중사격 비행훈련을 하면서 4~5배의 하중을 받아야 했다. 날씨가 좋은 탓에 월요일부터 금요일까지 5일 연속 매일 3회씩 비행했다. 그렇지만 한창 젊은 20대 후반이다 보니 불과는 별로 피곤하다고 느끼지 못했다. 토요일 아침이 되었다. 세수를 하는데 손에 무엇인가 끈적끈적한 감이 느껴져 확인하니 코피였다. 생각지도 못한 상황 발생에 순간적으로 당황스런 느낌이 들었다.

"전투기를 조종하는 삶이 진정 힘들기는 힘든 삶이구나!"

흘러내리는 코피를 보면서 불과는 세면대 앞에 우두커니 서서 생각해 보았다. 그렇지만 걱정이나 우려보다는 자신의 열정에 흡족한 기분이 들기도 했다. 지금도 당시의 체험이 눈에 선하다. 그렇게 불과는 공군의 고등비행훈련과정 비행대대에 다시 전입해서 2년 동안 성실하게 주어진 학생훈련 비행에 임했다. 그 결과, 4년 동안 매년 300시간 이상을 비행했다. 그것이 누적이 되어 후일 조종사로서 한창 비행해야 할 시기에 5년 6개월 미국 유학으로 비행에 공백 기간을 가졌음에도 2,000시간 가까운 전투기 비행시간에 모든 자격을 보유한 경력의 조종사가 될 수 있었던 것이다. 그 결과 전투조종사로서 비행대대장 자격에 결격사유가 없어 대대장에 보임될 수 있었다. 아마 그때 신예기 전환을 하고 신예기 대대에 배속되었더라면 비행시간이 2~300시간 이상 부족하였으리라 생각이 된다.

그에 더해 그 대대로 다시 들어갔기 때문에 불과가 군 생활에

하늘은 스스로 돕는 자를 돕는다.

서 가장 자랑스럽게 생각하는 무공훈장까지 받게 되었다. 당시 불과가 속해 있던 조종사 양성 고등과정 훈련대대는 전투비행대 대이기도 했다. 운영기종이 F-5B 전투기였기 때문이다. 전투비 행대대였기 때문에 전·평시 적 표적에 대한 공대지 공격임무가 주어져서 교관조종사들은 평소 공격임무 자격유지를 위한 비행 훈련도 수행해야했다. 그에 더해 교관조종사들에게 평시에는 주·야간 간첩선 탐색 및 공격 임무가 주어져 항상 비상대기를 유지해야 했다. 다른 전투비행대대와 번갈아 가면서 간첩선 「탐색 5분 비상대기」와 「공격 15분 비상대기」 교대근무를 했다. 당시 5분대기는 비행단 비상대기실에서 대기하고, 15분 비상대기 는 주간에는 대대에서, 야간에는 숙소(집)에서 대기했다.

1980년 당시 한국에는 민주화 바람 열풍으로 한참 사회가 혼란한 상태였다. 사실 당시에는 전투조종사에게 휴식을 위한 휴가란 거의 생각하기가 힘든 여건이었다. 그가 휴가를 간 것은 1 년 중 전반기에는 어머님, 후반기에는 아버님 생신에 가족과 함께 2~3일 고향을 방문하여 함께 지내고 오는 것이 전부였다. 1980.6.20일에도 어머님 생신이 다가와 고향에 다녀와야 했다. 그렇지만 당시 불과는 한참 바쁜 스케줄장교 등 보직 장교로서 대대를 떠날 수가 없는 상황이었다. 어쩔 수 없이 아내가 아이들 만 데리고 고향에 다녀오도록 하였다.

금요일 오후 일과가 거의 종료될 시간이 되었다.

"야! 불과소령, 나 오늘 저녁 약속이 있어 비상대기 근무가 어려우니 다른 사람하고 교대 좀 해줘?"

어느 노병(老兵)의 꿈

"네, 지금이 몇 시인데요? 대체할 사람이 없는데요?"

"자네가 알아서 해, 나는 광주시내 외출 나가야 돼."

그날 저녁 비상대기 근무를 서야할 선배 조종사가 스케줄 장교인 불과에게 말했다. 사실 비상대기 근무시간이 다되어 그렇게 말하는 것은 상식적으로 맞지 않는 일이었다. 그렇지만 현실은 그렇지를 못했다. 그 선배 조종사는 불과의 답변을 기다리지도 않고 말만하고 퇴근해 버렸다. 그 시간에 다른 조종사들에게 비상대기를 부탁하기에도 너무 늦은 시간이었다. 불과는 가족이 모두 고향에 갔기 때문에 집에 아무도 없는 날이라 자신이 선배를 대신해 비상대기 근무를 하는 것이 제일 좋은 방법이라 생각했다. 불과는 당일 야간 5분 탐색 비상대기 근무자 명단을 자신으로 바꾸어 상부에 보고하고 퇴근 후 비행단 비상대기실에서 야간 5분 탐색 비상대기 근무를 서게 되었다.

공군에 「5분 비상대기 임무」란 무엇인가? 공군작전사령부에서 출격 명령이 하달되면, 출격 명령이 하달된 시간으로부터 5분 이내에 해당 임무수행에 필요한 무장을 장착한 상태로 항공기 바퀴가 활주로에서 부양해야 하는 비행임무를 말한다. 5분 이내에 필요한 무장으로 활주로에서 이륙하기 위해 항공기는 조종사의 비상대기실 밖에 필요한 무장을 장착한 채로 주기되어 있다. 조종사는 항공기와 지근거리에 있는 비상대기실에서 임무수행에 필요한 복장 및 장비를 장착한 채로 대기한다. 그래야만 상부에서 비상벨로 출격명령을 하달해도 조종사가 바로 항공기에 탑승하여 엔진 시동을 걸고 활주하여 5분 이내에 항공기 바

하늘은 스스로 돕는 자를 돕는다.

퀴다리가 활주로로부터 부양을 할 수 있기 때문이다.

야간에 간첩선 대비 비상대기는 주간의 적 전투기 침공에 대비한 대기임무와는 좀 달랐다. 주간의 적 전투기 도발에 대응하는 주간 5분대기는 대응시간이 임무 결과에 결정적으로 작용하기 때문에 긴박감이 크다. 반면에 야간 대간첩선 5분대기는 비록 5분대기 임무이기는 하지만 대응시간이 임무 결과에 결정적으로 영향을 미치지 않기 때문에 주간 5분대기에 비해 조종사들이 느끼는 마음에 긴박감은 그렇게 크지는 않았다. 이륙을 몇 분 늦게 한다고 하여 간첩선을 탐색해서 공격, 격파하는 임무 결과에 결정적으로 영향을 미친다고는 생각지 않았기 때문이었다. 간첩선의 도주 속도는 아무리 빠르다고 해도 전투기 속도의 1/10 이하 수준에 불과하기 때문이었다.

1970년대만 해도 주간에는 북한 전투기들의 도발이 많았고, 야간에는 간첩선의 출몰이 시도 때도 없이 빈번해서 비상대기 긴급 출동이 잦았다.

"오늘은 누가 비상대기 근무냐?

"김철수(가명) 조종사입니다."

"아이고, 오늘도 비상출동이 있겠구나?"

당시 비상대기 임무 중 비상 출동이 잦은 조종사가 비상대기 근무에 상번하면 우려해서 하는 말이었다. 불과 역시 다른 조종사들과 같이 전투조종사 생활을 하면서 많은 시간들과 날들을 비상대기실에서 보냈다.

"내가 비상대기 근무를 하는데 무슨 일이 일어나겠어? 당연히

어느 노병(老兵)의 꿈

일어날 수 없지~~."

 불과는 비상대기 근무에 임하기전 아무런 일도 발생하지 않기
만을 기원하는 마음에서 항상 자기 자신에게 최면을 거는 마음
으로 다짐을 하곤 했다. 그래서인지 불과는 그렇게 많은 날들은
비상대기 근무로 보냈지만 비상출동을 한 경우는 거의 없었다.
1980.6.20일 저녁은 달랐다. 그날이 원래 불과가 비상대기 근
무를 하는 날이었다면 무슨 일이 발생하지 않았을 것이다. 선배
조종사 대신 비상대기 근무를 하였기 때문에 무슨 일이 발생하
지 않았나하는 생각도 해보았다.

 당시 야간 간첩선 대비 비상출동 임무는 2명의 조종사가 2인
승 복좌 전투기에 탑승해서 임무를 수행하도록 되어 있었다. 야
간에 1인승 단좌 전투기를 타고 바다 상공에서 임무를 수행할
경우 임무 중 '이상자세(Vertigo)'에 진입 가능성이 높기 때문이
었다. 원래 70년대 초기까지는 야간 대간첩선 작전에도 단좌 전
투기를 투입했었다고 한다. 임무 중 조종사가 이상 자세에 진입
한 후 회복을 하지 못해 발생한 치명적 비행사고가 여러 건 발생
했다고 한다. 그 결과 공군에서는 임무 중 발생할 수도 있는 사
고예방을 위해 야간 대간첩선 임무에는 2인승 전투기를 투입하
게 되었다고 했다.

 불과는 1980.6.20일 저녁, 전방석 조종사로서 함께 임무를 수
행할 사관학교 3년 후배인 후방석 조종사와 평상시와 동일하게
비상출동 임무에 대한 비행 브리핑을 실시한 후 저녁식사를 했
다. 당시 임무를 함께 수행한 후배 조종사는 비행대대 생활에 불

만이 많아서 대대생활을 어려워했다. 불과는 잘 되었다고 생각을 했다. 후배를 사랑하는 마음에서 후배 조종사의 고충과 불만들을 실컷 들어 주고 그를 이해하려 노력했다. 그렇게 그의 말을 들어주다보니 밤 12시가 되도록 시간가는 줄을 몰랐다. 갑자기 밤 12시가 조금 넘어 전화벨이 울렸다.

"따르릉, 따르릉!!!"

"탐색대기 불과소령입니다. 근무 중 이상 없습니다."

"작사 상황장교 김중위(가칭)입니다. 간첩선 탐색임무로 출격을 해야 할지 모르니 심적으로 준비를 하라고 하십니다."

"아, 그래? 알았네."

작전사령부 작전장교로부터 연락이 왔다. 설마하니 이 시간에 하면서 생각하고 있다가 전화를 받고나니 갑자기 바싹 긴장이 되었다. 심적 준비가 필요하다고 해놓고는 심적 준비를 할 틈도 없이 바로 비상출동 벨이 울렸다.

그날 비상대기 항공기의 임무형상은 말 그대로 그 기종의 최대 이륙중량 상태였다. 항공기 동체와 날개 좌·우 안쪽 파일론, 날개 끝에 외부 연료탱크 5개를 장착하고, 날개 좌·우 바깥쪽 파일론에는 항공조명탄 포드(8발 내장) 2개를 장착한 그 항공기의 임무형상 중 항력계수가 가장 큰 형상이었다. 추력대 중량비가 0.272 정도밖에 안 되어 타 전투기와 비교시 상대적으로 아주 작은 편에 드는 F-5B 전투기로서는 속도 증속이나 고도 상승이 어려운 형상이었다. 당시 불과는 1,600여 시간의 해당기종 비행시간 보유자로서 그 기종에 숙련급 조종사라고 할 수 있는 수준

어느 노병(老兵)의 꿈

이었다. 하지만 그렇게 항력계수가 크고 이륙 중량이 무거운 해당 형상으로는 비행을 해본 경험이 전혀 없는 상황이었다.

일반적으로 간첩선들은 음력으로 그믐초승 밤에 출몰한다. 그 기간에는 달이 밝지 않아 들키지 않고 침투 및 탈출을 은밀하게 할 수 있는 장점이 있어서이다. 출격 당일에도 달빛이 없는 캄캄한 저녁이었다. 밤 12:20분 전후해서 이륙을 위해 항공기를 활주로에 정대하고 계기를 점검했다. 모두 정상을 확인하고 이륙을 시도했다. 여름철이어서 활주로 온도는 높은데다가 항공기 중량은 무겁고 항력계수가 큰 탓에 항공기는 9,300피트의 광주 기지 활주로에서 거의 8,500피트 정도 활주 후 간신히 부양을 했다. 활주로 끝은 다가오는데 이륙을 위한 속도 증속이 느렸던 탓에 손에 땀이 흐를 정도로 다급했던 것이 기억에 남는다. 항공기 바퀴다리가 활주로를 부양한 후에도 상승률이 낮아서, 혹시나 활주로 끝 조금 지나서 위치한 비행장 경계 철조망에 걸리지 않나 조바심을 할 정도였다.

이륙 후에도 중량은 무겁고 항력계수가 큰 형상이어서 항공기 운용 교범(T.O-1)에 정해진 속도로 상승이 되지 않았다. 후기연소기를 지속적으로 작동한 채로 상승을 했다. 고도 9,000피트 이상은 후기연소기를 작동해도 상승이 되지 않았다. 고도 9,000피트를 유지한 채로 공군 방공중앙관제소의 관제하에 비행해서 작전지역에 진입했다. 당시 공군 방공중앙관제소는 해군이 간첩선 추적 중 놓쳐버린 군산 서북쪽 100km 지역까지 불과를 유도해 주고 그 지역 상공에서부터 탐색해보라고 했다.

"Blue 43(불과 호칭), 간첩선은 대략 현 위치 정도에서 22시경 해군 추적에서 사라졌음, 그 지역을 중심으로 탐색바람."

"Jupiter Control(가칭), Roger."

당시 방공관제소 관제사가 통보해준 간첩선 작전상황이다. 오후 늦게 충남 대천지역 해안을 탈출한 간첩선을 민간인이 발견하고 신고했다. 신고 받은 해군 전함들이 추적 중 밤 10시경 군산 서북쪽 100km 지역에서 간첩선을 시야에서 놓쳐버렸다. 그러한 상황이 공군에 전파되었고 불과가 출동하게 된 것이다. 불과가 작전지역에 진입한 밤 1시경에는 간첩선이 어디쯤에서 도주하고 있는지조차 확실히 모르는 상황이었다. 불과는 현장에서 관제소로부터 통보받은 상황을 기초로 군산 서북쪽 대략 90~110km 정도 위치에서 해군의 추적 전투함들을 따돌린 간첩선은 해군의 추적에서 벗어나 '계속해서 서북쪽 방향으로 최대 속도로 도주하고 있을 것'이라고 판단했다. 이제 대략 2시간 반 정도가 지났으니 간첩선 속도를 고려할 때 '서북쪽 대략 180~200km 정도 어딘가에서 북쪽으로 도주항해 중'일 것이라 예측했다.

캄캄한 그믐밤, 하늘에는 별들이 총총 빛나고 바다에는 어선들의 불빛이 반짝이고 있었다. 그 상공을 비행하는 조종사로서 불과는 실제로 어디가 하늘이고 어디가 바다인지 구별이 안 되는 상황을 경험했다. 정말 정신이 번쩍 들었다.

"김대위, 나는 해상에 간첩선을 찾을 터이니 자네는 밖을 내다보지 말고 계기들만 계속 감시하게! 그리고 내가 선회각을 30°

이상 진입하도록 조종하면 나에게 경고하고~~."

본인의 이상자세 진입을 예방하기 위해 후방석 조종사에게 비행계기만을 집중해서 보고 조언해줄 것을 지시했다.

"이러한 상황이어서 쉽게 이상 자세(Vertigo)에 진입하게 되는 것이었구나!"

"그래서 과거 1970년대 간첩선 작전에 1인승 단좌를 타고 임무에 투입된 다수의 선배 조종사들이 이상 자세에 진입, 바다에 추락하여 순직했구나!"

불과는 교육으로만 들어왔던 상황을 실제로 체험하면서 상황의 엄중함을 새삼 느꼈다.

방공중앙관제소에 관제를 요청해서 그들의 유도를 받아가면서 서북쪽 190km지역까지 비행해서 올라갔다.

"김대위, 계속해서 말하게. 항공기 자세에 변화가 있으면…, 자네는 밖을 보아선 절대 안 돼!"

"네, 염려 마십시오. 저는 계기만 감시하고 있습니다."

"조명탄을 투하해야 할 것 같네. 조명탄 투하 점검표를 보고 내가 수행하는 절차가 틀리면 말해주게!"

"네, 알겠습니다."

이상자세 진입 예방을 위해 계속해서 후방석 조종사와 대화를 하면서 북쪽으로 도주 중인 간첩선을 탐색하기 위한 조명탄 투하를 준비했다. 공중에서 조명탄 투하나 로켓포를 이용해 해상의 표적을 공격할 때 전투기는 공중에서 일정한 비행 패턴을 그린다. 비상대기 근무를 위해 사전에 임무 브리핑을 한대로 후방

하늘은 스스로 돕는 자를 돕는다.

석 조종사에게 조명탄 투하를 알리고, 브리핑한 절차대로 후방
석 조종사에게 수행하는 조작을 말하면서 정해진 조명탄 투하
비행패턴을 그렸다.

"30°Bank Turn, Roll-out Heading 360."

"Outboard Switch-on, Armament Switch-on."

"Flare Drop Now."

"………."

"김대위, 나는 조명탄이 투하되는 느낌을 느끼지 못했는데, 자
네는 어떤가? 조명탄이 투하된 것 같은가?"

"글쎄요. 저도 아무런 느낌을 못 느꼈는데요."

"………."

"그럼, 다시 시도해보세."

"Outboard-on, Armament Switch-on Conform."

"Flare Drop Now."

"………."

"어떤가? Flare가 Drop된 것 같은가?"

"모르겠는데요??"

역시 조명탄 투하가 된 것 같지 않았다. 투하되는 느낌을 느끼
지 못했다. 다시 한 번 더 조명탄 투하를 시도했다. 연속 3회를
시도한 것이다. 그리고는 정해진 투하 패턴을 다시 그리기 위해
우측으로 선회하면서 뒤를 바라보았다.

이게 웬 일인가? 3번에 걸쳐 시도한 조명탄 투하가 모두 성공
적으로 투하되어 지나온 비행 궤적 상에서 강하하면서 주위를

어느 노병(老兵)의 꿈

환하게 밝혀주고 있었다. 12~3초 간격으로 2발씩 투하한 200만 촉광 밝기의 조명탄들이 대략 1.2~1.8km 간격으로 3.6~5.4km에 걸쳐 6발이 강하하면서 밝혀주니 그 일대 해상 상공이 대낮같이 밝게 보였다. 우측으로 선회하면서 바다 위를 내려다보았다. 곧바로 조명탄 불빛에 의해 서북쪽을 향해 고속으로 항해하는 의아선박(간첩선)이 시야에 들어왔다. 고속으로 항해하는 선박의 뒤쪽에 발생하는 물줄기를 기준할 때 속도는 대략 50kts 가까이 되어 보였다.

"김대위, 잠깐 4시 반 방향 해상을 좀 내다보게. 저거 간첩선 아니야?"

"네, 지금 이 시간에 공해상에서 저렇게 고속으로 질주하는 선박이라면 간첩선이 분명해 보입니다."

선박의 크기, 운항속도, 진행방향 등을 종합해 볼 때 간첩선이 분명하다고 판단이 되었다. 계속 추적하면서 공군중앙관제소에 간첩선 탐색결과를 통보했다.

"Jupiter Control, Blue 43."

"Go Ahead."

"At 305° Radial 105 Nautical Miles from Kunsan TACAN, Skunk(Spy Ship) is found!"

간첩선의 위치가 확인되면서 해군 전투함들에도 그 위치가 통보되었다. 공군에 간첩선 탐색을 요청하기 전까지 간첩선을 추적했던, 아직 작전지역 근처에 위치해 있던 전투함들이 간첩선을 확인했다. 그리고는 불과에게 작전지역에서 벗어나 줄 것을

하늘은 스스로 돕는 자를 돕는다. ———— 141

요청했다. 간첩선을 공격하기 위해서였다. 불과는 고도를 2,000 피트 정도 더 높이 올라가 계속해서 간첩선을 추적하면서 조명탄을 투하해 주었다. 해군 전함이 추적하면서 함포로 간첩선을 공격하여 간첩선의 추진기관을 무력화하여 결국은 기동을 할 수 없는 간첩선을 포획하는데 성공했다.

불과는 참으로 진귀한 경험을 했다. 조명탄의 불빛만 비취고 있는 캄캄한 밤중 해군 전투함에서 간첩선을 향해 함포를 쏘아대는 광경은 정말 장관이었다. 과거 전쟁 영화에서나 볼 수 있었던 함포가 표적을 향해 날아가는 모습은 혼자 보기에는 아까울 정도로 볼만한 경관이었다.

불과의 임무는 간첩선을 탐색해서 발견하는 것이다. 불과는 간첩선을 발견해서 해군 전투함에 통보를 해주었으니, 임무는 종료된 셈이다. 조명탄 16발을 장착하고 출격하여 겨우 6발로 간첩선을 발견한 후 2회 더 투하를 해주고 작전지역을 이탈해서 광주 모기지로 귀환했다. 불과는 그렇게 간첩선 포획에 결정적인 역할을 함으로써 그 공적을 인정받아 한 달쯤 지나서 국가로부터 「인헌무공훈장」을 수여받았다.

"만약에 내가 정상적인 조명탄 투하절차대로 2발씩 투하했다면 그렇게 쉽게 간첩선을 찾아낼 수 있었을까? 아마, 어려웠을 것이다. 어쩌면, 절차대로 2발씩 16발을 모두 투하하고도 찾지 못했을 지도 모른다."

불과는 작전을 끝내고 기지에 귀환해서 착륙 후 나름대로 당시 상황을 생각해보면서 내린 결론이다. 통상적으로 조명탄 몇 발을 가지고 심야에 망망대해에 나가 간첩선을 찾기란 모래 백사장에서 동전 찾기와 같이 무척 어려운 일이다. 그 임무를 수행해본 조종사들 모두가 이구동성으로 하는 말이다. 그런데 불과는 단번에 찾아낸 것이다. 그 이유는 간첩선의 위치를 대략적으로 예측한 것도 적중했지만, 미안하게도 불과가 실수를 해서 한번 비행 Pass에 3회에 걸쳐 조명탄 투하를 시도했기 때문에 간첩선을 단번에 찾을 수 있었던 것이다.

불과가 3회에 걸쳐 조명탄 투하를 시도한 것에는 참으로 웃지 못 할 배경이 있었다. 당시 조종사가 야간에 간첩선 비상대기 임무에 투입되기 위해서는 '狗鼠作戰[9]' 자격을 획득해야 했다. 구서작전 자격획득 및 유지를 위해서는 7회의 구서작전자격 획득 비행훈련을 마쳐야 했다. 자격획득 비행훈련에는 일정량의 조명탄 투하훈련과 지·해상 표적에 대한 로켓 발사훈련이 포함되어 있었다. 불과의 경우는 불행하게도 7회의 자격훈련 중 조명탄 투하훈련을 지·해상 표적에 대한 로켓 발사 훈련으로 대체했다. 그는 7회의 자격획득 훈련 중 조명탄 투하훈련을 받지 못한 채 자격을 획득했던 것이다. 엄격하게 말하면 불과는 구서 조명탄 임무 자격자라고 할 수 없는 상태였다. 불과는 조명탄을 투하해서 표적을 탐색하는 임무보다 탐색한 표적에 대해 로켓포를 발사해 격침시키는 임무에 적합한 자격자였다.

조명탄을 직접 투하해본 경험이 없었기에 조명탄 투하에 따른

---

9) 당시 공군에서 간첩선 탐색 및 격침작전에 사용한 '쥐퇴치작전'이란 의미의 작전명

조종석에서 느껴지는 미세한 반동만을 가지고 조명탄이 투하되었다고 확신할 수 없었던 것이다. 그러한 연유에서 3회 연속 투하를 시도했는데, 결과론적으로는 3회 연속 투하를 했기에 그렇게 간첩선을 쉽게 찾을 수 있었던 것이다.

"하늘은 스스로 돕는 자를 돕는다."

불과는 지금도 자신의 과거 생활을 되돌아 볼 적마다 그렇게 생각한다. 그는 전투조종사로서 '조국 영공방위의 최전선에 서 있다.'는 자부심에 고취되어 열심히 살았다. '빨간 머플러'로 대변되는 전투조종사로서 자신의 직업에 만족을 느끼며 열심히 비행훈련에 임했다.

"네가 맡은 일에 전문가가 되라!"

공개석상에서 상관이 주기적으로 질타하는 것까지도 교훈으로 받아들이려 노력했다. 그 결과 자신의 임무수행과정에서 전문가로서의 역할을 수행할 수 있는 능력을 구비하기 위해 최선의 노력을 경주해왔다. 방금 임무를 완수하고 떠나온 부대에 다시 배속이 된 기막힌 상황에서도 불평 한마디 하지 않았다. 조금도 불편한 내색 한번 하지 않으면서 주어진 업무를 숙명으로 받아들이고 정성을 다했다. 코피를 흘릴 정도로 주어진 임무수행에 매진했다. 그러한 스스로 자신을 돕는 생활이 그러한 좋은 결과를 가져왔다고 지금도 생각하면서 실소를 금할 길이 없다. 어쨌든 현실을 수용하고 자신의 주어진 일에 정성을 다하는 생활태도가 자신의 오늘이 있게 한 원동력이라고 생각한다.

"인생은 빛 쪽에 서서 최선을 다할 때 하늘은 스스로 돕는 자를 돕는다."

불과의 좌우명과 같은 신념이다.

"하나님을 사랑하는 자들에게는 모든 것이 합력하여 선을 이룬다."

위에 불과가 겪은 예화를 대체할 수 있는 성경의 한 구절이 아닐까?

인생의 길은 자신의 의지와 다르게 미리 정해져 있는 듯하다.
사관학교를 졸업하면서 불과가 마음속에 간직한 군에서의 인생
에 목표는 훌륭한 리더가 되어 국가에 봉사하고 기여하는 것이
었다. 그가 광주기지에서 교관 조종사로서 생활을 하던 중 우연
히 사관학교 1년 후배와 장래 진로에 대해 대화를 나눈 적이 있
다. 그 역시 자기 동기생에서 수석으로 졸업한 사람이다.

"이대위는 장차 군에서 어떤 경력을 쌓고 싶어?"

"글쎄요, 저는 기회가 된다면 항공공학 석·박사과정에 도전하
여 궁극적으로는 항공공학분야에 전문 엔지니어가 되어 군에 기
여하고 싶은데요."

"⋯⋯⋯?"

"그런데, 선배님은 어떤 경력을 쌓고 싶으셔요?"

"글쎄~~, 나는 공부할 기회가 주어진다면 경영학 석사과정
(MBA)을 이수하고 합리적으로 군을 지휘·관리할 수 있는 훌륭
한 지휘관으로 성장하고 싶다네."

나눈 대화의 요지는 '야전의 전투조종사로서 군에서 성장하는
과정에서 어떠한 프로필의 경력을 쌓아야 할 것인가?'이었다.

불과는 후배가 항공공학 석·박사과정에 도전하여 항공공학 엔지니어가 되고 싶다는데 깜짝 놀랐다. 불과는 꿈에도 엔지니어가 되는 것에 대해서는 생각을 해 본적이 없었다. 그런데 아이러니컬하게도 불과와 당시 대화를 나눈 후배의 길은 이후 서로 뒤바뀌어 현실이 되었다. 그 후배는 그의 희망과 다르게 전형적으로 군 지휘관으로 성장하는 길에서 프로필을 쌓게 되었고, 불과는 자신의 의지와 무관하게 꿈에도 생각하지 않았던 항공공학 석·박사과정을 거쳐 엔지니어가 되는 길을 걷게 된 것이다.

불과는 교관 조종사 생활 4년차 되던 해에 국비지원 외국 유학과정 선발시험에 도전할 수 있는 기회를 갖게 되었다. 불과의 동기생 중 전투조종사를 대상으로 2명을 선발하여 미국 해군대학원(이후 미해대원) '무기체계 공학'과 '운영분석학' 석사과정에 유학 보내는 것이었다. 그는 운영분석학 석사과정을 선택하고 선발 영어시험을 보았다. 선발 인원은 사관학교 학사과정 성적, 최근 3년간 근무평정 평균, 수상기록, 영어 선발고사 점수를 종합해서 결정한다고 고시했다. 그는 영어 선발고사를 보고 난 후 대략 예상하기를 선발대상자에 충분히 포함될 수 있다고 확신을 했다. 불과는 사관학교 성적, 근무평정 결과, 수상기록, 선발시험 등에서 최고의 평가 점수를 획득할 수 있었다. 그래서 만약에 자신이 선발이 되지 않는다면 무엇인가 잡음이 들어간 결과일 것이라고까지 생각했다.

석사 유학과정 선발자가 공표되었다. 불과와 불과가 반드시 포함될 것이라고 예상한 동기생은 선발 인원 명단에서 빠져있었다. 전혀 예상치도 못했던 동기생들이 선발되었다. 그런데 불과와 불과가 포함될 것이라고 예상한 동기생에게는 공군본부 선발부서에서 비공식적으로 다음날 '선발부서에 출두하라.'고 전화연락이 왔다. 발표 다음날 당시 서울 대방동에 위치해 있던 공군본부 선발부서에 출두했다. 그곳에서 불과는 선발임무 담당관으로부터 정말 황당한 말을 들었다.

"불과소령, 금소령, 이소령(가칭)은 성적이 너무 좋아서 이번 미해대원 석사과정 선발 대상에서 제외했네. 공군은 후반기에 미국 민간대학 석사과정에 보낼 인원 선발계획을 가지고 있다네. 기수별 2~3명씩 총 10여 명을 선발할 예정인데, 금번 선발평가 결과 성적이 월등하게 좋은 당신들 3명은 후반기 선발예정인 석사과정 입과 대상자로 사전 선발을 한 것이네. 그렇게 조치한 이유는 미국의 민간 대학원 석사과정에 입학해서 공부하는 것이 미해군대학원에 입학해서 공부하는 것보다 훨씬 어려워 학위 취득이 힘들기 때문이라네. 그래서 우리 공군은 정책적으로 우수한 자원을 미국 민간대학원 석사과정에 우선 보내기로 결정했다네."

당시 선발부서장이나 선발임무 담당관의 설명은 정말 이해가되지 않았다. 해괴한 논리라고 생각했다. 불과와 그 동기생, 그의 1년 선배 모두 의아해하고 황당해하는 모습에서 저항감을 의식했는지 사전 선발에 추가해서 유학과정(전공분야) 선택권을주겠다고 제안했다. 불과는 전공분야 선택을 위해 사관학교를방문했다. 사관생도 시절 자신을 아껴주셨던 교관님께 조언을 구했다. 그 분이 추천해주신 「체계관리 석사과정」을 선택하여 선발부서에 통보하고 귀대했다.

그해 가을 어느 날 불과가 소속되어 있던 비행단의 인사처에서 연락이 왔다.

"불과 소령님, 이번 미국 민간대학 석사과정 위탁교육 선발자 명단에 항공공학 석사과정 선발인원으로 소령님이 포함되어 있네요."

"아니 뭐라고? 나는 체계관리 석사과정 위탁교육 선발자로 이미 공군본부에서 결정되었다고 했는데……? 아마, 무엇인가 공군본부 인사명령에 착오가 있는 것 같으니 다시 한 번 확인해 주게."

"네, 확인해봤는데 인사명령에 오류가 있는 것이 아니랍니다. '사관학교 같은 해 졸업한 사람 중 동일과목에 석사과정 위탁교육자 중복 선발은 피한다.'는 원칙 때문이랍니다. 만약에 불과소령이 「체계관리 석사과정」 위탁교육 선발자가 되면 2년 선배 기수에서 항공공학 석사과정에 2명의 위탁교육 선발자가 발생하게 된답니다. 2명의 항공공학 석사과정 위탁교육자가 발생하는 것을 방지하기 위해 불과소령님이 체계관리 석사과정 대신 항공공학 석사과정 위탁교육 선발자에 포함된 것이랍니다."

불과는 순간 정말 황당함을 느꼈다. 꿈에서도 '공학을 공부하고 싶다.'는 생각을 전혀 해본 적이 없었다. 그러한 연유로 불과는 자신의 의지와 전혀 무관하게 항공공학을 전공하게 된 것이다.

불과의 유학은 사관학교 4학년 시절 비행훈련을 떠난 후 야전

성실이 목표 달성의 지름길이다.

에서 전투기 조종 임무만 수행하다가 9년 만에 학위과정에 도전하는 것이었다. 그해 가을 선발된 인원 대략 10여 명은 그 다음해 가을학기 미국 민간대학에 입과 준비를 위해 근무에서 열외시켜 주었다. 공군에서는 처음으로 미국 순수 민간대학에 유학을 보내는 경우라서 입학준비에 대한 정보가 턱 없이 부족했던 것이 이유였다. 근무 열외는 일종의 특전이었다. 그해 선발된 인원 10여 명은 당시 대방동에 소재한 공군사관학교에 집결하여 사관학교 교관들로부터 개인 교습식의 전공과목을 복습했다. 병행해서 미국 민간대학원 입학에 요구조건인 TOEFL과 GRE시험 준비를 했다. 가능한 좋은 성적을 취득하기 위해 개별적으로 민간 영어학원을 다니면서 공부를 하고 시험을 봤다.

당시 미국대학원에 유학을 가기위해서는 다음의 절차가 필요했다. ① 먼저 유학을 가고 싶은 대학을 선택한다. ② 서한을 작성하여 우편으로 그 학교에 입학원서를 요청하여 받는다. ③ 받은 입학원서를 작성한다. ④ 입학원서에 학부(사관학교) 성적 증명서와 별도로 치른 TOEFL과 GRE 성적 증명을 첨부해서 미국 대학에 보낸다. ⑤ 기간 내에 선택한 대학으로부터 입학허가 통보를 받는다. 당시에 이러한 일련의 입학절차를 직접 밟아가기에는 일선에서 전투기만 조종하며 살아온 선발요원들에게는 그렇게 쉬운 일이 아니었다. 정보도 부족했고 시간상으로도 촉박했다. 그 해 공군에 미국 석·박사과정 위탁교육선발자 전원이 모여 '어떻게 유학준비를 할 것인가?'에 대해 토론했다. 결론은 당시 한국에 성행하였던 '해외유학도우미' 회사 중 하나인 명동

어느 노병(老兵)의 꿈

에 위치해 있던 「해외유학정보센터」를 선택해서 미국 민간대학에서 입학허가서를 받아 주는 조건으로 1인당 50만 원의 거액을 지불하고 계약하는 것이었다. 불과는 그 다음해 초에 그가 가기를 원했던 대학으로부터 입학허가서를 취득했다. 입학허가서를 받고 기쁜 마음으로 유학준비에 바쁘던 어느 날 공군분부 유학 주관부서에서 연락이 왔다.

"국가에서 정책적으로 금년 미국 학위과정 위탁교육 선발자들은, 미해대원에서 성적요구수준 미달로 입학허가서를 못 받은 사람을 제외하고는, 전원 미국 해군대학원에 보내는 것으로 결정을 하였다네. 불과소령 자네도 미해대원의 항공우주공학 석사과정에 유학준비를 하도록 하게."

언제는 성적이 너무 좋아서 민간대학에 가야한다고 하지 않았나? 이제는 미해대원에 성적미달로 가지 못하는 사람은 민간대학에 가고 성적이 너무 좋은 사람은 해대원에 가야 한다니 어떻게 된 일이야?

결과적으로 TOEFL과 GRE 시험 준비와 응시, 해외유학정보센터에 비용 지불 등 모두 무위가 되어 버렸다. 그의 동기생 중 처음 미국 해군대학원 선발과정에 의외로 선발된 요원 중 한 명은 성적미달로 입학원서를 받지 못했다고 했다. 그래서 그 동기생은 미국 민간대학에 유학을 가고 민간대학 위탁교육요원으로 선발된 요원들 중 한명은 그를 대신해서 해군대학원에 입학하게 된 것이다.

위에서 언급한 대로 불과는 본인의 의사와 무관하게 항공공학을 전공하게 되었다. 그에 더해 미국 민간대학에 석사과정 위탁교육을 준비하다가 마지막에 생각지도 않게 미국 해군대학원에 유학을 가게 되었다. 그러한 불과 자신이 전혀 예상치도 못한 과정을 거쳐 불과는 종국에는 미해대원에서 항공공학 석사학위와 「엔지니어」학위까지 수여받아 진정한 항공공학 엔지니어가 되게 된 것이다.

그러한 연유에서 불과는 지금도 자신이 항공공학을 전공하게 된 것, 해군대학원에 유학가게 된 것을 '나의 운명이었다.'고 말을 한다.

젊음은 어떠한 고생도 극복하게 해준다. 미국 해군대학원에서 보통 2년 과정인 항공공학 석사과정을 불과는 2년 6개월을 수학해서 과정을 마쳤다. 사관학교 졸업 후 긴 공백 기간 끝에 다시 학위과정에 입과 한다는 이유에서 불과에게는 2년의 석사과정 입과 전에 항공공학 3~4학년의 학부과정 복습을 위한 'Refresh' 기간 6개월이 추가되었다.

미국 해군대학원이 위치한 캘리포니아주 몬트레이시는 지형적 영향으로 1년 내내 이른 봄에서 늦은 봄의 기후가 지속되어 휴양도시로 유명하다. 그렇다 보니 거주할 주택 구하기가 쉽지 않고 생활비가 비싼 것이 특징이다. 그 덕분에 불과와 그 가족은 미해군대학원 첫 학기 한 달 정도를 모텔에서 생활했다. 그렇게 모텔에 기숙을 하면서 불과는 학교에 다녀야 했다. 불과의 미국 유학 5년 반 생활 중 정말 가장 힘든 시기였다. 모든 것이 낯이 설은 데다, 설상가상으로 모텔에서 지내면서, 외국 학생이라고

어느 노병(老兵)의 꿈

조금의 배려도 없는 환경에서, 교수의 강의 내용은 50~60% 정도 밖에 이해를 못하는 상황이었으니 말이다. 가끔은 교수가 강의 중 풀어오라고 말한 내용을 이해하지 못해서 숙제를 하지 못한 시기이기도 하다.

불과의 항공공학 석사과정에는 총 26명이 입과했는데 같은 반에는 불과를 포함해서 터키와 그리스 장교 3명만이 외국인 학생이었다. 그 외 7명 정도가 웨스트포인트 육군사관학교를 졸업한 미육군 장교였고, 나머지는 대부분 아나폴리스 해군사관학교를 졸업한 미해군 장교들이었다. 26명의 학생 중 불과만이 유일한 동양인 모습의 학생이었다.

불과는 2년 반 동안 해대원에서 대학원 과정 89.5학점을 포함해서 총 123학점을 이수했다. 2년 반 동안 그 많은 학점을 이수할 수 있었던 것은 미해대원의 '학기 및 학과 운영원칙' 때문에 가능했다. 미해대원은 1년에 3개월을 한 학기로 운영하는 Quarter학기 4회를 운영했다. 군대 학교라는 특성 때문인지 학과 지도교수의 제안으로 결정된 매 학기당 4~6개의 교과과목들을 수강해야 했다. 민간대학에서와 달리 학기 중에 학생은 어떤 이유에서든지 수강과목을 취소할 수가 없었다. 불과는 2년 반 동안 외국학생이라 수강이 제한되어 있는 학과목을 제외하고는 학과 지도교수와 상의하여 미해대원 항공공학과에서 개설한 전 분야에 과목들을 이수했다. 나중에는 항공우주공학과에 이수할 과목이 없어서 항공분야 엔지니어로서 필요하다고 판단되는 재료공학, 파괴공학, 전자공학, 전자과 개설 제어공학 등도 해당학과에 가서 이수했다. 불과가 그렇게 의도적으로 많은 학점을 이수한데는 나름대로의 철학이 있었기 때문이다.

"군이나 국가에 기여하기 위해서는 어느 분야가 필요할지 모르니 기회가 닿을 때 가능한 여러 분야에 걸쳐 많은 공부를 해두어야 한다. 국민 세금으로 지원되는 국비 장학생은 국비 장학생답게 시간을 아껴서 학생으로서 본분을 다해야 한다."

당시 불과에게는 그러한 국비장학생으로서의 기본의식이 강했다. **어렵게 달성한 성취의 기쁨은 평생 지속될 수도 있다.** 불과의 미해대원 생활은 어렵고 힘들게 시작되었다. 하지만 그 어려움을 뛰어 넘어 불과가 달성한 학문적 성취는 지금까지도 그의 자랑꺼리로 남아 있다. 불과는 첫 학기 'Refresh' 과정에서 물리기초, 미적분학, 컴퓨터소개, 열역학 등 다섯 과목을 수강했다. 지금도 생상하게 기억이 남는 것이 있다. 열역학 과목 수강이다. 3개월 Quarter제 하에서 중간고사, 기말고사를 포함해서 일곱 번이나 시험을 치렀다. 그러니까 거의 2주가 못되어 시험을 치렀다는 말이 된다. 불과는 첫 시험에서 30점 만점에 14.7점을 맞았다. 100점을 기준할 때 49점에 해당하는 점수이다.

"미국에서는 100점을 기준하지 않고 30점을 기준하나? 그렇다면 내가 취득한 14.7점은 무엇을 의미하지?"

평생 한국에서 100점 제도에 익숙해져 있었던 불과이기에 자신이 몇 점 수준을 맞았는지도 몰랐다.

"어이, 불과소령 자네가 맞은 점수는 우리 반에서 꼴찌야. 반에서 최고점은 29점이고, 평균은 22점인데 너는 14.7점을 획득했잖아!"

같은 반 학생 중 미 육사를 졸업하고 헬기 조종사로서 포천에 서 1년 근무를 한 적이 있다는 미 육군 대위가 설명을 해주었다. 불과가 몹시 딱해 보였던가보다. 무엇인가 도와주고 싶어 했다. 어쨌든 불과는 고마웠다. 누구도 관심을 가져주지 않는 환경에 서 관심을 가져주는 그 마음이 고마웠다.

미국에 공부하러 와서 치른 첫 열역학 시험에서 최하위 점수를 획득했다는 말을 듣고 불과는 정신이 번쩍 들었다.

"어떻게 하면 이를 극복할 수 있을까? 어떻게 하면 궁극적으로 B학점을 맞을 수 있을까?"

"어떻게 첫 시험에서 50점도 못 맞은 사람이 한번에 100점을 맞을 수 있겠는가? 50점이 현재 실력인데, 앞으로 여섯 번 시험 이 더 남아 있으니 공부를 열심히 해서 단계적으로 실력을 쌓아 가면서 점수를 올려서 평균 B학점이 될 수 있도록 해보자. 그러 기 위해서는 다음 시험에서 60점, 그 다음시험에서 75점, …, 그 리고 최종 시험에서 100점을 맞아야 되겠지?"

불과는 단계적으로 7번째 시험에서 100점을 맞아서 평균 B학 점 맞는 것을 목표로 설정하고 3개월 첫 학기를 마쳤다. 중간고 사에서 같은 반 학생 중 최고점을 맞았던 물리기초 기말고사를 포기하면서까지 열역학 실력을 배양하기 위해 노력했다. 비록 최종 기말고사에서 목표하는 바 100%는 달성하지 못했어도 B 학점을 받는 데는 성공했다. 그렇게 노력하면서 첫 학기 3개월 을 보내고 나니 불과는 어느 정도 학과 공부에 자신을 갖게 되었

성실이 목표 달성의 지름길이다.

다. 그래서 학과지도교수에게 건의하여 두 번째 학기부터는 'Re-fresh' 과정 대신 정상적인 대학원과정을 수강하게 되었다.

그렇게 대학원과정을 수강하던 중 불과는 자신이 원할 경우 석사 학위에 추가해서 'Engineer(엔지니어) 학위'도 취득할 수 있다는 것을 알게 되었다. 불과에게 주어진 2년 6개월 수강기간이면 석사학위 요구학점인 36학점에 더해 엔지니어학위 요구학점인 72학점까지 수강이 가능했다. 그렇지만 엔지니어학위에 지원하기 위해서는 지원시점까지 받은 학점의 평균이 4.0만점에 3.75(A^-)이상이어야 하는 조건이 있었다. 불과는 첫 학기에서 열역학을 B학점 맞은 관계로 3.75가 안되었다. 그래서 두 번째 학기에 수강 전 과목을 모두 A학점 이상을 취득하여 세 번째 학기에 엔지니어학위에 지원했다.

처음은 정말 어려웠다. 그렇게 첫 학기 열역학과목 공부로 홍역을 앓고 난 덕분에 불과는 미해대원 생활에 빨리 적응하게 되었다. 두 번째 학기를 반 정도 보내고 나니 학과 공부에 어느 정도 자신을 같게 되었다. 첫 학기 초기에 열역학 숙제를 포함해서 불과를 적극적으로 도와주었던 미 육사를 졸업한 Mike Rogers 대위가 머쓱하게 되었다. 불과가 모든 수강과목에서 월등하게 성적이 자신보다 앞섰기 때문이다. 오히려 수학 숙제는 불과가 도와주는 현실이 되고나서 처음에는 좀 어색해 하는 분위기였다.

세 번째 학기부터 쉽지는 않았지만 학과 수업에 큰 어려움을 느끼지 않게 되면서 불과도 미국 생활에 익숙해지기 시작했다. 공부를 하는 것을 포함해서 가족들과의 미국 생활에도 재미를

어느 노병(老兵)의 꿈

느끼게 되었다. 매학기가 끝나는 다음날 아침에는 늘 깊은 바다 낚시(Deep Sea Fishing)를 가서 바다 생선을 잡아와 회를 직접 떠서 같은 공군 유학생들과 함께 나눠 먹기도 했다. 겨울 학기와 여름학기가 끝나면 휴가가 없이 곧바로 다음 학기가 시작되지만, 겨우 2~3주 밖에 안 되는 여름과 겨울 방학 때에는 미국의 국립공원인 옐로우스톤, 요세미티, 그랜드 캐넌과 같은 유명한 국립공원 등에 여행을 다녀오기도 했다. 요즈음도 가끔은 불과의 뇌리에 당시 생활들이 아름답게 펼쳐지곤 한다. 당시 미 서부 태평양 연안에 비용 20불 정도를 지불하고 "Deep Sea Fishing"을 가서 생선을 잡는 것은 정말 재미가 있었다. 무엇보다도 잡아온 생선에 회를 직접 떠서 공군 유학생 및 그 가족들과 함께 식사를 하면서 즐거웠던 기억은 아직도 생생하다.

불과는 몇 학기가 지나면서 학과수업에 점점 자신감을 갖게 되었다. 학과 주임교수와 상의하여 석좌교수님들이 가르치는 과목을 우선적으로 선택하여 그들의 강의를 수강했다. 석좌교수님들의 강의는 무엇인가 다르다는 것을 느꼈기 때문이다. 석좌교수라는 이름에 걸맞게 학문적으로 깊이가 있는 자연과학의 어려운 이론들까지도 자연의 현상들과 연계시켜서 알려주었다. 학문적으로 배경이 없는 사람들까지도 자연현상을 물리 및 수학과 연계해서 깊은 학문적 이론들까지도 쉽게 이해할 수 있도록 가르쳐주었다.

당시 미해대원 항공우주공학과에는 미 NASA의 추진공학분야에 널리 알려진 A.E. Fuhs 석좌교수가 항공기와 미사일 설계과목을 가르치고 있었다. 학생들에게 그 교수님은 인기가 좋았다. 명 강의였기 때문이다. 그런데 그 교수님에 대한 학생들의 평가는 'B학점 맞기도 어렵지만 반대로 A학점 맞기는 더 힘들다.'는 것이었다. 그 말은 대부분의 학생들이 맞는 학점은 $B^+ \sim A^-$ 이라는 의미이다. 당시 그분으로부터 유일하게 한 학생만이 A학점을 받았다고 했다. 알고 보니 A학점을 받은 학생은 당시 월남전에 F-4 전폭기의 후방석 무장사로 참전하여 전투 중 부상을 입어 치료를 받고 미해대원에 입학한 나이가 많은 학생 장교였다. 물론 나이가 많은 만큼 공부도 열심히 하는 동료 학생으로 기억된다. 그는 당시 계급이 중령이었는데, 석사과정 수료 후 박사과정에 입과할 계획이라고 했다. 그러한 연유로 박사과정 입과를 위한 'Prelim. Exam.'에 도전해서 통과했기 때문에 미사일 설계과목에서 A학점을 받을 수 있었다는 말들을 하기도 했다.

불과는 항공기 설계과목에서 A.E. Fuhs 석좌교수로부터 열심히 하고도 A^-학점 밖에 받지 못했다. 불과에게 그 교수님께 도전해서 A학점을 받아보고 싶은 마음이 발동했다. 그렇다면 박사과정 입과에 필요한 'Prelim. Exam.'에 한번 도전해 볼까? 당시 불과는 수강해야할 10학기 중 9번째 학기 중이었다. 한 학기만 남겨 놓은 상태에서 박사과정에 입과 하겠다는 마음은 전혀 없었다. 그렇지만 마음 한편으로는 미국에 와서 열심히 학업에 정진한 결과를 'Prelim. Exam.'을 통해서 미국 교수님들로부터 정정당당하게 평가를 받아보고 싶은 마음도 있었다. 젊은이의 오기로 'Prelim. Exam.'을 학기 중에 도전했다.

어느 노병(老兵)의 꿈

당시 미해대원 항공우주공학과의 'Prelim. Exam.'은 항공우주공학 4개 전공분야에 교수 한명씩 네 명의 교수들 앞에서 치르는 구두시험 형식이었다. 각 전공분야별로 교수들이 자신의 전공분야에서 임의로 제안한 문제들을 규합한 후 총 다섯 문제를 선택해서 구두로 학생에게 제시하면, 학생이 한 문제당 대략 30분 정도의 시간을 할애하여 칠판에 수식을 전개하여 문제를 풀면서 교수들께 설명하는 형식으로 진행되었다. 아무리 항공우주분야에 실력이 있다고 해도 영어가 모국어가 아닌 외국 학생들에게 'Prelim. Exam.'은 그렇게 만만하지만은 않은 시험이었다.

1983.11월로 기억이 된다. 불과는 'Prelim. Exam.' 시험날짜를 받아 놓고 3일전부터 거의 커피만 마시면서 시험 준비에 몰두했다. 시험은 학과 교실을 하나 빌려서 오후 2시부터 시작되어 3시 반이 훨씬 지나서 종료되었다. 불과는 교수들이 출제해준 문제 중 세 문제는 거의 완벽하게 칠판에 수식으로 풀면서 설명을 했다. 나머지 두 문제는 간략하게 문제가 무엇이며, 해답은 어떻게 도출하는지를 구두로 설명만 했다. 60점만 맞으면 'Prelim. Exam.'을 통과한다는 것을 알고 있었기 때문이다.

"나가서 기다리게."

시험 종료 후 지도교수께서 불과에게 말해주었다. 대략 30분쯤 지났을까 교수들이 회의를 마치고 시험장을 나왔다.

'Prelim. Exam.' 합격을 축하하네. 교수들 모두 만장일치로 자네의 합격을 결정했네."

불과의 지도교수가 불과에게 악수를 청하면서 한 말이다. 불과는 정말 기뻤다. 한국 학생으로서 미해대원에서 당시까지 최초의 도전이었으며 합격이었다. 불과에게는 무엇보다도 처음 30점 만점에 14.7점으로 시작한 자신의 학업 성취가 겨우 2년이 지나서 명실 공히 미해대원에서 인정하는 박사과정 후보자의 자격수준으로까지 정진하였다는 사실이 정말 기뻤다. 아마 「苦盡甘來(고진감래)」라는 사자성어가 이에 해당하는 말이 아닐까? 불과는 마지막 학기에 미사일설계과목을 수강 신청하여 학과를 수강했다. 결국 자신이 목표로 했던, 정말로 받기가 어렵다는 A.E. Fuhs 석좌교수님으로부터 A학점도 받았다.

"정말 젊은 시절의 불과다운 멋있는 도전이었다."

불과는 지금도 그렇게 당시를 회상한다. 불과는 미해대원에 1984년 첫 학기를 마지막으로 10학기 동안 위에서 언급한 대로 대학원 과목 89.5학점을 포함해 총 123학점을 이수했다. 수료 식장에 그 많은 동료 학생들 중에 항공공학석사학위와 엔지니어 학위를 동시에 수료한 유일한 학생이었다. 불과는 지금도 '항공공학 엔지니어학위'를 자랑스럽게 생각한다. 받은 학위 때문이 아니다. 학위를 받았다는 자부심이 있어 그 이후 진정한 항공우주공학 엔지니어로서 살려고 노력해 온 까닭에 대한민국 사회에 많은 기여들을 할 수 있었기 때문이다.

"나는 진정한 '항공공학엔지니어'이다."

불과는 엔지니어임을 지금도 자랑스럽게 생각한다. 당시를 회상해보면, 젊다는 것, 그래서 가능성이 있다는 것 이외에는 학업을 다시 시작하기에는 턱없이 많은 것들이 부족한 상태였다. 그

어느 노병(老兵)의 꿈

러한 여건 하에 정말 어렵게 시작한 미해대원의 생활에서 피나는 노력의 대가로 얻은 결실이기 때문에 그렇게 자부하는지도 모른다.

미해대원에서 'Prelim. Exam.' 시험 도전 및 합격은 다른 한국의 동료 학생들에게 어떻게 비춰졌을까? 불과가 '박사과정에 입과를 원하는구나.'하고 생각하기에 충분했다. 그렇지만 당시 석사과정 유학 현지에서 박사과정에 입과 하겠다고 말하는 것은 금기사항 중에 하나였다.

"석사학위 취득 후 원대 복귀했다가 박사과정 입과를 위해 다시 미국에 유학 오는 것은 비효율적이다. 본인이 원한다면 석사학위 취득 후 현지에서 계속해서 박사과정에 입과시켜 학위를 취득하도록 하는 것이 본인에게도 시간을 절약할 수 있어 좋고, 군 차원에서도 비용측면이나 시간측면에서 고급인력을 획득하는데 훨씬 효율적이다."

불과의 미해대원 공군 선배들 중 그러한 명분을 부르짖는 선배들이 있었다. 그들은 석사과정 종료 후 귀국하지 않고 현지에서 바로 박사과정을 계속해서 밟기 위해 빈번히 범군적으로 물의를 빚는 행동을 서슴치 않았다. 한국 공군에서 장군으로 승진해서 미해대원에 3개월 국방관리과정에 입과한 선배장교들을 찾아가 청탁을 하는 것이 그 한 가지 사례였다. 불과는 그러한 비정상적 추진을 기본적으로 강력하게 배척한 사람 중에 한 사람이었다. 불과는 박사과정 입과 희망을 철저하게 부정했다. 그러한 오해를 받기 싫었으며 그러한 루머 중앙에 있는 것이 싫었다. 실제로 불과는 당시에 박사과정에 입과를 진정으로 원하지 않았다. 그래서 엔지니어학위를 신청했던 것이며, 진정으로 불과는 엔지니어학위로서 만족했었다.

인생길을 가는 데에는 본인의 의사와 무관하게 운명적으로 결정되는 일들도 있다. 불과의 박사과정 입과가 그 사례 중 하나라고 할 수 있다. 보통 '80년대에 공군에서는 불과와 같이 조종사로서 미국 유학으로부터 귀국 후 일반적으로 공군사관학교에 배속되어 1~2년 정도 교관생활을 한 후에 전투비행단으로 배속되었었다. 불과도 당연히 그렇게 예상을 하고 귀국했다. 그렇지만 불과의 경우는 달랐다. 귀국해 보니 사관학교가 아닌 작전사령부로 배속이 되어 있었다. 그것은 2선 근무를 거치지 말고 곧바로 비행단에 내려가서 조종사로서 임무를 수행하라는 의미였다. 어떤 사람들은 불과의 뒷배를 봐주는 '빽(Back)'이 있어서 사관학교를 거치지 않고 조종사들이 원하는 전투부대로 배속이 됐다고 수군대는 사람까지 있을 정도였다. 불과 자신도 어리둥절했다.

불과는 작전사령부에 보임해서 자신이 2선 근무를 거치지 않고 곧바로 1선 근무를 하게 된 이유를 알게 되었다. 당시 전투비행단에 숙련급 조종사들이 턱없이 부족한 상황이었기 때문이었다. 그러한 연유에서 숙련급 조종사에 해당하는 불과는 귀국과 동시에 전투부대로 배속되게 되었던 것이다. 불과는 예상치도 못했기에 1선 근무 준비가 전혀 되어 있지 않았다. 귀국해서 곧바로 작전사령부에 배속이 되었기에 입고 출근할 전투복도 없었다. 숙소가 정해지지 않아 유학 가기 전에 쌓아서 부모님께 맡겨

놓은 이사 짐을 풀지 못했기 때문이다. 어쩔 수 없이 당시 수원 기지에 근무하던 동기생의 군복을 빌려서 입고 전투비행단으로 배속이 되기 전 2주 동안 작전사령부에서 교육을 받았다.

당시 작전사령부에서 불과의 교육을 책임지고 있던 사람은 불과가 유학가기 전에 비행대대에서 대대장으로 모셨던 분이었다. 어느 날 불과를 조용히 불렀다.

"자네는 어느 부대에 가서 근무를 하고 싶은가? 내가 자네를 위해 다른 것은 아무 것도 해줄 수 없지만 현재 자네가 원하는 부대에 보임을 시켜줄 수는 있다네. 그러니 마음이 정해지면 교육이 끝나기 전 언제든지 말을 해주게."

불과는 장교로 임관 후 첫 배속지로 선택했으나 배속되지 않았던 수원기지에 배속되기를 원했다.

"김소령, 이제 나도 배속 받을 부대를 선택해야 하는데 어느 비행단이 좋을까?"

"그래, 그럼 자네는 어디 비행단에 배속되기를 원하는데?"

"자네가 현재 근무하고 있는 수원 비행단은 어때?"

"뭐~~? 수원기지에는 이미 7명의 동기생들이 근무하고 있는데, 자네까지 온다면 어떻게 되겠나?"

불과는 깜짝 놀랐다. 동기생 중에 가장 가깝게 지낸 친구라고 생각해서 스스럼없이 말을 했는데, 상대방은 그것이 아니었다. 무척이나 불과를 경계하는 듯했다. 불과는 결심했다.

"나는 동기생들이 일선 비행단에서 비행을 하는 동안 외국 유학을 가서 학위를 취득하고 오지 않았는가? 동기생들에게 피해

의식을 주지 말자. 동기생들과 경쟁을 하지 않아도 되는 비행단을 선택하자."

불과는 작전사령부에 교육을 받은 후 부임지를 선택하는 과정에서 동기생들과 경쟁을 안 해도 되는 당시 성남기지에 위치한 15비행단을 선택했다. 그곳에도 동기생 전투조종사가 있었지만 같은 기종이 아니라서 같은 비행대대에 근무할 우려가 없었다. 결과적으로 비행대장 선발과정에 경쟁할 필요도 없었다. 불과의 15비행단 선택에 대해 주위에 불과를 아는 사람들 모두가 의외라고 생각했다.

한자문화 영향권에서 선조대대로 살아온 사람들에게는 범신론적 사고를 기반으로 천성(天性)과 천명(天命)사상을 인간관으로 하고 있다. 맹자의 성선설이 자연스럽게 유교의 정통사상으로 맥을 이어온 것이 천명사상의 대표적 사례이다. 반면에 하늘의 명령이라는 의미의 천명사상은 운명론으로 발전하였다. 인간의 삶은 거역할 수 없는 외부(하늘)의 힘에 의해 결정된다는 것이 운명론의 핵심요지이다. 기독교적으로는 유일신에 의해 그 삶이 미리 예정되어 있다는 예정론도 같은 의미라고 생각한다. 그런데 운명론이든, 예정론이든 모두 하늘에 의해 결정된 것은 인간의 힘으로는 어떻게 할 수 없다는 태생적 특성을 지니고 있다.

불과는 미해대원에서 항공우주공학 엔지니어학위를 받았다. 공부는 그것으로 족하다고 생각했기에 박사과정에 입과는 꿈에서도 생각하지 않았다. 1선 전투비행부대에 배속된 것을 감사하게 생각하고 있었다. 그럼에도 불과가 예하 전투비행단에 배속

어느 노병(老兵)의 꿈

된 것이 오히려 아이러니하게도 박사과정에 갈 수밖에 없는 여건을 만드는 계기가 되었다. 그러한 연유에서 불과는 지금도 그가 박사과정에 가게 된 것은 운명적이었다고 생각한다.

불과는 당시 성남기지의 103대대(가칭) 비행대장10) 요원으로 보임한다는 작전사령부의 인사명령에 의해 성남기지에 배속되었다. 비행단은 단장 예하에 비행전대 등 3개전대로 편성되어 있다. 비행전대에는 비행대대들이 예속되어 있는 편성구조이다. 성남기지에 배속되어 103대대 비행대장으로 보임되기 전 자연스럽게 성남기지의 비행전대본부 예하의 작전과에서 작전참모로서 임시 보직을 맞고 일을 하게 되었다. 그런데 비행전대장이 그를 작사의 인사명령대로 비행대장에 보임을 시키지 않고 자기를 도와서 연말까지 작전장교 보직을 수행해 달라는 것이었다.

비행대장 보임은 자기가 책임지고 연말에 발령내주겠다는 것이 그의 전제조건이었다. 유학기간 공백도 있고 해서 마음속으로는 하루라도 빨리 비행대대에 보임되어 비행을 하고 싶었지만 군 위계상 그것을 고집할 상황이 전혀 아니었다. 또한 당시에 비행전대장 직속부하인 작전과장이 단장으로부터 신임을 잃어서 불과가 그의 역할까지 수행해야 하는 여건이라서 어쩔 수 없었다. 비행대대에 보임시켜달라고 이야기하기 전에 직속상관이 먼저 그렇게 불과에게 다짐을 하니 '가을까지 기다릴 수밖에 없구나.'하는 생각으로 주어진 상황에서 열심히 하루하루를 일했다.

---

10) 공군의 전투비행대대에 대대장 다음 서열로서 비행 임무를 책임지고 주관하는 직책

성실이 목표 달성의 지름길이다.

당시 5월에서 10월까지 만 6개월의 성남기지 생활이 불과에게는 군 생활 중 아니 지금까지 인생을 살아온 기간 중 가장 어려운 나날들이었다. 왜냐면 그가 상관으로 모셨던 작전과장 때문이다. 인간적으로는 온화하고 성실하고 부지런하여 나무랄 데가 없는 사람이었다. 문제는 근무 스타일에 있었다. 그는 작전과장이라는 보직 때문이기도 했지만 그의 생활패턴은 모두가 사무실 근무에 맞추어져 있었다.

집에서 눈만 뜨면 사무실에 출근을 하여 단장께 매일 아침에 보고하는 '일과 브리핑' 준비를 했다. 마치고 나면 세면을 하고 장교식당에 가서 아침식사를 했다. 곧바로 단장께 브리핑 드리는 시간이 되면 비행전대장 배석하에 단장실에 가서 보고를 했다. 비가 와서 비행이 없기에 아침 브리핑 시간이 늦게 시작되는 날에도 변함없는 그의 생활패턴은 불과를 질리게 했다. 왜냐면 불과는 집에서 아침에 일어나 세면하고 조식을 먹은 후 출근하여 일을 하는 정상적인 생활패턴을 지키면서 살아가는 스타일이었기 때문이다.

선배가 다섯 시 반에 출근하면 그보다 1분이라도 먼저 출근하기 위해서 그는 4시에 일어나 세면을 하고 아침식사를 하고 출근을 했다. 정말 그 고달픔은 이루 말할 수 없는 상황이었다. 왜냐면 일과 후 퇴근도 한정 없이 기다리다가 비행단에서 모든 사람들이 퇴근한 후에야 해야 하는 상황이었다. 야간 비행이 늦게 있는 날에야 어쩔 수 없다고 해도 그렇지 않은 날에도 통상적으로 하는 일 없이 빈둥대다가 저녁 7~8시 되어야 퇴근을 했다.

"불과소령, 집에 일찍 가서 무엇을 할 거야? 저녁식사나 같이 하고 퇴근하자?"

설상가상으로 퇴근하면서 툭하면 계획도 없던 식사를 하자고 제안을 하는데 불과는 정말 머리가 돌 정도이었다. 오죽 어려우면 아내에게 말해서 난생 처음으로 보약을 한재 지어서 먹은 시기이기도 하다. 그때 한약방에 주문해서 지어먹은 보약이 불과가 지금까지 그의 인생에서 처음이자 마지막으로 지어먹은 한약이다. 그렇게 힘든 생활이었다. 매일 오전 5시 반에 출근해서 저녁 거의 8시 넘어 까지 근무한다면 지금은 근무할 장교가 없을 것이다. 하도 생활이 힘들어 어느 날 용기를 내어서 건의를 했다.

"과장님, 출·퇴근 시간을 정해주시지요?"

"나 신경 쓸 것 없어, 너 편할 대로 출·퇴근 해!"

"네(어휴, 묻지 않는 것이 나을 뻔 했지.)?"

조직 속에서 위 사람한테는 절절 매면서 아랫사람은 전혀 배려를 하지 않는 전형적인 모델이었다. 명확하지도 않으면서 애매하게 답변을 하니 마음대로 처신할 수도 없고 따르자니 너무 힘들고 그러한 상황이었다.

"아이고, 능력이 없으니 몸으로라도 때워야 인정받을 수 있지 않겠는가?"

당시 불과는 그렇게 편하게 생각했다. 그와 같이 어렵고 지겨운 근무환경에서 지친 하루하루 생활의 연속이었다. 그러던 어느 날 오전 10시경에 작전사령부의 참모장이 비행전대장을 찾는 전화가 작전과 사무실로 걸려왔다. 작전참모인 불과가 전화

성실이 목표 달성의 지름길이다.

를 받아서 마침 소파에 앉아 조간신문을 보고 있던 비행전대장에게 전화를 바꿔주었다.

"비행전대장, 자네는 왜 103대대 비행대장 요원으로 내려 보낸 불과소령을 비행대장으로 보임을 시키지 않고 있는가? 작전사령부 계획을 비행단에서 임의로 변경해도 되는가?"

"아닙니다. 저는 그러려고 했는데 본인이 박사과정에 가고 싶다고 해서 보임을 시키지 않은 것입니다."

비행전대장에게 작전사령부 참모장의 전화는 불과의 비행대장 인사조치 지연에 따른 문책성 전화였었다. 불과에게 사관학교 11년 선배가 되는 비행전대장이 전화를 받고 크게 당황해하면서 작전사령부 참모장(비행전대장의 1년 선배)에게 자신의 보임 지연시킨 책임을 모두 불과에게 전가하는 답변을 하는 것이었다.

"불과소령, 자네 박사과정에 입과를 원하는가?"

"아닙니다. 저는 박사학위에 버금가는 엔지니어학위까지 받은 사람으로서 전혀 원하지 않습니다. 관심 없습니다."

그 당시 몇 일전 공군본부로부터 국내외 석·박사과정 입과후보자 선발공지 공문이 내려왔을 때 비행전대장과 불과가 나눈 대화내용이다. 비행전대장이 의사를 물어 와서 불과는 분명하게 박사과정 입과를 원하지 않는다는 자신의 의사를 밝힌 바가 있는데 그렇게 말하는 것이었다.

"11년 후에 내 모습은 어떨까?"

"이렇게 어려운 형편을 견디면서 생활할 필요가 있는가?"

어느 노병(老兵)의 꿈

순간적으로 불과는 정말 크게 실망을 했다.

"전투조종사로서 긍지를 가지고 생활해봤자 기껏해야 저 정도 인격의 소유자로밖에 성장할 수밖에 없는 환경이란 말인가?"

"그것을 위해 이렇게 어려운 생활환경을 견디면서 생활하는 것이 옳은 것인가?"

자문을 해보았다.

"나는 무엇을 위해, 무슨 희망을 가지고 사는가?"

많은 생각을 했다. 불과는 결국 박사과정 선발시험에 응시하기로 결심을 했다. 그런데 그는 온종일 사무실에 잡혀 있어야 하니 특별히 시험 준비를 할 시간이 없었다. 궁여지책으로 3박 4일 여름휴가를 얻어 가족과 함께 강릉 경포대 휴양소에 갔다. 그는 당시 선발고사에 필수과목으로 정해진 국사 공부를 할 시간이 필요했었다. 주관식으로 나온다는 말이 있어서 준비를 하지 않을 수가 없는 상황이었다.

9월로 기억이 되는데 시험을 보러 지금의 보라매공원인 공군사관학교에 가는 도중에 유치원에 가던 어린이가 교통사고를 당해 죽은 시신을 보게 되었다. 참 안되었다고 생각했다. 당시 불과가 지원한 1석의 항공우주공학 박사과정에 응시자는 총 5명이나 되었다. 불과를 제외한 4명의 지원자들은 모두 그의 사관학교 후배들이었다. 시험이 끝나고 그 후배들과 점심식사를 하면서 대화를 나누게 되었다. 그들은 영어시험에 출제된 문제들이 몇 년도 TOEFL문제에서 나왔다는 것까지 알고 있었다. 더욱이 자신은 너무 어려웠다고 밖에 생각이 안 되는 국사시험 결과에 대해서도 그들은 자신 있는 듯이 말했다. 그러한 대화를 듣고 불과는 자신은 국사시험 성적이 좋지 않아 선발이 안 될 것이라 생각했었다.

전혀 예상 밖의 결과가 발표되었다. 응시자 5명 중 불과가 선발된 것이다. 그는 영어시험에서는 별 차이가 없을 것으로 생각해서 우려는 하지 않았었다. 그렇지만 국사시험에 너무 자신이 없었다. 응시자 후배들과 비교할 때 국사공부를 위해 할애할 시간이 절대적으로 불리한 상황이 아니었던가? 시험성적이 좋으리라고 기대를 할 수 없었다. 더욱이 국사시험은 주관식 문제가 출제될 것이라는 소문이 돌았기 때문에 불과는 주관식 문제를 대비해 공부를 했다. 그런데 예상과 달리 객관식 25문제가 출제되었다. 어떻게 어렵던지 시험을 치른 후 점검을 해보니 7~8문제를 틀린 것 같았다. 그래서 자신은 선발이 어려울 것이라고 마음속으로 생각을 했던 것이다. 그런데 선발이 되었다고 하니 의외로 생각할 수밖에 없었다.

"이것이 나의 운명이란 말인가?"

박사과정 입과자로 선발이 되고 나서도 주어진 결과에 대해 여러 생각을 하게 되었다.

"불과소령, 자네의 경력과 일하는 태도를 볼 때 자네는 군에서 승승장구할 스타일이야! 그런데 무엇 때문에 자네의 군 경력 발전에 전혀 도움이 되지 않는 박사과정에 가려고 해?"

당시 비행단에 그를 진정으로 아끼는 여러 선배장교들은 불과에게 그렇게 조언을 하면서 박사과정 입과를 만류하는 분위기였다. 실제로 당시는 박사과정을 다녀오면 장군 진급은 꿈도 꾸기 어려웠고 대령 진급도 3차에 턱거리로 간신히 할 수 있는 분위기였다. 그래서 불과는 지금도 박사과정에 타의 반, 자의 반으로 가게 되었다고 말하곤 한다. 운명적으로 가게 되었다는 의미이다.

박사과정 입과자로 결정이 되고 나니 비행단에 근무해야할 이유가 없어지게 되었다. 대신 박사과정 입과 준비가 필요했다. 불과의 바람대로 불과의 보직에는 석사과정을 다녀온 후 공군본부에 근무하는 동기생이 보임되고 불과는 공군본부로 전속되었다. 불과는 일을 하려고 태어났나 보다. 불과는 공군본부 연구분석실 체계분석과장 대행으로서 1984.10.29일부로 보임이 되었다. 그 다음해 8.10일 박사과정 유학을 위해 출국하기 전까지 대략 9개월 동안에 범공군적 차원의 큰 두 가지 일을 마무리 지었다.

한 가지는 전시 군 동원령의 근거가 되는 「전시 병력/조종사 손실계수」를 3군에서 최초로 모델을 개발하여 현재 사용하고 있는 「전시 병력/조종사 손실계수」 산출 기반을 만든 것이다. 당시까지 우리 군은 미군이 건네 준 6.25 한국전쟁 기간 중 수집한 병력 손실 값들을 계수화하여 사용하고 있는 상황이었다. 전쟁 양상이 변하고 무기가 첨단화되어 가는 상황에서 그에 부합하는 전시 병력/조종사 손실계수 값들이 절실하게 필요한 상황이었다. 병력손실계수와 같은 계획계수들은 범국가적으로 전쟁 발발시 동원계획에 기초가 되는 중요한 수치들이다. 하지만 평시에는 어느 지휘관도 그렇게 심각하게 관심을 가지지 않는 사안이기도 하다. 그렇다 보니 6.25 한국전쟁이 끝난 후 30년이 지난 1984년 당시까지도 전후 미군이 건네 준 자료를 사용해왔던 것이다.

"각 군은 1985.3월 말까지 「전시 병력/조종사 손실계수」를 산출하여 국방부에 보고할 것."

불과가 체계분석과로 배속되어 며칠 지나지 않아 국방부로부터 공문이 공군본부에 하달되었다. 불과는 당연히 자신에게 임무가 부여될 것을 예상하고 「전시 병력/조종사 손실계수」 산출을 위한 모델개발 계획 등을 구상해보았다. 그리고 그 결과들을 사무실에 도시해 놓았다. 국방부 하달 지시는 곧 범공군적 차원의 문제로 공군에서는 판단했다. 해당 업무분야 책임자인 인사참모부장이 주관하여 회의를 개최해서 과제 책임자를 선정했다. 그 결과, 당시 대만에서 산업공학 박사학위를 취득하고 귀국하여 전산실장 직위에 보임되어 있던 박종서(가명)대령에게 해당 임무가 부여되었다.

임무를 부여받은 전산실장은 고민을 하던 중 아이디어를 얻고자 불과의 사무실을 방문했는데 마침 불과는 사무실에 없었다. 불과는 없었지만 그가 구상해서 사무실 벽에 도시해놓은 모델개발계획을 보고 갔다고 했다.

"인사참모부장님, 전시 병력/조종사 손실계수 산출은 전쟁 모의 모델이 필요한 정말 쉽지 않은 연구과제입니다. 제가 산업공학 박사 학위 소지자라고 해도 자신이 있다고 현시점에서 확실

어느 노병(老兵)의 꿈

하게 말할 수 없습니다. 그렇지만 연구분석실 체계분석과에 불과소령을 「전시 병력/조종사 손실계수」 산출 연구과제에 포함시켜주신다면 제가 맡아서 최선을 다해 한번 시도해보도록 하겠습니다."

"아 그래, 정말인가? 그럼 내가 연구분석실장에게 말해서 불과소령이 자네를 도와 일하도록 하겠네."

"감사합니다."

전산실장은 불과 본인이나 불과의 상관인 연구분석실장에게 사전에 협의를 거치지 않았다. 불과나 그의 상관 의사와 무관하게 인사참모부장에게 건의하여 불과가 병력손실계수 산출 과제에 투입이 된 것이다. 그일 이후 불과의 상관이었던 연구분석실장이 전산실장을 공공연히 공격을 해서 불과가 난처한 적이 한두 번이 아니었다.

불과를 더욱 어렵게 한 것은 바듯한 연구수행 일정이었다. 산출 결과를 일정에 맞추어 다음해 3월 말에 국방부에 보고하기 위해서 참모총장께 1월 말까지는 보고해야 했다. 총장께 보고 후 지침을 받아 수정·보완해야 하기 때문이다. 그리기 위해 담당 인사참모부장에게는 최소한 12월 중순이전까지는 보고해야 한다는 일정이었다. 불과가 임무를 부여 받은 것이 11월 중순이다. 연구만 한다고 해도 국방부 보고일정까지 연구수행기간이 4.5개월 밖에 되지 않는 상황이라 어려운데, 보고일정 때문에 실무자인 불과에게 주어진 실제 연구수행기간은 1개월도 채 안되는 상황이 되어버렸다.

성실이 목표 달성의 지름길이다.

불과는 전산실장에게 전산실장이 부여받은 업무를 해주는 대신 전제조건으로 원하는 연구여건을 제시했다. 프로그래머, 연구보조원 등의 지원을 요구했다. 그리고 정말 연구에 몰두했다. 연구 도중 우연히 당시 국방부에서 각 군에 「전시 병력/조종사 손실계수」 산출을 지시하게 된 배경을 알게 되었다. 연합사 미군이 동일한 의제를 가지고 연구하고 있었기 때문이라는 것이었다. 연합사에서 「전시 병력/조종사 손실계수」 산출을 책임지고 연구를 주도하는 담당자를 찾아가 만나서 토의를 했다.

「전시 병력/조종사 손실계수」 산출을 위한 모델의 알고리즘 도출 방향에 대해 토의를 했는데, 불과는 자신의 연구 접근방식에 자신을 갖게 되었다. 미군 담당 장교 역시 자신과 유사한 알고리즘을 도출하려 노력하고 있었기 때문이다. 낮과 밤이 구분되지 않을 정도로 연구에 몰두해서 불과는 누구의 특별한 도움도 없이 「전시 병력/조종사 손실계수」 산출 기본식인 「$y = \sqrt{ax+b}$」을 도출해 내었다. 이 수식을 기반으로 3군 중 최초로 「전시 병력/조종사 손실계수」를 산출하는 모델을 개발했다. 모델을 이용한 계수들의 산출 결과는 다음해 3월 말 국방부에 보고했다. 3군 중 최초라고 말을 한 것은 공군만이 당시 국방부가 지시한 일정에 맞추어 보고를 했다는 의미이다.

물론 당시에 그가 도출해낸 값은 예상했던 값보다 다소 크지 않느냐는 이의가 제기될 정도로 검증이 필요한 상황이었다. 그래서 곧바로 불과가 설계한 모델을 사용해서 도출한 값들이 계획계수로서 채택되지는 않았다. 그 후 불과의 연구결과 도출한

어느 노병(老兵)의 꿈

모델을 후배들이 지속적으로 더욱 보완·발전시켜 4~5년이 지난 1990년대부터는 우리 군이 도출한 「전시 병력/조종사 손실계수」를 사용하게 되었다. 지금 생각해도 정말 쉽지 않은 일이었다. 외형적으로 성과가 크게 나타나는 일도 아니었다. 그렇지만 한국군의 발전에 큰 기여를 한 것이며 보람 있는 성과였다고 생각한다.

불과가 박사과정 입과를 위해 출국하기 전 범공군적 차원에서 수행한 두 번째 일은, 「비행단내 출입통제구역 설정 및 필요시설 구축 방안」을 과학적으로 수립해서 현실화하는데 기초를 제공했다는 것이다. 현재 전 공군기지내에 항공기 등 주요 자산들은 출입통제구역 내에 위치시켜 보호하고 있다. 출입통제구역은 인가된 인원만이 출입할 수 있도록 철조망이 이중으로 설치되어 있으며, 공군의 핵심 자산인 항공기는 출입통제구역 내에서도 출입문과 배기가스 환풍구에 저지망까지 설치된 엄체호 안에 주기하여 보호하고 있다. 불과는 비행단 내 통제구역 설치와 항공기 엄체호 보강의 필요성과 설치 및 보강 방안 등을 도출한 후 그 결과를 제시해서 국방부 관련부서 요원들을 설득하고 소요 예산을 반영하는데 성공했다. 과학적 근거로서 당시 가용했던 웨게임 모델과 JMEM[11] 자료 등을 이용하여 논리적으로 작성했기에 국방부 관련부서 요원들을 설득할 수가 있었다. 그때 중기

---

11) JMEM(Joint Munitions Effecttiveness Manual)은 미 육군물자체계분석연구소 주관으로 단일 무기체계의 타격 효과도를 무기특성, 타격환경, 표적취약도 등의 변수를 적용하여 실험 및 시뮬레이션을 통해 수치화한 데이터 자료

성실이 목표 달성의 지름길이다.

계획에 반영된 예산을 사용해서 계획된 기간에 현재와 같은 공군 비행장 내에 통제구역 및 엄체호 보강 시설을 최초로 설치하게 되었다. 현재 보강 설치된 기본 모형을 제시하는데 기여한 것이다.

당시 체계분석과에는 불과를 포함해서 모두 4명의 연구원(장교)들이 있었다. 3명은 사관학교 출신으로 장기복무 장교였으며 1명은 단기복무 장교였다. 불과를 도와 필요한 자료들을 도출하고 이를 체계적으로 보고서를 작성한 원구원은 장기복무 장교 2명이었다. 불과는 1984년 11월 중순 전산실에 파견 나가 다음해 3월 말 「전시 병력/조종사 손실계수」 산출결과를 국방부에 보고한 후 그의 원래 위치로 되돌아왔다. 불과의 당시 직위는 체계분석과정 대행이었다. 그의 원래 위치로 돌아와서 보니 여유나 휴식보다는 한 가지 공군의 숙원사업인 「비행단내 출입통제구역 설정 및 필요시설 구축 방안」 수립이 불과를 기다리고 있었다.

수립 결과는 늦어도 5월 말까지는 총장님께 보고 드려야 했다. 6월 중 공군의 주요 예산사업들에 대한 국방부 평가분석관실 요원들의 평가분석과정에 그들을 설득해서 중기계획에 예산을 반영해야 했기 때문이다. 기간은 정확히 한 달하고 20여 일 정도가 불과에게 주어졌다. 다시 「월·화·수·목·금·금·금」의 생활이 시작되었다. 주말도 없이 후배 연구원 2명과 혼신을 다해 87페이지의 보고서를 완성했다. 일정에 맞추어 총장 보고도 완료했다. 정말 요령소리가 들릴 정도로 분주하게 뛰어 다녔지만 그러한 노력의 결과로 국방부 평가분석관실 요원들을 설득하는데 성공했

어느 노병(老兵)의 꿈

다. 정말 성과가 큰 보람이 있는 결실이었다. 그러한 노력 덕분에 공군은 계획대로 예산을 반영해서 관련 사업을 추진할 수 있었다. 오늘날의 전 공군기지에 출입통제구역이 설정되고 이중 철조망 설치, 항공기 격납고 보호시설 등을 갖추게 된 배경이다.

당시 5월 말에 참모총장에게 보고하기 전에 참모차장에게 보고를 드렸다. 당시 참모차장께서는 현임 총장에 이어 참모총장이 되면 그 사업을 책임지고 추진해야 할 분이었다.

"본 내용은 범공군적으로 중요한 사안이다. 지금은 내가 다른 업무들로 바빠서 여유가 없기 때문에 이 중요한 보고를 집중해서 들을 수 없구나. 지금은 총장 보고를 위해 사인만 해 줄 터이니 나중에 내가 마음에 여유가 있어 부를 때 와서 보고를 해주게."

"네, 알겠습니다."

그렇게 말하고는 참모차장 결재란에 사인을 해주었다. 이후 불과는 미국에 8.10일 출국 전까지 일에 쫓겨서 아내와 함께 양가 부모님께 인사를 다녀올 시간도 없었다. 자신이 처리하고 출국해야 할 공무들을 처리하느라 정말 바쁜 시간들을 보냈다. 불과 자신은 충남 예산에 살고 계신 부모님에게, 그의 아내는 부천에 살고 계신 친정 부모님에게 따로 인사를 다녀와야 할 정도였다. 출국 4일전 부모님이 살고계신 고향집에 생활하던 짐들을 모두 옮겨 놓았다. 다음날 아침에 상경을 했는데 사무실에서 급한 연락이 왔다.

"내일 참모차장께서 자네가 수립한 「비행단내 출입통제구역 설정 및 필요시설 구축 방안」에 대해 상세한 보고를 받겠다고 하시니 출근해서 보고하게."

"네~~~?"

불과 상관의 지시였다. 불과는 출국 하루 전까지 참모차장께 보고를 해야 했다. 아마도 참모차장께서 불과의 출국 소식을 듣고 미루었던 보고를 받으시기로 결정하지 않았나 생각이 되었다. 지금 생각해도 그해 여름은 정말 더웠다. 군복도 모두 쌓아서 시골집에 옮겨놓은 상태였다. 부랴부랴 근무복을 빌려 입고 군장 가게에 가서 명찰을 만들어 군복에 부착했다. 준비를 마치고 다음날 땀을 뻘뻘 흘리면서 참모차장께 보고한 기억이 지금도 생생하다. 참으로 보람 있는 일이었다.

혼신의 힘을 다해 만든 보고서였다. 이를 상관이 관심을 가지고 집중해서 보고를 받아주신다. 실무자에게 그 이상의 보람이 어디 있겠는가? 불과는 몇 년 후 그 이상의 보람도 느낄 수 있었다. 그가 박사과정을 마치고 1988년 귀국해서 다시 연구분석실로 보임이 되었을 때이다. 출국 전 그를 바쁘게 했던 기억이 남아 있어 당시 작성한 보고서를 열람했다. 보고서는 앞뒤 표지 모두 일부는 낡아서 떨어져 나갔고 달아서 흐물흐물한 상태였다. 남아 있는 부분에는 새까맣게 사람들의 손때가 묻어 있었다. 불과가 출국 후 3년이 지났다. 그 기간 동안 해당 사업을 추진하면서 얼마나 많은 사람들이 그 보고서를 열람했는지를 대변해주고 있었다. 출국 전 혼신의 노력을 다해 작성한 보고서에 대한 보람을 뿌듯한 마음으로 느껴보았다. 그 보고서는 지금도 공군본부 비밀함에 영구보존 문서로서 보관되어 있는 것으로 알고 있다.

어느 노병(老兵)의 꿈

불과는 박사과정에 입과자로 선발이 된 후 자신의 장래를 생각해보았다. 당시 분위기로는 전투조종사가 박사과정을 위해 유학을 가는 것은 조종사로서의 공군 생활을 포기하는 것이나 마찬가지였다. 조종사들에게 꿈이라고 할 수 있는 비행대대장 등 지휘관 선발 대상에서 제외되었다. 결과적으로 대령 이상의 진급은 거의 불가한 여건이었다. 군 장성까지 진급하여 가문을 빛내고 국가에 크게 기여하겠다는 청운의 꿈을 접어야 하는 상황이었다.

불과가 박사과정에 입과하는 것은 곧 군에서 출세해 보겠다는 청운의 꿈을 포기하는 것과 같았다. 그렇다면 박사과정 입과가 꿈을 포기하는 것에 상응하는 무엇인가 더 가치 있는 계기가 되었으면 하는 바람이 있었다. 그래서 불과는 자신의 능력은 고려하지 않은 채 MIT, Princeton, Stanford, Caltech과 같은 당시 미국에 최고의 명문 공과대학에 가고 싶었다. 그들 대학에 입학원서를 신청하면서 그들 대학으로부터 입학허가를 받지 못할 것에 대비해 Purdue공대와 Geogia공대의 입학원서도 받아 놓았다.

입학원서를 작성하는 과정에서 입학을 간절히 희망했던 4개 명문대학들은 사립이라서 학비가 비싼 것을 알게 되었다. 4개 대학 모두 당시 한국정부에서 해외 유학생들에게 지불해주는 학비의 상한선인 1년에 1만 불 이상을 지불해야 수학할 수 있었다. 1만 불 이상 초과되는 비용은 집안에 형제들이 지불해준다는 조건으로도 군에서는 허락하지 않았다.

불과는 할 수 없이 대안으로 선정했던 Purdue공대와 Geogia 공대에 입학원서를 제출했다. 영광스럽게도 두 대학으로부터 입학허가서를 받았다. 불과는 두 대학 중에 미국 중·동부 인디아나주 West Lafayette에 위치한 Purdue대학에 유학하기로 결정했다. 그렇게 결정하게 된 것은 무엇보다도 위대한 미국을 건설한 그들의 정신과 문화를 직접 경험하고 싶었기 때문이다. 당시 미국하면 대부분이 개방적이지만 퇴폐적이고 윤리나 도덕이 통하지 않는 대도시의 삶만을 말했다. 그렇지만 불과는 달랐다. 무엇인가 우리와 다른 그들만의 훌륭한 정신과 문화가 있기 때문에 범세계적으로 위대한 국가를 건설했다고 생각했다. 미국 중동부지역은 미국에서 가장 보수적인 지역이라 말할 수 있다. 불과는 그 지역에는 미국인들의 좋은 정신과 문화가 잘 보존되어 있지 않을까하고 생각했다. 그러한 연유에서 불과는 대도시 애틀란타에 위치한 조지아공대 대신에 미국의 중동부지역의 인디아나주 시골에 위치한 Purdue대학을 선택했다고 기억이 된다.

1985.8.10~1988.8.9일 기간은 정확하게 3년이다. 박사학위 취득을 위해 미국 Purdue 대학에서 생활한 기간이다. 불과에게는 정말 잊을 수 없는 자신과 힘겹게 싸운 기간이었다. 그에게 박사학위 취득을 위해 한국 정부에서 인가한 기간은 3년이었다. 불과가 가족들과 함께 학교가 있는 조그마한 시골도시 Lafayette에 도착한 날 그곳 항공우주학과에 한 학기 먼저 박사과정에 입과한 한국 유학생이 불과에게 겁을 주었다.

"통상적으로 이곳 Purdue대학에서 박사학위를 취득하는 데는 한국의 일류대학 출신들도 보통 5.5~6년 정도가 소요됩니다. 박사과정에 입과하게 되면, 필수과목 학점 이수에 대략 2.5~3년, 다음은 박사자격시험(Qualification Exam.) 도전, 시험에 통과할 경우 지도교수와 상의해서 정한 주제에 대한 박사 논문 완성에 3년 정도가 걸리기 때문입니다."

"그래요? 저는 3년 밖에 수학기간이 없는데~~."

"3년이요? 어림도 없습니다. 우리 같이 일류대학 출신들도 절절 매는데 참으로 걱정이 됩니다."

일류대학 출신이 아니라고 노골적으로 비하하는 느낌까지 받았다. 그렇다고 첫날부터 싸울 수도 없고 해서 나중에 실력으로 보여주겠다고 다짐을 하면서 참았다. 불과는 어찌되었든 3년 이내에 박사학위를 취득하고 귀국하기 위한 계획을 세웠다. 미해대원에서 이수한 대학원 학점들을 전환하여 Purdue대학에서 이수해야할 학점을 최소화하기로 하고, 첫 학기 동안 준비해서 곧바로 Qualification Exam에 도전해서 통과한 후, 지도교수로부터 논문 주제를 할당받아 2.5년 만에 논문을 완성해서 논문심사를 받겠다는 계획이었다. 한국의 일류대학출신들이 보통 5.5~6년에 할 수 있는 것을 3년에 하겠다는 어떻게 보면 무모하다는 생각이 들 정도로 여유가 전혀 없는 계획이었다.

불과는 자신의 계획이 실현되기 위해서는 학생의 입장을 잘 배려해 주고 까다롭지 않으면서도 누구나가 인정하는 실력 있는 지도교수의 지원이 필요하다고 생각했다. Purdue대학이 위치

성실이 목표 달성의 지름길이다.

한 West Lafayette시에 도착한 다음날 대학 항공우주공학과를 방문했다. 항공우주학과 게시판에 진열되어 있는 학과 교수님들 사진을 보고 가장 마음이 좋아 보이는 한분을 마음속으로 선택했다. 그리고 그 분에 대한 평을 다른 학생들에게 물어보았다. 예상했던 대로 좋은 평이었다. 그 교수를 찾아갔다. 먼저 자신의 소개를 한 후 한국 정부의 국비 유학생으로서의 불과가 처한 제한된 상황도 설명했다. 그럼에도 자신의 지도교수가 돼 주실 것을 요청하니 흔쾌히 수락해 주셨다.

불과는 미해대원 석사과정에서 엔지니어 학위를 취득하기 위해 항공우주학과의 항공우주학 4개 전 분야에 개설한 모든 과목들을 수강했다. 불과는 박사과정에서 어느 분야를 선택해도 과정을 이수하는데 문제가 없는 상태였다. 그렇기 때문에 전공분야를 고려하지 않고 교수님의 인품만을 기준으로 지도교수를 선택할 수 있었던 것이다. 그 결과 불과는 미해대원에서 조종제어분야 의제로 석사 및 엔지니어학위 논문을 작성했지만, Purdue대학에서는 점성유체분야 의제로 박사학위 논문을 준비할 수 있었다. 불과는 교수를 처음 만난 날 지도교수에게 자신의 처한 상황과 계획을 모두 말하고, 지도교수님의 도움이 절실하게 필요함도 설명했다.

캘리포니아주 태평양 연안도시 Monterey시에 위치한 미해대원과 달리 Purdue대학은 옥수수와 콩밭이 끝없이 펼쳐진 평야지대 한복판에 위치해 있다. 공립학교로서 학교가 학생들 입장을 우선적으로 배려해 주고 있다고 생각되었다. 학생숙소가 여

어느 노병(老兵)의 꿈

유가 있고 임대료도 미해대원이 위치한 Monterey시의 절반 이하 수준이었다. 전기·수도·케이블 TV 시청료까지도 학교에서 부담해 주었다. 다른 학교에 다니는 동료들이 방문해서 여름에 전기료 걱정 안하고 에어컨 사용하는 것을 보고 부러워할 정도였다.

더구나 입학신청서를 제출시에 학생숙소 입주신청서도 함께 제출했기에 학기 시작 전에 방 2개인 학생전용 아파트에 입주할 수 있었다. 덕분에 학교생활에 빨리 적응하는데 도움이 되었다. 학교 항공우주학과에 위치한 자신의 연구실까지는 아파트에서 자전거로 7분 정도 소요되었다. 그래서 3년 동안 숙소에서 학교 사무실까지 왕복하는데 소요될 많은 시간을 아낄 수 있었다. 시간이 촉박하다는 강박관념 때문에 첫 학기부터 4과목 수강을 신청했다. 대학원에서 학과 수강이 미해대원 수료 이후 1년 5개월 만에 시작되었다. 학과에 임하는 마음은 미해대원에서 수학할 때와 변함이 없었다. 그렇지만 현실은 전혀 달랐다. 학과목 수강이 다소 생소하게 느껴졌다. 예상외로 1년 5개월의 학교를 떠나 있었던 기간이 긴 공백 기간이었음을 느끼게 해주었다.

불과는 해대원 시절 더 이상 공부는 하지 않을 것이라고 생각했었다. 그래서 항공우주학과에 전 개설과목을 수강했으면서도 엔지니어에게 필수라고 할 수 있는 대학원과정의 고등수학은 한 과목도 수강하지 않았다. 수학분야에 배경이 없으면서 일반적으로 어려운 과목으로 정평이 나있는 '편미분방정식' 과목을 첫 학기에 신청해서 수강했다. 1년에 4학기를 운영하는 Quater학기

제인 미해대원과 달리 Purdue대학은 1년에 3학기를 운영하는 Semester학기제를 운영한다. 미해대원은 학기 중 시험을 많이 봐서 학생들이 공부하도록 유도했다. 반면에 Purdue대학은 심도 깊은 숙제나 과제를 많이 부여하여 학생들이 공부하도록 유도했다.

아무리 의욕이 넘치는 불과라고 해도 첫 학기에 4과목을 수강하는 것은 정말 무리가 아닐 수 없었다. 낯선 생활 및 교육환경에 적응해가면서 Qualification Exam까지 준비해야 하는 상황이었기에 더욱 그러했다. 결국 편미분방정식 과목을 학기 중간에 포기할 수밖에 없었다. 불과의 인생 중 단 한 번의 중도 포기였다. 그러한 어려움을 겪으면서도 첫 학기에 수강한 3과목 모두 최고의 학점을 맞았다. Qualification Exam 준비도 시간을 허비하지 않고 착실하게 진행했다. 계획대로 두 번째 학기에 Qualification Exam에 도전했다. 전공은 항공우주공학을, 부전공은 수학을 선택했다.

Purdue대학 항공우주공학과 Qualification Exam은 범위가 정해져 있지 않다. 한마디로 항공우주공학분야에 최고위 학위를 수료할 수 있는 능력이 있는가? 포괄적인 시각에서 그 자질을 평가하기 위한 시험이라고 보면 된다. 먼저 그동안 출제되었던 문제들을 기준으로 경향성을 분석하고 준비해야 할 분야들을 나름대로 설정했다. 그리고는 매일 준비해야할 각 분야별로 10분씩이라도 시간을 할애해서 복습하는 형식으로 시험을 준비했다. 시험결과는 과목당 60점 이상을 맞으면 합격, 56~60점 사이를 맞

어느 노병(老兵)의 꿈

으면 1과목 수강의 조건부 합격, 51~55점 사이를 맞으면 2과목 수강의 조건부 합격이었다. 불과는 항공우주공학분야 전공시험에는 합격했다. 수학분야 부전공시험에는 불합격 통보를 받았다.

불과가 전공분야에 합격한 것은 대단한 성과라 아니 할 수 없었다. 나름대로 이름 있다는 일류대학 출신들도 2.5~3년 정도 준비하여 도전했다가 낙방하는 경우가 허다하다고 하는 시험을 6개월 만에 도전하여 합격한 것이다. 정말 대단한 성과로 평가받을 만 했다. 불과는 그렇게 전공에 당당하게 합격했기에 곧바로 박사 논문을 위한 연구 제목을 지도교수로부터 부여받고 연구에 돌입할 수 있었다.

Qualification Exam에 대해 부연하면, 시험에 도전 학생이 전공과목에 불합격했을 경우에는 한 번 더 시험에 도전할 수 있다. 하지만 두 번째 도전에서도 불합격하면 학교에 박사과정 입과가 취소된다. 불합격으로 박사과정 입과가 취소된 학생은 다른 학교로 전학을 가야 한다. 불과의 경우는 한번 시도에 전공분야 시험에 합격했기 때문에 불합격한 부전공분야에 대해서는 추가시험 대신 그에게 부족한 고등수학 요구과목들을 이수하는 것으로 대체하도록 결정되었다. 그 결과, 불과는 지금도 종종 미해대원에서는 항공우주공학을, Purdue대학에서는 수학을 공부했다고 말하곤 한다.

Qualification Exam 이후 지도교수로부터 논문 연구 제목을 부여 받은 불과는 그에게 남아있는 2년 반 유학기간 내에 논문을 완성하기 위해 연구계획을 작성했다. 현실적으로 실현이 가능한 구체적인 계획 하에 곧바로 연구에 돌입했다. 그의 해대원 시절 엔지니어학위 취득 경험이 크게 도움이 되었다. 논문 작성을 위해 연구해야 하는 학문분야는 전혀 다르지만 학문적 깊이는 비슷한 수준이었기 때문이다. 박사 논문의제 연구를 시작한 두 번째 학기부터 그는 Purdue대학 생활에도 익숙해져 있었다. 큰 어려움 없이 이어지는 3학기 동안 매학기 수학 한 과목 이상을 포함해서 3~4과목 정도를 수강하면서 논문 작성을 위한 연구를 차근차근 진행해갔다.

불과의 공부에 대한 집념은 강렬했다. 그는 전역 후 대학 강단에 설 때마다 학생들에게 말했다.

"학교에 학생 신분으로 있을 때 연구는 최소한으로 계획해서 시행하고, 실력 있는 교수님들을 찾아다니면서 개설된 학과목들을 최대한으로 수강하라. 많은 학과목을 공부하게 되면 그만큼 본인의 시각이 넓어지게 되고 접하게 될 문제들에 대한 해결 방안들 또한 그만큼 폭이 넓어지기 때문에 졸업 후 현장에 나가서 큰 도움이 될 것이다."

불과는 박사 유학과정에서 공군에 복귀했을 때 군에서 선후배들이 요구할 것에 대비해서도 준비를 했다. 미래에 공군에서 필요할 것이라고 판단이 되면 그의 전공과 전혀 무관한 과목들까지도 수강했다. 영어로 편지 써 달라는 부탁에 대비해서 영문과에서 'Business Writing'과 'Technical Writing'을, 기상과 관련하여 대기학과에서 '대기학 일반'을, 부여될 모델링과 시뮬레이션 임무에 대비해서 산업공학과에서 'OR/SA' 등을 수강했다.

학문적 이해도를 높이기 위해 Purdue대학 석좌교수들의 강의 과목들을 찾아다니며 수강하기도 했다.

"불과중령, 아니 그렇게 연구 주제와도 상관이 없는 과목들을 수강하면서 박사 논문 작성을 위한 연구는 언제 할 것이야? 제발 3년에 끝내기로 했으면, 연구 한 가지라도 제대로 해야 하는 것 아냐?"

지도교수로부터 강한 질책과 주의도 들었다. 그렇지만 불과의 학과에 대한 열정을 말리지는 못했다.

불과의 그러한 생활태도는 그에게 한 가지 좋은 습관으로 남게 되었다. 그는 미국에서 학위를 이수하고 귀국해서 지금까지 살아오는 동안 문제가 발생할 때마다 다음과 같이 습관적으로 해결해왔다. ① 먼저 발생한 문제 관련분야에 관한 서적들을 구입하여 공부를 한다. ② 최소한의 기본지식을 구비했다고 판단되면 문제 해결방향과 구체적인 해결방법을 구상하여 해답을 도출할 계획을 수립한다. ③ 계획에 따라 분명한 과학적인 근거를 가지고 논리적으로 문제를 풀어간다. 불과에게 일상 생활화된 좋은 습관 중에 하나이다. 그러한 불과의 문제를 대하는 태도는 불과의 군 생활에서는 물론 전역 후 민간인으로서의 사회생활에서도 많은 좋은 결과들을 가져왔다. 이제는 시간만 나면 관심 있는 분야들에 대해 끊임없이 연구와 관련 지식들을 탐구하는 습성이 들어버렸다. 그리고 항상 자신 있게 말한다.

"나는 과학자이다."

그의 박사 논문은 90° 굽은 도관에 흐르는 3차원의 유체흐름을 해석하는 것이었다. 불과보다 먼저 다른 박사학위과정에 학생이 물을 이용해서 동일한 유체 흐름에 대해 실험한 결과를 이론적으로 검증하는 것이기도 했다. 검증은 유체 흐름을 지배하는 3차원 운동방정식(Navier-stokes Equations)을 컴퓨터 프로그램화하여 시뮬레이션을 통해 실험결과가 사실인지를 확인하는 방식이었다. 당시에 미국 항공우주국(NASA)에도 3차원의 점성유체 운동방정식에 대한 컴퓨터 프로그램은 개발 초기단계였다. 즉, 보편화가 되어 있지 않은 상황이었다. 그가 논문에서 컴퓨터 시뮬레이션을 위해 설계한 점성유체 운동방정식은 4개의 2차 편미분 연립방정식으로 아주 복잡했다. 그의 컴퓨터 프로그램을 이용해서 90° 굽은 도관에 흐름을 한번 모의(섭동을 일으킨 유체흐름이 안정된 흐름으로 수렴)하는데 당시 최신의 대용량 벡터 컴퓨터인 'Cyber 205'의 CPU(중앙처리장치) 작업시간만 30분 이상이 소요되었다.

모의 컴퓨터 프로그램 방정식이 수학적으로 복잡하고 그에 더해 굽은 도관의 흐름 자체가 물리적으로 층류(Laminar Flow)에서 난류(Turbulent Flow)로 옮겨가는 천이(Transition)단계로서 불안정한 흐름이었다. 천이단계의 흐름에서는 안정된 흐름에 특정 형태의 섭동을 입력해 줄 경우 안정된 흐름으로 수렴하기가 쉽지 않다. 더구나 흐름을 모의하기 위한 수학 방정식이 선형의 층류흐름에 대한 운동방정식이었기 때문에 층류와 난류흐름 사이의 흐름을 모의하는데 정말 어려움이 많았다. 입력된 섭동의 크기에 따라 층류의 안정된 흐름으로 수렴하거나 또는 난

어느 노병(老兵)의 꿈

류의 불안정한 흐름으로 발산했다. 물리적으로 천이단계의 흐름을 층류흐름 운동방정식을 컴퓨터 프로그램화하여 섭동에 의해 유도된 흐름으로 수렴시키는 것은 연구 초기단계부터 불가능하다고 판단했다. 그래서 수렴하는 실제 물리적 흐름에는 전혀 영향을 주지 않지만 수학적으로 수렴에는 도움이 될 것으로 판단되는 가상의 압축파 속도를 유체흐름 운동방정식에 인위적으로 가미했다. 그렇지만 운동방정식에 가미된 인위적인 압축파가 컴퓨터 모의 프로그램이 초기 섭동에서부터 안정된 흐름으로 수렴하는데 유리하게 작용하는지는 검증되지 않은 상황이었다.

3차원 흐름을 모의하기 전, 모의 결과가 확보된 전형적인 2차원의 두서너 가지 비압축성 점성유체 흐름들을 대상으로 자신이 설계한 컴퓨터 모의 모델을 검증했다. 검증 결과, 불과가 개발한 모의 모델을 이용해서도 검증 대상 흐름들의 해답을 얻을 수 있다는 것이 증명되었다. 불과는 확신을 가지고 그의 연구대상인 90° 굽은 도관의 3차원 비압축성 점성유체 흐름에 대해 도관입구 흐름의 입력 모형에 섭동의 형상을 변경해가면서 흐름을 모의하기 시작했다. 90° 굽은 도관에서 비압축성 점성유체 흐름이 섭동에 의해 어떠한 정상상태의 흐름 형상으로 수렴하는지 확인을 해나갔다. 동일한 형상의 굽은 도관 내에서 물을 이용해 실험한 결과 발생하는 와류(Vortices)가 발생하는지 여부를 검증하는 것이 그의 연구 목적이었기 때문이다. 유체 흐름 지배방정식(Navier-stokes Equations)의 컴퓨터 프로그램을 이용해서 3차원의 도관 내에 흐름이 정상상태로 수렴한 모의결과인 흐름 형태를 2차원 평면상에 다수의 그래프들로 그려서 그 결과를 분석했다.

그런데 참으로 어려움이 많았다. 그 이유는 학교 컴퓨터를 이용해서 불과가 모델링한 흐름을 한번 모의하기 위해서는 최소 7일 정도의 시간이 소요되었기 때문이다. 당시 미 Purdue대학은 학생이 2만 명이 넘는 규모였다. 규모가 큰 대학에서 1대 밖에 없는 특수 목적용 벡터 컴퓨터를 효율적으로 운용하기 위해 우선순위를 설정해서 컴퓨터를 사용하도록 규정하고 있었다. 위에서 언급한 대로 불과가 모델링한 흐름을 모의하는 데는 벡터 컴퓨터에 CPU 작업시간만 30분 이상이 소요되었다. 또한, 불과의 컴퓨터 사용 목적이 연구였기 때문에 불과의 컴퓨터 사용 우선순위는 5순위로 제일 낮았다. 그렇다 보니 한번 모의하는데 7일 정도 소요되었던 것이다. 이는 불과가 구상한 굽은 도관 입구에 특정 섭동 형상을 컴퓨터에 입력해서 수렴한 모의 결과를 얻기까지 매번 최소 7일 정도의 시간을 기다려야 했음을 의미한다. 매일 한 가지씩 도관 입구의 섭동흐름 형상 초기 값을 변경해가면서 컴퓨터에 작업을 입력했다. 그리고 매일 일주일전에 입력한 섭동흐름 형상 초기 값에 의해 수렴된 굽은 도관의 흐름을 그래프로 형상화하여 해석했다.

흐름의 형상화는 일정 정압력선 그래프와, 흐름 축 방향으로의 속도 벡터, 속도 등심선 및 유선 그래프로 이루어 졌다. 90° 굽은 형상의 도관 흐름에 도관 입구의 섭동흐름 형상 초기 값에 의해 수렴된 흐름을 해석하기 위해서는 최소 불과 자신이 설계한

어느 노병(老兵)의 꿈

50여장의 도해가 필요했다. 당시에는 3차원의 흐름을 입체적으로 그려서 볼 수 없었기 때문이다. 2차원의 여러 흐름 단면들에 대해 다수의 그래프로 형상화하여 흐름의 특성을 해석할 수밖에 없었다.

당시 Purdue대학교 항공우주공학과에는 유체 유동을 형상화하기 위한 프로그램을 구입해서 보유하고 있었다. 그렇지만 어느 누구도 그 프로그램을 어떻게 사용하는지 아는 사람이 없었다. 어쩔 수 없이 불과는 대략 3개월 동안 해당 프로그램에 대한 독학을 통해 유체흐름의 출력자료(u, v, w 속도 성분 값, p 정적 압력 값) 수치 값을 원하는 형상의 그래프로 그려서 출력할 수 있는 그래픽 프로그램을 설계해서 사용했다. 나중에는 당시에 누구도 할 수 없었던 모자의 3차원 형상을 입체적으로 그릴 수 있는 그래픽 프로그램을 설계할 수 있을 정도로 그래픽 프로그램 설계에 베테랑이 되었다.

계획대로 논문 완성을 위한 연구는 착착 진행되었다. Purdue대학에 입학 5학기 즉, 3년째가 되면서 학과 요구량 등을 모두 마치고 논문 마무리를 위한 90° 굽은 도관의 흐름에 모의를 계속 진행했다. 하지만 불과가 얻고자 하는, 제 3자가 동일한 도관에 물을 이용해서 실험한 결과 밝혀진 와류(Vortices)가 발생하는 형상의 흐름은 모의결과 나타나지 않았다. 계획대로라면 5학기 말이면 벌써 원하는 컴퓨터 모의 결과를 얻고 거의 논문작성을 마무리할 시기였다. 하지만 예상 밖으로 원하는 결과를 얻을 수 없게 되자 5학기가 끝나가면서 불과는 마음이 급해지기 시작했다.

졸업은 6개월 밖에 남지 않았는데 지도교수는 컴퓨터 프로그램으로 물을 이용해서 실험한 결과와 동일한 형상의 흐름이 발생하는 것을 보여주기 원했다. 그러나 원하는 형상의 흐름은 나타나지 않았다. 6학기가 시작되어도 해답을 얻지 못하자 지도교수는 불과에게 추가 과제를 제시했다.

"이론상으로 동일한 조건이라면 물로 실험을 통해 확인한 흐름의 형상을 운동방정식을 이용한 모의를 통해서도 동일하게 복원이 가능해야 한다. 그런데 우리는 현재 운동방정식 프로그램을 이용한 모의를 통해서 그러한 형상의 흐름을 복원을 할 수 없다. 아마 복원이 안 되는 가능한 이유 중에 하나는 유체 흐름에 지배 방정식인 비압축성 점성유체 운동방정식을 컴퓨터 모의 프로그램화하기 위해 가미한 인위적인 압축파 속도 때문일 수 있으니 모의 운동방정식에 '안정성'을 먼저 확인해 보는 것이 좋겠다."

2차 편미분 3개 연립 방정식의 '안정성'을 수식적으로 풀어서 해석하는 것은 그 자체만으로도 고등수학의 박사 논문에 해당할 정도로 난해한 의제이다. 불과는 앞이 캄캄했다. 박사 논문 연구를 시작할 때 불과의 지도교수는 운동방정식의 '안정성'을 먼저 풀어볼 것을 제안했었다.

"교수님, 제가 사용할 계획이지만 모의 운동방정식에 안정성은 저의 논문 의제와 직접적으로 연관이 있는 것은 아니지 않습니까? 더욱이 고등 수학에 해당하는 쉽지 않은 문제라서 시간이 많이 소요될 것이 예상되는데 꼭 검증이 필요하다고 생각하십니까?"

어느 노병(老兵)의 꿈

"그래, 자네 말이 맞네. 필수는 아니니 그럼 생략하세."

그렇게 해서 불과의 연구에서 제외했었다. 이제는 컴퓨터 모델로부터 해답을 얻지 못하는 상황이 되었으니 원인을 찾기 위해서라도 풀어야 할 과제가 되어버린 것이다. 불과는 모의 운동방정식의 안정성을 풀어서 해석할 수 있는 자신이 없었다. 그렇지만 선택의 여지가 없었다. '불가능은 없다.'는 말로 자신을 위로하면서 풀어야할 문제에 도전했다.

어느 정도 어려운 문제인가에 대해 사례를 들어 설명해 보자. 원래 유체역학 지배방정식의 안정성 방정식은 항공우주학 분야에 큰 업적을 남긴 독일의 프랜틀 박사에 의해 1928년에 발견되었다. 그런데 1967년이 돼서야 컴퓨터를 이용해서 그 방정식에 근사값 수준의 해답을 얻었다고 한다.

불과의 컴퓨터 모델에 적용한 방정식은 인위적인 압축파 속도 요소를 가미한 더 복잡한 연립방정식이다. 아무리 초대형 컴퓨터가 출현했다고 해도 불과는 거의 자신이 없었다. 불과는 지금도 지도교수님께 감사한 마음을 가지고 있다. 지도교수의 도움으로 그 문제를 풀 수 있었다. 불과와 불과의 지도교수는 1988년 3월 첫 학기 한 달을 거의 각자의 연구실에서 매일 밤 12시까지 안정성 문제를 풀기 위해 매진했다. 채 한 달이 되지 않아 예상보다 빨리 문제에 해답을 얻을 수 있었다. 그런데 문제에 해답은 예상과 전혀 달랐다.

불과의 모의 운동방정식으로 원하는 형상의 흐름을 얻지 못하는 것은 흐름이 빨리 수렴되도록 유체역학 지배방정식에 가미한 인위적인 압축파 속도가 수렴에 영향을 미치기 때문일 것이라고 예측을 했었다. 그런데 인위적으로 가미한 압축파 속도 요소는 본래 추가한 이유대로 컴퓨터 모델에 입력한 섭동흐름 형상 초기 값이 빠른 속도로 정상상태 흐름으로 수렴하도록 돕는 역할을 하는 것으로 밝혀졌다.

"그렇다면 무엇 때문에 불과가 설계한 컴퓨터 모델로는 원하는 형상의 수렴된 흐름을 얻을 수 없을까?"

오히려 그 원인을 밝혀야 하는 상황이었다. 인위적으로 가미한 요소가 원인이 되어 원하는 형상의 수렴된 흐름을 얻을 수 없는 것으로 밝혀졌다면 오히려 좋았을 것이다. 안정성 문제를 수학적으로 풀어서 해석한 것만으로도 박사학위 논문으로 충분하다고 생각할 수 있었기 때문이다. 그렇지만 이제 그렇지 않다는 결과를 얻었기 때문에 그렇지 않은 이유를 밝혀야 하는 상황이 되어버렸다.

30년 이상 지났는데도 불과는 1988.4.15일과 22일, 24일을 생생하게 기억하고 있다. 4.15일에 그의 지도교수는 그에게 제안을 했다.

"불과 중령, 자네가 설계한 운동방정식 프로그램으로 예상했던 흐름에 형상을 얻지 못했네. 그 원인으로 예상했던 유체흐름 지배방정식에 가미한 인위적인 압축파 속도가 오히려 흐름의 수렴에 도움이 되는 것으로 증명이 되었네. 아직 실험으로 확인된 흐름의 형상을 이론적으로는 나타나지 않는 원인을 밝혀내지 못했지 않나? 내가 과제 연구비에서 자네 다음 학기에 학비와 생

어느 노병(老兵)의 꿈

활비를 지원해주겠네. 6개월만 한국 공군에 유학기간 연장신청을 하게. 한 학기 더 학교에 남아서 원인을 밝혀낸 후 박사학위를 마무리하고 귀국했으면 하는 바람이네."

불과는 예상했던 일이지만 순간적으로 몹시 당황했다.

"교수님, 감사합니다. 그런데 저에게 일주일만 시간을 주십시오. 일주일 생각해보고 저의 의견을 말씀드리겠습니다."

'아! 이제 올 것이 왔구나!' 하는 심정이었다. 지도교수에게 생각할 시간을 달라고 부탁하고 지도교수의 사무실을 나왔다. 그 순간부터 불과의 일생에서 제일 길었던 일주일이 시작되었다.

당시 한국 공군장교로서 해외에 박사과정 입과자로 선발되어 유학 중 3년 기간 내에 박사학위 취득을 하지 못할 경우 학위취득을 위해 2년의 추가 기간연장이 가능했다. 당시 한국 공군장교들의 해외에서의 평균 박사학위 취득기간은 거의 5년이 소요되었다. 그래서 군에서도 미국의 수준급 대학의 박사과정에 입과 할 경우 4.5~5년이 지나야 학위를 취득하는 것을 당연시 하는 상황이었다.

일주일 고민 끝에 불과는 단호하게 결론을 내렸다.

"나는 군인이다. 나에게 주어진 3년의 박사과정 역시 군인에게 부여된 임무이며 명령이다. 경우에 따라서는 임무 완수를 못할 수도 있는 것 아닌가? 군인으로서 부여된 명령을 성공적으로 이행하지 못했으면 못한 것이다. 구차하게 명령의 변경을 요구할 수는 없다. 나의 인생에 기간 연장 신청은 있을 수 없다."

"………."

"누가 보아도 나는 지난 3년 가까이 혼신의 정성과 노력을 다했다. 학위취득을 못해 임무 완수는 못했다고 할지라도 최선을 다했으면 됐지 무엇을 더 바란단 말인가? 그동안 박사과정에 입과해서 정말 열심히 미래에 군에 복귀해서 해야 할 일들을 준비했는데 꼭 학위증서가 필요한 것은 아니지 않는가? 학위증서만 없을 뿐 나는 역시 변함없는 신불과가 아닌가?"

불과는 한 학기 기간을 연장해서 박사학위를 취득하고 귀국하는 대신 박사학위 취득을 포기하고 6학기 즉 군에서 그에게 유학기간으로 부여한 3년의 유학 기간이 종료되는 시점에 그대로 귀국하기로 결정했다. 물론 박사학위 취득을 못하고 귀국했을 경우에 그가 겪어야 할 상황들에 대해서도 정말 많이 여러 각도에서 생각해 보았다.

"저 사람은 박사과정에 입과해서 학위 취득도 못하고 귀국한 사람이래."

"손가락질하라면 하래지, 내가 떳떳한데 무슨 상관인가?"

그래도 나를 믿고 불평 한마디 없이 뒷바라지를 해온 사랑하는 아내에게는 미안한 마음이 앞섰다. 용기를 내어서 자신이 생각하는 바를 말했다.

"여보, 학위증서 취득을 위해 한 학기 연장을 위해 군에 건의하는 것이 옳은 판단일까? 그런데 그것은 내가 사관학교에 입학한 이후 살아온 군인으로서의 내 인생관에 반하는 것이라 내 자존심이 허락을 하지 않네. ……, 학위를 포기하고 정해진 3년이 끝나는 이번 학기말에 귀국하기로 마음을 굳혔는데 당신 생각은 어때요?”

“………, 그런데 당신, 귀국해서 사람들이 학위도 취득하지 못하고 왔다고 손가락질해도 견딜 수 있겠어요? 그러한 조롱도 참을 수 있다면 당신 생각대로 하세요.”

불과의 아내는 3년 동안 정말 혼신의 힘을 다해서 공부와 연구에 매진하는 남편을 가장 가까이에서 보아왔고, 불과의 강인한 성격을 잘 알고 있었기에 그의 생각을 존중해 주었다.

정말 자신과의 많은 대화를 나눈 일주일을 보내고 4.22일 지도교수에게 찾아가서 자신의 의사를 밝혔다.

“교수님, 기간 연장시 비용을 부담해주시겠다는 교수님의 배려에 깊은 감사드립니다. 일주일 동안 숙고를 한 끝에 마음을 굳혔습니다. 교수님, 저는 학생이기 전에 군인입니다. 3년이란 유학기간도 저에게는 명령이었습니다. 학위취득을 하지 못해 임무완수는 다하지 못했다고 할 수 있겠지요. 그렇지만 교수님도 제가 열심히 학문적 성취를 위해 노력한 것은 아시지 않습니까? 그러면 되는 것 아니에요? 기간연장 신청을 하지 않고 금번 학기말에 귀국하도록 하겠습니다.”

“…………?”

“귀국해서 언제가 될지는 모르겠으나 그동안 연구해온 문제에 해답을 얻게 되면 학위 취득에 다시 도전하겠습니다. 그때 도와주셨으면 합니다.”

“정말 의외의 답변일세. 그렇지만 그렇게 결정했다면 그 결정을 존중해주어야 하지 않겠나? 귀국해서 언제든지 학위취득 준비가 되면 연락을 해주게."

　불과의 지도교수도 많이 아쉬워하는 모습이었다. 그의 확고한 의지에 한편으로는 놀라면서도 그 의사를 존중해주었다.

　"신불과, 너 정말 미래에 박사학위 취득을 포기한 결정에 대해 후회하지 않을 자신이 있니?"

　지도교수 연구실을 나오면서 불과는 자기 자신에게 물어보았다. 확신은 할 수 없었어도 그 때 생각으로는 후회할 것 같지는 않았다. 그렇지만 연구실로 돌아오고 나서야 불과는 정말 엄청난 허탈감이 밀려옴을 느낄 수 있었다.

　"내가 그동안 무엇을 위해 그렇게 앞만 보고 달려왔는가? 달려온 결과가 어떠한가? 귀국해서 주위사람들이 나의 박사학위 취득 실패에 대해 말할 때 정말 당당할 수 있을까?"

　불과는 연구실로 돌아오는 몇 분의 시간 동안 만감이 교차함을 느꼈다. 복잡한 심경에서 벗어나기 위해 그동안 연구해온 것들을 바쁘게 정리하기 시작했다. 학기가 끝나고 귀국한 후 가능하다면 개인적으로 학위취득을 위한 연구를 계속하기 위해서였다. 먼저 그동안 박사학위 논문 완성을 위해 모의 프로그램을 이용해서 모의 결과를 분석한 흐름들에 대한 도관 입구에 특정 섭동 형상들을 정리했다. 그런데 시간과 비용에 제한 때문에 모의 결과 수렴한 흐름 데이터를 분석하지 못한 모의 결과가 몇 개 있는 것이 확인되었다. 이제 더 이상 특별히 프로그램을 이용해서 모의할 일도 없게 된 상황이었다. 정리차원에서 분석하지 못한 데이터들도 비싼 컴퓨터 사용료를 지불하고 도출한 결과라는 생각

　　　　　　　　　　　어느 노병(老兵)의 꿈

이 들어 그래프로 형상화하여 분석해보기로 했다.

당시에 불과가 3차원 도관 흐름에 대해 컴퓨터 모의 프로그램을 이용해서 모의한 슈퍼컴퓨터의 출력물 모두를 그래프로 형상화하여 볼 수 없었던 것을 그럴만한 이유가 있었다. 그의 슈퍼컴퓨터 및 그래픽 사용료는 지도교수의 연구비 계좌에서 지불이 되었다. 당시 그래프 용지는 특수 용지로서 가격이 비쌌기 때문에 학생들은 하루에 50여장 정도까지만 사용하도록 제한했었다. 그런데 불과가 하나의 도관 입구 섭동흐름 형상 초기 값을 모델링하여 슈퍼컴퓨터를 통해 수렴된 도관 흐름에 데이터를 분석하기 위해서는 대략 50여 개의 2차원 흐름형상 그래프를 그려야 했다. 그 말은 그래프 용지의 사용 제한으로 인해 당시 불과가 하루에 분석할 수 있는 특정 섭동흐름 형상은 한 개에 불과했었다는 말이 된다.

1988.2월 말이 되면서 즉, 5학기가 끝나가면서 예상했던 모의 결과를 얻지 못하게 되자 불과는 몹시 마음이 다급해지게 되었다. 급한 마음에 매일 몇 개씩 다른 도관 입구의 섭동흐름 형상을 모델링해서 슈퍼컴퓨터에 입력했다. 그렇지만 하루에 한 개의 흐름밖에 분석을 할 수 없다보니 분석하지 못한 특정의 도관 입구 섭동흐름 형상에 대한 수렴된 결과물들이 남아 있었던 것이다. 분석하지 못한 출력물들 분석을 위해 그래프 용지 사용을 교수에게 말해서 허락을 얻었다. 그리고 남아 있는 분석하지 못한 결과물들 모두 그래프로 형상화하는 작업을 시작했다.

그런데 이게 어찌된 일인가? 그러니까 2개월 전, 정확하게 그해 2월 말경에 모델링한 컴퓨터 모의 결과 중에 불과의 교수가 불과에게 요구한 정답이 있었던 것이다. 모델링한 도관입구 섭동흐름 형상 중 하나에서 동일한 도관에 물로 실험하는 과정에 나타난 와류(Vortices) 형상의 흐름이 모의결과 나타났다. 그래프로 그려 확인된 결과를 더 자세하게 그래프로 그려보았다.

"정말 불과가 유체흐름의 지배방정식을 컴퓨터 프로그램화한 후 섭동을 가한 도관 입구의 흐름형상을 입력하여 컴퓨터 모의를 통해 수렴한 결과가, 불과보다 몇 년 먼저 같은 학과에서 박사과정 학생이 불과가 모의에 사용한 동일한 형태의 3차원 굽은 도관에 물을 이용하여 실험한 유체흐름의 결과와 동일한 와류 형상의 흐름을 나타내 주고 있는 것이 아닌가?"

물을 이용한 실험과정에 굽은 도관에서 발생하는 와류(Vortices)가 동일한 조건하에서 유체흐름 지배방정식 컴퓨터 모의 프로그램을 통해서도 확인된 것이다. 굽은 도관의 흐름에서는 흐름 조건에 따라 와류가 발생할 수 있다는 것이 하나의 이론으로서 확인이 된 것이다. 또한 발견된 결과는 「자연현상에 대한 물리적 실험 결과는 전산유체역학적 접근을 통해서도 동일한 결과를 얻을 수 있다는 사실」을 서로 확인해주는 결과였다. 불과는 지금도 그때의 환희를 잊을 수가 없다. 「어떠한 자연 현상도 자연계를 지배하는 운동방정식을 이용해서 수학적으로 풀어 해석할 수 있다는 사실」을 직접 체험한 계기였으며, 또한 불과가 3년 가까이 그렇게 바라던 결과를 얻었기 때문이다. 1988.4.23일 저녁은 어떻게 밤이 지났는지 모를 정도로 환희의 저녁 밤이었다.

내 사랑하는 아내가 더 기뻐하는 것 같이 보였다.

1988.4.24일 아침 10시경 지도교수 연구실에 어제 그래프로 확인한, 교수님이 확인되기를 고대했던 와류(Vortices)가 발생하는 흐름 형상에 출력 결과물들을 가지고 갔다.

"교수님, 이것이 교수님께서 저에게 말씀하신 모의 결과가 맞지요? 이제 졸업을 위해 박사 논문을 작성해도 되겠지요?"

어제 확인한 모의 결과 분석 그래프 출력물들을 지도교수에게 보여주고 문의했다. 불과가 너무 기뻐서 흥분한 나머지 덤벙대는 모습에 처음에는 지도교수가 어리둥절해 하였다. 그러나 곧 교수님도 상황을 파악하고는 정말 좋아했다.

"아니, 그런데 어떻게 해서 이 결과를 얻게 되었는가? 어떠한 섭동흐름 형상 초기 값에 이런 결과를 얻게 되었나? 2개월 전에 이 결과를 얻었다면 왜 아직까지 모르고 있었나?"

교수님이 하나하나 차분하게 질문을 했다. 불과는 그러한 흐름을 얻게 된 배경과 모델링 내용, 왜 지금까지 모르고 있었는지 등에 대한 질문들에 대한 대답들을 하나씩 해드렸다. 교수님은 불과의 말을 듣고 신이 났다. 결과물들을 확인한 후 그것들을 들고 굽은 도관에 물로 실험을 해서 와류현상을 발견한 학생의 지도교수에게 달려가서 자랑을 하고 왔다. 불과의 지도교수도 불과의 연구의제 분야에 해당하는 점성유체역학을 전공하지 않은 분이다. 아마 지도교수에게도 자연현상도 지배방정식을 이용해서 수학적으로 모의할 수 있다는 사실을 직접 확인한 계기가 되었던 것 같았다. 그래서 그렇게 자랑스러워하지 않았나

성실이 목표 달성의 지름길이다.

생각이 된다.

"불과 중령, 그래 논문을 완성해서 이번 학기에 졸업을 하게, 논문을 작성하기 전에 연구 결과를 2편으로 구분해서 이름 있는 학술지에 기고도 해야 하네."

8월초에 졸업이니 졸업할 때까지 4개월도 제대로 남지 않은 상황에서 산 넘어 산이었다. 그 후 불과의 1988.8.8일 졸업식 날까지 하루하루는 정말 눈코 뜰 새 없는 날들이었다. 하지만 포기했던 학위취득을 준비하는, 필사즉생(必死卽生)에 환희의 날들이었다. 더욱이 군인으로서 본분을 지키기 위해 지도교수까지 한 학기를 연장하라고 권유한 것을 마다하고 포기한 박사학위를 받게 되었으니 얼마나 기뻤겠는가?

"당시 내가 어떻게 박사학위를 포기하고 귀국하겠다는 결단을 단호하게 내렸지? 군인이기에 박사학위취득을 위해 자신에게 부여된 3년이 지나게 되면 연장보다는 귀국하는 것이 옳다고 판단한 것이 옳았는지?"

불과에게는 아직도 당시에 자신이 결정한 바가 옳았는지 명확하게 분별이 되지 않는다. 분명한 것은 그는 자신의 인생에 책임질 자세가 되어 있었기에 그러한 결정이 가능했었다고 생각한다. 어쩌면 박사과정에 입과하면 기간 연장을 당연시하는 당시 풍조에 대한 젊은이로서의 반발이었는지도 모른다.

불과는 2편의 논문을 작성하여 교수의 감수를 받아 세계적으로 유명한 항공우주학회지에 기고했다. 그 후 자신의 학위 논문을 완성하여 박사학위 논문으로서 1988.8.1일 최종심의위원회

어느 노병(老兵)의 꿈

의 동의를 받았다. 그렇게 박사학위 취득조건을 충족함으로써 1988.8.7일 졸업식에서 박사학위를 받을 수 있었다.

불과는 박사학위를 받으면서 졸업식장에서 얼마나 많은 눈물을 흘렸는지 모른다. 미해대원에서는 동기생들과 함께 석사학위를 받고 자랑스럽게 제일 말미에 혼자서 두 번째 엔지니어학위를 받을 때에도 담담한 심정으로 받을 수 있었다. 어찌된 영문인지 졸업식장에 들어설 때까지 생각하지 못한 눈물이 쉬지 않고 흘렀다.

"6개월 만에 도전하면서 만약에 Qualification Exam을 통과하지 못하면 어떻게 할 것인가? 했던 두려움…, 내가 저 학위증서 종이 한 장을 받으려고 3년을 그렇게 살아왔단 말인가? 하는 허탈감…, 기간을 연장해서 학위취득을 할 것인가? 아니면 포기하고 귀국할 것인가? 하는 갈등과 결단과정에 겪어야 했던 고뇌들…."

아마 그것들이 어우러져 흐르는 눈물이었다고 생각한다. 그가 3년이란 기간 동안 학위취득을 위해 노력하면서 흘린 땀만큼이나 정말 많은 눈물을 흘리면서 수여받은 박사학위였다. 불과의 성실함이 일궈낸 결과이기도 하다.

"자네의 이번 박사학위 취득에 의미는 이제 자네는 남의 도움 없이도 주어진 과제에 대해 스스로 연구할 수 있는 능력이 있음을 인정한다는 것이네. 여기에 내가 한마디 첨언한다면 이제 그러한 능력을 유지하기 위해서는 쉬지 말고 전공분야는 물론 관심 있는 학문분야에 정진해야 한다는 것이네.."

불과는 박사학위를 취득하는 과정에서 지도교수로부터 받은 교훈을 지금도 생생하게 기억하고 있다. 그 후 불과는 지도교수의 조언대로 지금도 책을 놓지 못하고 있다. 어쩌면 그것이 그의 숙명인지도 모른다.

불과의 종교관은 특이하다. 불과의 본래 이름은 불교의 8대
보살 중 한분의 이름과 같다. 이유가 있다. 그는 아들 하나에 딸
셋인 부모님 슬하에서 태어났다. 아들하나 더 바라던 터여서 많
은 귀여움을 독차지하며 자랐다.

"저 애는 명을 짧게 태어났구먼!"

정확하지는 않으나 불과가 태어나 얼마 되지 않아 불과의 모친
이 태어난 둘째 아들을 위해 고향에 있는 큰 사찰에 예불 올리려
고 갔을 때 어느 스님이 불과의 생애에 대해 언급했다는 말이다.
그의 한마디 때문에 이름도 8대보살 중 한분의 이름을 따서 지
었다. 자식이 오래 살기를 염원하는 마음에서 그의 어머님은 그
를 그 사찰에 불자로서 적을 올려놓았다. 그렇다고 그의 기억에
직접 사찰에 가서 예불을 드린 적은 없다. 어머님께서 그의 생일
과 부처님 탄신일 등 불교 절일에 사찰에 가서 예불을 드리고 온
다는 것만 알고 있었을 뿐이다. 그렇지만 그는 자신은 불자라고
생각하며 자랐다.

그랬음에도 사관학교에 입학해서는 각 종교들의 특성을 이해
하고 파악하기 위해 1학년 때는 불교생도로서, 2학년 때는 기독

생도로서, 3학년 때는 가톨릭생도로서 생활했다. 장교로서 부대 지휘관이 되어 부하들을 올바르게 지휘하기 위해서는 그들이 속해 있는 종교의 특성을 알아야 한다고 판단했기 때문이다. 그러면서도 마음속으로 자신의 종교는 불교라고 생각했다. 그러한 이유에서 그는 2, 3학년 때 목사나 신부의 권유에도 불구하고 세례나 영세를 받지 않았다. 임관 후 미해대원 유학가기 전까지 비행단에서 전투조종사로서 생활하는 동안 그는 불교신자로서 활동했다. 여러 불경을 읽고 불자의 시각에서 삶의 진리를 파악하기 위해 노력했다. 불경 말씀대로 살아가려고 노력도 했다.

미해대원에서 유학하는 동안 신앙생활에 전환기를 맞게 되었다. 미해대원이 위치한 캘리포니아주 몬트레이시 인근에도 한국계 미국인이 설립하여 운영하는 불교 사찰이 있었다. 미해대원에 입학 후 얼마 지나지 않아 미국생활에 적응하는 과정에 아내가 힘들어 했다. 그녀의 마음에 위안을 받고자 그는 주말에 가족과 함께 한국계 미국인이 설립한 사찰에 예불을 들이기 위해 방문했다. 그 사찰에 주지스님이라는 한국계 미국인은 삭발도 하지 않은 모습이었다. 스님과 같이 보이지도 않았음은 물론 그들을 환영하는 기색도 전혀 보이지 않았다. 무엇보다도 그를 실망시킨 것은 그의 일행을 제일 먼저 시주함으로 인도한 행태였다.

어떻게 한국에서 반출되어 나갔는지 의문이 될 정도의 한국에 국보급 수준의 타종을 가지고 있을 정도로 외형적으로 갖출 것은 모두 갖춘 훌륭한 모습의 사찰이었다. 그렇지만 편안하지 못한 마음의 위안을 받고자 하는 불과와 같은 불자를 위한 사찰은

어느 노병(老兵)의 꿈

아니라고 판단이 되었다. 씁쓸한 기분이 들어 예불도 드리지 않은 채 그냥 돌아왔다. 그러한 일이 있은 후 시간이 얼마 지났다. 그의 아내가 그에게 물었다.

"여기 몬트레이 지역에 한인을 대상으로 침례교 선교를 위해 목사님 한 분이 파송되어 오셨는데 그분으로부터 성경 공부를 해도 될까요?"

"………, 그래요? 본인이 괜찮다고 생각한다면 그렇게 해요. 말 그대로 성경공부인데 찬성합니다. 그런데 성경공부를 하게 되면 다음단계는 당연이 교회를 나가게 되어 있는데 ……, 나더러 교회에 함께 나가자고는 하지 않겠다는 약속만은 해줘요?"

당시 불과의 아내는 낯선 미국생활에 적응하는데 힘들어 했다. 학교생활에 쫓기다보니 아내에게 위로 한마디 제대로 못해주어 미안하게 생각하던 차였다. 불과는 기꺼이 승낙을 하면서 한 가지 조건을 말했다. 당시 아내에게 말하지는 않았지만 나름대로 이유가 있었기 때문이다. 불과의 어머님은 당시에도 한국에서 둘째 아들 잘되기를 기원하는 소망을 가지시고 불과의 생일날과 석가탄신일에는 쌀 몇 말 머리에 이고서 절에 가셔서 예불을 드리셨다. 그것을 알고 있는 자식으로서 타국에서 자신의 마음에 위안을 얻겠다고 교회에 나가 예배를 드리는 것은 어머니에 대한 도리가 아니라고 생각했기 때문이었다.

불과의 아내도 불과를 닮아서인지 책임감이 강하고 주어진 일에 틀림없이 약속을 지켜서 이행하는 사람이다. 그래서 어디에 가든지 사람들로부터 환영을 받는 스타일이다. 성경공부를 시작한 후 정성을 다하는 그녀는 목사님에게 그곳에 한인침례교회 개척을 위해 꼭 필요한 사람 중에 한 사람이 되었다.

예상했던 대로 성경공부를 시작한지 얼마 되지 않아 성경공부 주관 목사님이 개척한 교회에 불과의 아내는 아이들과 열심히 주일을 지켜 나가게 되었다. 일상생활에서도 그리스도인으로서 살아가려고 노력하기 시작했다. 그는 생도 2학년 때 기독생도로서 생활한 경험이 있기 때문에 기독교적 사고에도 익숙해 있었다. 불과의 가족들이 교회에 열심히 나가고 기독교적으로 살아가려는데 전혀 거부감이 없었다. 오히려 감사하는 마음이었다. 그러한 그의 자세 때문에 개척목사님과 그를 따르는 신자들은 불과가 전도되지 않았거나 그렇지 않으면 기독교를 이해 못해서 교회에 나오지 않는 것으로 생각했다. 그래서 불과를 전도하겠다고 그의 아파트를 여러 번 방문했다.

한번은 저녁에 목사가 불과의 아파트를 방문하여 새벽 다섯 시까지 열띠게 토론한 적이 있다. 사실 불과는 싫었다. 목사와 당시 목사를 추종하던 해군대학 한국유학생들이 자신들의 사고방식을 가지고 불과를 설득해보겠다는 생각이 강해서 그렇게 오랜 시간을 토론하게 된 것이다. 그날 처음에는 목사 혼자서 방문했었다. 목사가 불과와 토론한다는 말을 전해 듣고 나중에 그들이 합류하여 가세한 것이다.

불과의 동료 한국인 유학생들은 불과에게 기독교인으로서 좋지 않은 인식을 심어준 사람들이었다. 불과의 사고방식으로는 외국에 국비로 유학을 왔다면 최소한 장교다워야 한다. 단정한 용의를 갖춰서 한국 장교답다는 인상을 주어야 하며, 자신에게 가장 우선순위가 높은 일이 무엇인지를 알아야 한다고 생각했었다.

그날 불과의 집에 전도하겠다고 찾아온 유학생들은 모두 불과가 생각하고 있는 한국장교다운 모습에 전혀 못 미치는 사람들이었다. 정말 최소한의 기준에도 미달하는 자들이었다. 그들의 여러 가지 장교답지 못한 언행 때문이다. 불과는 오랜 시간이 흐른 지금까지도 그들을 생각할 때마다 마음속에 실망을 금치 못해 언짢은 기분이다.

예를 들면, 장교로서 최소한 갖추어야할 용의 단정함은 말할 것도 없다. 일요일에 자신의 숙제를 도와달라고 찾아와서 조금 도움을 받는 척하다가 교회에 가야할 시간이 됐다고 불과에게 자신의 숙제 부탁하는 것을 당연시하는 사람들이었다. 그러한 그들의 황당한 언행이 당시 불과에게는 전혀 납득이 되지 않았다. 물론 지금도 잘 이해가 되지 않는 부류의 사람들이기도 하다. 그러한 사람들이 불과를 교회로 인도하겠다고 자신들의 생각을 강요하니 얼마나 힘든 시간이었겠는가?

"가족들이 성경공부를 하고 교회에 나가는 것을 찬성한다는 것을 기독교를 인정한다는 것 아닌가?"

"아, 나는 기독교를 부정한 적이 없네."

"그런데 왜 자신은 교회에 나오지를 않지? 교회생활을 함으로써 영생을 얻어야 할 것 아닌가?"

"나는 기독교가 싫어서 교회에 못 나가겠다는 것이 아니네. 내 어머님은 나를 위해서 지금도 한국에서 정기적으로 사찰에 가서 예불을 드리기 때문일세. 어떻게 나만 좋다는 생각에 교회에 나갈 수 있겠는가? 내가 여기서 공부를 마치고 귀국해서 어머님께 교회에 나간다고 말씀드리고 교회에 나가는 것이 옳다고 판단이 되어 지금은 나갈 수 없다는 것이라네."

"무슨 말이야, 참 진리를 찾아서 교회에 나가는 것인데 그것을 왜 어머님께 허락을 맡은 후 나가는 것이 옳다고 하는지 이해가 되지 않네?"

교회에 나가는 것을 반대하는 것이 아니다. 어머님께 대한 도리를 지켜야 하기 때문에 지금은 교회에 나갈 수 없다는 것이 불과의 주장이었다. 참 진리이신 예수 그리스도를 믿기 위해 교회에 나가는 것인데 무슨 문제가 있느냐는 주장이 반복되었다. 불과는 지금도 당시 자신의 판단이 틀리지 않았다고 생각한다. 또한, 사람으로서의 기본 도리 준수보다도 참 진리를 추구하는 것이 우선이라는 그들의 주장에 대해 궤변이라는 생각에는 변함이 없다.

"목사님, 저의 가족들이 목사님 교회에 나가서 마음의 위로를 받게 되어 무척 감사하게 생각합니다. 저는 지금도 교회에 나가고 싶습니다. 그렇지만 저는 여기에 공부하러왔지 교회에 나가려고 유학 온 것이 아닙니다. 공부에 쫓기다보니 다른 분들과 같이 교회에 나갈 만큼 여유가 없네요. 또한, 한국에서 저의 어머님은 저를 위해 사찰에 나가십니다. 나중에 귀국해서 여유가 생기면 어머님께 양해를 구하고 교회에 나가도록 하겠습니다."

"………."

"앞으로 목사님께서 저의 친구로서 저의 집을 방문해주신다면 언제든지 대-환영이지만 저를 전도하시기 위해 방문하신다면 정중히 사절하겠습니다."

"………."

"………."

불과는 밤새 토론을 해보았자 결론이 나올 수 없다고 판단하여 새벽 다섯 시가 다되어 목사와 그를 추종하는 유학생들에게 분명히 밝혔다. 정말 그의 일생에서 겪은 힘든 경험 중에 하나였다.

해군대학에서의 유학생활을 마치고 귀국하기 전에 그 목사 초대로 목사 댁에서 송별 만찬을 가족들과 함께 했다.

"이곳 몬트레이에서는 공부하기에 바빠서 교회에 못 나온다고 했지요? 귀국해서는 그 정도로 바쁘진 않을 터이니 어머님께 말씀드리고 꼭 교회에 나가시기를 기도드리겠습니다."

만찬 후 목사가 그에게 한 말이다. 전에 불과의 집에서 '공부하러 유학 왔음'을 강조한 불과의 속내를 알았기 때문일까? 아니면 불과가 졸업을 하면서 다른 유학생들과 달리 석사 학위에 추가해서 엔지니어 학위까지 받은 사실을 알았기 때문일까? 후자의 경우라면 목사님은 공부할 시간도 부족하기 때문에 당시에 유학생활 동안은 교회에 갈 수 없다는 불과의 핑계성 주장을 인정(?)했다고 생각이 된다.

그 후 불과는 귀국해서 그의 어머님께 자신의 생각을 말씀드렸다.

"어머니, 미국에 유학 생활하는 동안 제 아내가 미국생활에 적응이 되지 않아 어렵고 힘들어 했습니다. 마음에 위로를 얻고자 교회에 나가겠다고 해서 교회에 나가라고 허락한 것이 계기가 되어 지금 교회에 나가고 있어요. 그런데 저는 어머님이 저를 위해 절기마다 사찰에 나가시는 것을 알고 있었기 때문에 그동안 나가지 않았습니다. 어머님만 허락하신다면 제 아내와 함께 교회에 나갔으면 하는데, 어머님 생각은 어떠셔요?"

"아! 그래, 네가 원한다면 그렇게 하렴, 그럼 나도 교회에 나가 볼까?"

어머님께서는 불과의 청에 기꺼이 허락해주시었다. 그러한 연유로 불과는 귀국해서 성남기지에 배속된 후 가족들과 함께 교회에 나갔다. 불과는 그 교회에 세 번 주일예배에 참석하고 더 이상 교회 주일예배에 나가는 것을 중지했다. 교회에 목사 설교가 불과에게는 너무 맞지 않았다. 성경에 근거한 설교보다는 자기 가족 이야기와 헌금에 대한 자신의 사견을 말하는데 대부분의 설교시간을 할애했다. 성격에 너무 맞지 않는 설교를 하는데 앉아 있으려니 너무 힘들었다. 계속 땀만 흐르고 앉아 있기가 거북해서 견딜 수가 없었다. 결국은 교회에 나가지 않기로 결정을 했다. 교회에 나가는 것을 포기한 것이다. 그 이후 어떠한 주위 사람들의 권유에도 불과는 교회에 나가지 않았다.

'하나님께서는 한번 잡은 사람을 끝까지 놓아주시지 않는다.' 고 하는 말을 들은 적이 있다. 아마 그런가 보다. 박사과정 유학생으로 선발되어 공군본부로 배속되어 근무하는 중에 신앙생활에 전기를 맞게 되었다. 당시 그의 아이들 때문이다. 1985년 7

월 어느 날이었다. 미국에 유학을 위해 출국하기 한 달 전쯤이다. 그의 아내와 아이들이 나가는 교회에 여름 성경학교에서 새벽 기도회가 있었다. 당시 12살과 10살배기 불과의 어린 딸들이 새벽기도회에 나가기 위해 탁상시계에 모닝콜을 해 놓는 것이었다. 그러고도 무엇이 불안한지 엄마에게 혹시나 못 일어날 경우 자신들을 깨워달라고 부탁까지 하고 잠자리에 들지 않는가? 그런데 불과의 아내는 어린 아이들이 새벽기도회에 나가는 것은 무리라고 생각해서인지 모닝콜을 꺼 놓는 것이었다.

놀라운 일이 발생했다. 불과의 어린 딸들은 깨워주지도 않았는데 제 시간에 일어나서 새벽기도회에 다녀왔다. 불과는 갑자기 제 엄마가 모닝콜도 꺼놓았는데 잠꾸러기들이 새벽 정해진 시간에 일어나서 교회기도회에 간 것이 신기하다고 생각했다. 아니, 아이들이 그렇게 간절하게 기도를 해야만 하는 무슨 기도제목이 있나? 무척 궁금한 마음이 들었다.

"애들아, 새벽 기도회에 나가서 무슨 기도를 했어?"

"우리 아빠가 가족과 함께 교회에 나올 수 있게 해달라고 기도했어요."

"퉁~~."

어린 딸들의 분명한 답변을 듣고 불과는 뒤통수를 한 대 크게 얻어맞는 충격을 느꼈다. 성경 어디엔가 '하나님께서는 필요하다면 나귀의 입을 통해서도 자신의 하시고 싶은 말씀을 하신다.'는 구절이 생각났다. '아니, 이것은 정말 하나님께서 아이들의 입을 빌려서 하시는 말씀이구나!'하고 정신이 번쩍 들었다. 불과는 지금도 당시 어린 딸들의 말을 하나님이 하신 말씀으로 기억을 한다.

"그래, 고맙다. 이제 미국 갈 날도 한 달도 남지 않았는데, 미국에 가게 되면 너희들이 아빠를 위해 하나님께 기도한대로 아빠와 함께 우리 가족이 교회에 가도록 하자."

"아빠, 고마워요."

불과의 대답을 듣고 아이들과 아내가 정말 좋아했다. 한편으로 불과는 자신이 자의반 타의반으로 박사과정에 입과자로 선발된 것에 대해서도 '그러한 이유가 있었구나!'하고 마음속으로 생각을 하게 되었다.

"나는 미해대원에서 귀국하기 전 목사님과 '귀국해서는 교회에 나가겠다.'고 약속을 분명하게 했다. 그런데 자기가 한 약속을 지키지 않으니 하나님께서 나의 교만함을 꺾으시고 교회로 인도하시기 위해 나를 다시 미국 박사과정에 유학하도록 역사하셨구나!"

불과는 그해 8월 미국에 박사과정으로 유학 가서는 제일 먼저 가족들과 함께 교회에 나갔다. 그리고 1988.8.1일 박사학위 논문에 최종심의위원회 지도교수들로부터 동의를 얻기 전, 7.17일에 그가 나가는 한인교회에 신청을 해서 기독교에 세례를 받았다. 그가 미국에 다시 온 것은 박사학위를 받기 위한 것 보다는 교회에 나가기로 한 약속을 지키지 않았기 때문으로 믿고 있었기 때문이다. 불과는 그의 딸들과 약속을 한 후 지금까지 틀림없이 지키고 있다. 또한 그렇게 된 것은 그의 어린 딸들의 간절한 소망이 있었기에 이루어졌다고 지금도 생각하고 있다.

그 후 불과는 교회에 일도 열심히 해오고 있다. 안수집사에 이어 장로가 될 기회도 주어졌었다. 그렇지만 불과는 지금까지도 그저 집사로서 만족하며 생활하고 있다. 미해대원 시절 교회에 열심인 사람들의 불신자보다도 못한 언행들이 불과의 믿음 생활에 많은 영향을 미친 것 같다고 생각도 해보았다. 아마도 한창 젊었을 때 보고 느낀 것이 그의 마음 저변에 각인되어 남아있는 듯하다.

"혹시 내가 교회에 직분을 갖게 됐을 때 일상생활 속에서 내가 무의식중에 범할 수 있는 교인답지 못한 언행을 보고 교회에 다니지 않는 사람들은 우리 기독교인들을 어떻게 평가할까? 그리고 개인적으로는 얼마나 상처를 입을까?"

어쩌면 불과는 임직을 받았을 경우 평신도였을 때보다 자신의 잘못된 언행이 기독교회나 동료 교인들에게 부정적인 인식을 더 줄 수 있다는 것이 두려워서 임직을 사양했는지 모른다. 아니면 다른 이유가 작용했을 수도 있다. 아직까지도 많은 한국 교회에서 안수집사나 장로 임직을 부여 받은 사람들은 그 직분을 군대의 계급처럼 생각하는 듯이 보인다. 최소한 불과에게는 그렇게 보여 왔다. 교회에 직분은 더욱 헌신하고 봉사하라는 의미로 부여받는 것이 아닌가? 계급사회인 군대에서도 상위 계급에 진급했다고 거들먹대는 모습은 정말 눈꼴사납다고 생각한다. 하물며 교회에 직분을 받았다는 임직자의 모습이 그와 유사하다면 어떻겠는가? 정말 목불인견일 수밖에 없다. 37년 9개월 동안 직업군인이었지만 소탈한 성격으로 살아온 탓에 불과는 더욱 그렇게 생각하는지 모르겠다. 어쩌면 그러한 사회 풍조가 그에게 임직을 사양하게 한 이유일 것이다. 미국에서 교회에 나가기 시작한 불과에게는 미국적 사고가 그의 마음 저변에 각인되어 남아있기 때문에 더욱 그렇다. 불과의 교회관은 성경적 시각에서 담임목사의 언행을 포함해서 교회에 시정해야 할 사항이 있다면, 이를 공론화해서 시정해야 한다는 사고가 강하다.

기복적 신앙에 기초하는 대부분의 한국 기독교인들의 모습을 생각해보자. 담임목사의 말에 맹종하여 감히 건의조차 불경시하는 분위기이다. 그러한 분위기에 익숙한 대부분의 목사들은 교인들의 교회발전을 위한 진정어린 성경적 건의사항까지도 편당 내지는 자기를 부정하는 것으로 생각하여 강력하게 거부하여 분란을 일으킨다. 이에 더해 일부 임직자들까지 교인들의 올바른 시정 건의까지도 믿음이 부족해서 교회에 불평이나 하는 것으로 여론 몰이하는 종교관에 불과는 큰 거부감을 가지고 있다. 그렇다보니 불과는 자신이 다니는 교회에 그러한 환경이 조성될 적마다 신앙생활에 어려움을 겪어왔다. 그래도 불과는 그가 생을 마감하는 날까지 매일매일 복 있는 자로서 성경을 묵상하는 것으로서 하루를 시작할 것이다.

◢ 정직은
인생 최고의 가치이다.

"Honesty is the best policy(정직이 최상의 방책이다)."

"No legacy is so rich as honesty(정직보다 값진 유산은 없다)."

서양 속담과 셰익스피어의 말이다. 불과는 그의 지난 삶에서 정직이 일거삼득(一擧三得)의 가치가 있음을 직접 여러 번 경험했다.

"나이가 들어갈수록 외모는 가꾸어야 하고, 내면의 마음은 다듬어야 한다."

나이를 먹어가면서 불과의 언행에 기초가 되는 좌우명이다. 불과는 이순(耳順)의 나이 이후 거의 매일아침 기상하면서 자신과 다짐을 한다.

"사람이 나이가 들어서 자신보다 어린 사람에게 자신의 거짓이 탄로 나는 일보다 더 부끄러운 일이 있을까?"

불과가 어느 정신교육에 교안을 작성하는 과정에서 깨우친 생각이다. 사람이 나이를 먹어가면서 부끄럽거나 추한 모습을 보이지 않으려면 거짓이 없고 정직해야 한다는 것이다.

정직하지 못한 관리는 대우는커녕 무시를 당할 수밖에 없다.

불과는 지금도 1988년 10월 미국 유학생활에서 귀국 후 남동 세관(가칭)에서 경험한 일을 또렷이 기억하고 있다. 당시 너무나 부도덕한 동료 및 세관직원들의 처신 때문이다. 당시 불과와 같은 대학에서 박사과정 유학생활을 마치고 귀국한 사람은 대략 10여 명에 이르렀다. 귀국 후 한국 생활에 필요한 물건구입부터 이삿짐 포장 및 배달 업체 섭외 등을 개별적으로 하는 것보다 단체로 하는 것이 비용도 적게 들고 편리하다는 판단 하에 귀국준비를 함께 했다.

불과는 자신의 적극성 때문에 누구보다도 바쁜 사람이었지만 사람들의 추천에 어쩔 수 없이 동료 10여 명의 귀국준비를 주관했다. 귀국 후 한국에서 사용하기 위해 단체로 구입한 물건 중 하나의 사례를 들어보자. 당시 미국에서는 널리 사용되고 있었으나 한국에는 일상화되어 있지 않아 한국의 주부들에게 인기가 높은 주방용품 가스레인지이다. 귀국 후에 한국에서 사용하기 위해 모두가 원해서 단체로 저렴하게 구입했다. 그리고 각자 이삿짐에 부쳤다. 불과는 박사과정에 입과하기 위해 1985년 미국에 갈 적에 한국에서 사용하던 TV까지 가지고 갈 정도로 분수에 맞지 않는 물건에 대해 그렇게 욕심이 없는 사람이다. 그렇다보니 미국에서 귀국할 때도 새것이라고는 단체로 구입한 가스레인지뿐이었다. 나머지는 모두 사용하던 물건 중 한국에 와서 계속 사용해도 될 것들만을 정리해서 짐을 꾸려 이삿짐을 부쳤다.

한국에 귀국해서 보니 한국은 당시 '88 하계올림픽 시즌이었다. 부산에서 서울로 이동 물동량이 많은 탓에 배편에 부친 이삿

어느 노병(老兵)의 꿈

짐을 찾는데 정상보다 두 배정도 기간이 소요되었다. 미국에서 8월 초에 부친 짐을 10월 중순이 넘어서 서울에서 찾았다. 그래서 불과는 올림픽 시즌 동안 TV도 없이 살았다.

불과는 당시 같이 이삿짐을 부치고 귀국한 사람들 중에 그가 제일 마지막으로 이삿짐을 찾은 것으로 기억을 한다. 그가 미국에서 이삿짐 부치는 것을 주관하였기에 대부분의 동료들이 귀국해서 이삿짐을 찾은 후 찾았다고 말해 주었기 때문에 알게 된 것이다. 당시 함께 귀국한 그의 동료들은 박사학위를 취득하고 대부분이 국내 대학교에 교수로 채용이 되어서 귀국하는 경우였다. 그들로부터 통보받은 이야기는 거의 유사했다.

"글쎄, 부산에서 서울로 이삿짐을 운반해 주는 이삿짐 업체에 몇 십만 원의 급행료를 주었더니 부산에 도착하자마자 이삿짐을 바로 서울로 운송해주어 이삿짐을 서울에서 찾았다."

"이삿짐을 남동세관에서 찾을 때 세관원이 이삿짐 중 일부 물건들에 몇 백 만원 세금을 부과하기에 담당 세관원에게 부과한 세금의 반 정도를 현금으로 호주머니에 찔러 넣어주었더니 세금을 면제해주더라."

거의 품목이나 액수만 다를 뿐 유사한 내용들이었다. 불과의 인생관으로서는 도저히 이해가 되지 않는 두 가지 사실에 기가 막혔다.

"최소한 한국의 일류대학을 나와 미국에 유명한 대학에서 박사학위를 취득한 후 그렇게 채용이 어렵다는 대학교에 교수로 영예롭게 취직해서 미래 한국을 책임질 젊은이를 가르친다는 사람들의 수준이 저 정도밖에 되지 않는단 말인가?"

"아직도 한국 사회에 급행료와 공무원들에게 뒷돈이 일상적이란 말인가?"

불과는 자신이 이삿짐 옮기는데 급행료를 주었고, 이삿짐을 찾는데 뒷돈을 주었다면 최소한 부끄러워서라도 남에게 그것을 자랑스럽게 말하지는 못했을 것이다. 최고학부까지 나왔고 대학에 교수로 발탁되었다는 사람들의 당시 정직하지 못한 것은 말할 것도 없고 최소한의 부끄러움도 모르는 행태에 불과는 지금까지도 가슴 아프게 생각한다.

1988.10월 말 어느 날 이삿짐이 남동세관에 도착했으니 짐을 찾아가라는 연락이 왔다. 짐을 찾으러 세관에 갔다. 짐 중에 당시 미국 유학 생활 중 오디오 시스템을 자신이 조립해서 듣다가 가져 온 것이 있었다. 오디오 시스템은 세금부과대상이었다. 그에 대해 세금을 부과할 경우 세금을 내겠다는 생각으로 예상되는 소요비용을 준비해서 갔다.

"미국에서 3년이나 사셨다면서 어떻게 짐이 이 정도밖에 되지 않아요?"

"생활할 수 있는 수준이면 충분하지 정부 유학생으로서 이정도면 훌륭한 것 아닙니까?"

불과의 이삿짐 검사 세관원이 그의 이삿짐을 검사한 후 불과와 나눈 대화의 내용이다. 대화 내용과 같이 상대적으로 불과의 이삿짐은 초라한 수준이었다. 당시 부담해야하는 세금은 컨테이너를 열어서 이삿짐을 검사한 후 검사 결과에 기준해서 부과하게 되어 있었다. 세관원이 부과한 세금을 납부하는 사무실은 이삿짐을 검사하는 장소에서 거리가 떨어져 위치해 있었다. 세관원이 이삿짐을 검사한 후 그 사무실까지 복귀할 때는 이삿짐 컨테이너들 사이에 이상하리만치 꼬불꼬불 형성되어 있는 호젓한 길을 따라가도록 되어 있었다.

불과는 이삿짐이 너무 단출하며 부과할 과세 대상 품목이 없는 것 같다는 세관원의 말을 듣고 검사가 끝난 후 곧바로 통관심사 사무실로 갔다. 불과의 이삿짐을 검사한 세관원은 불과가 도착 후 얼마 되지 않아 도착했다. 예상도 못했던 세금고지서를 불과에게 내밀었다. 불과와 함께 귀국한 동료들과 단체로 구입해서 들여온 가스레인지에도 세금을 부과한 것이었다. 불과가 함께 귀국한 그의 동료들로부터 들은 이야기에 의하면, 가스레인지는 면세의 대상이라고 분명하게 전해 들었는데 말이다. 세관원이 제시한 의외의 세금고지서를 받아보고 불과는 이해를 할 수가 없었다.

"오디오 조립품에 대한 과세는 당연한 것으로서 인정하지만 가스레인지에 과세한 것에 대해서는 인정할 수 없네요."

불과는 납득이 되지 않아 독백처럼 한 마디 중얼거렸다.

"뭐요? 저는 감사원에서 만든 과세기준에 따라 세금을 부과했을 뿐입니다. 부당하다고 생각되면 감사원에 가서 따지세요, 왜 저에게 부당하다고 떠드는 것예요?"

세관원이 공무원답게 예의를 지켜서 과세한 이유를 설명해 주었으면 아마 무난히 넘어갔을 것이다. 불과의 중얼거림에 곧바로 삿대질을 하면서 안하무인의 큰소리로 언성을 높여 불과에게 주의를 주는 듯 떠들어댔다. 큰 실수를 한 것이다.

"왜? 내가 당신에게 검사 후 호젓한 길을 따라 사무실에 오면서 봉투를 주지 않아 열 받아서 비과세 품목까지 과세를 한 것 아냐?"

"뭐라고? 당신, 열심히 일하는 공무원을 그렇게 모욕해도 되는 거야!"

그렇지 않아도 불편한 심기였던 불과가 세관원에게 담대하게 묻는 말에 세관원은 미친 듯이 분을 참지 못하고 길길이 날뛰었다. 사무실에 모든 사람들의 시선이 집중되었다.

"아니, 무엇 때문에 그러십니까?"

"저의 입장에서는 일반 주방용품인 가스레인지에 세금 부과가 부당하다고 생각이 되어서 혼자말로 중얼거린 것을 듣고 저렇게 난리를 피우네요!"

"아니에요, 저는 감사원에서 제정한 규정에 의거 정당하게 세금을 부과했는데 저보고 뒤에서 봉투를 찔러 넣어주지 않아서 세금을 부과했다고 말하잖아요!"

"아, 그래서 그랬구먼! 본연의 임무수행을 위해 열심히 근무하는 공무원을 향해 자신의 맘에 들지 않는다고 함부로 말씀하시면 안 됩니다. 규정에 의거 저희 세관원들이 세금을 부과한 것에 불만이 있다고 이곳 저희들 일터인 세관 집무실에서 소란을 피우시면 공무집행 방해 및 명예훼손으로 고발할 수 있습니다."

사무실에 가장 높은 사람인 듯이 보이는 사람이 언성이 높아지

어느 노병(老兵)의 꿈

고 사람들의 시선이 집중되자 앞으로 나아와서 경위를 물었다. 세관원의 주장과 불과의 말을 다 듣고는 '가재는 게 편'이라고 불과에게 반 협박조로 법원에 고발하겠다고 은근히 겁박했다. 먼저 귀국한 동료들로부터 그동안 세관원들의 행태를 모두 들어서 알고 있던 불과의 입장에서는 세관원 두 사람의 가식적인 태도가 정말 가관이라고 생각되어 더 이상 참지 않고 사실대로 말을 했다.

"위선적 언행 좀 고만하세요! 내가 미국에서 동료 10여 명과 함께 짐을 부치고 귀국했거든요. 그런데 모두가 급행료를 주니 부산에서 곧바로 짐도 이 세관으로 운송해주더라고 하더이다. 그에 더해 그들의 이삿짐에 당신 세관원들이 수백만 원을 부과하기에 수십만 원을 아까 올라온 꼬불꼬불한 길을 따라 올라오면서 뒤 호주머니에 넣어주니 1/10 이하 금액으로 탕감해 주었다는 사실을 내가 모두 알고 있는데 감사원이 어떻고 공무원 명예가 어떻고 떠들어 대는데 어디 한번 해 볼까요?"

"나의 동료들 말로는 미국에서 귀국하기 전에 단체로 구입한 가스레인지에 대해 세금을 부과해서 세금을 납부했다는 사람은 한 사람도 없는 것을 그들이 나에게 말해주어 내가 다 알고 있는데 뭐, 감사원 규정이 어째? 나 그 규정 좀 보여주쇼? 그리고 봉투 받았다는 사람들 명단 여기서 공개할까?"

"그리고 내가 한마디만 더 합시다. 옆 사무실에 있는 당신들 상관 박부장(가칭)이 내 고등학교 동기요. 친구에게 누를 끼치고 싶지 않아 연락도 하지 않고 왔는데 내가 가서 대 놓고 항의 한

번 해볼까? 당신들 정말 더러운 사람들이라고~~"

언성이 높아져서 분위기가 어수선하니 무슨 일이 벌어졌는가 하고 주위에 사람들이 모두 몰려들었다. 당시 물건을 찾으려고 세관에 가게 되면 세관원들과 물건 찾는 사람사이에 '갑과 을의 관계'가 명확하게 형성된 관계를 느낄 수 있었다. 조금이라도 세관원들에게 불경하게 보이면 세금 폭탄을 맞지 않을까 주눅이 들어 있는 물건을 찾는 사람들과, 마치 자신들이 무슨 큰 권세라도 잡은 듯 거들먹거리는 세관원들 모습이 그것이다. 물건을 찾으려고 왔다가 기가 죽어 있던 사람들은 불과의 호통소리에 속으로 환호하는 모습이었다.

불과의 거침없는 호통소리에 전세가 완전히 역전되었다. 그렇게 뒤가 쿠리면서도 약자라고 생각되면 큰소리나 치는 공무원들은 강자에게는 약하다 못해 비굴하기까지 하다. 불과의 이야기를 듣고 사태를 파악해 보니 너무 심각한 상황까지 온 것이다. 언제 그랬느냐는 듯이 불과에게 절절매는 그들의 모습은 정말 구역질이 날 정도였다. 더구나 그동안 이 사무실에 세관원들이 얼마씩 받아먹은 내역을 모두 알고 있다고 하니 사색이 되지 않을 수 없었다. 그것도 대놓고 밝히겠다고 하니 두렵지 않을 수 없었을 것이다.

"아이고, 저희들이 잘못했습니다. 그런 줄도 모르고 죄송합니다. 박부장님 친구라면서요. 친구 도와주신다고 생각하시고 없었던 일로 해주시지요? 그런데 세금 고지서는 한번 발급되면 고지서에 번호가 찍혀 있어 삭제나 수정이 불가하답니다. 저희들도 어쩔 수 없는 일인 만큼 현장에서 열심히 일하는 공무원에게 수고비 주었다고 생각하시고 과세한 금액은 제발 지불해 주셨으면 합니다."

"당신들이 과세를 하는 행위는 당신들의 임무야! 그래서 국민의 세금으로 급여를 주는데 왜 당연한 업무를 수행한 것에 대해 별도의 수고비를 주어야 하지? 당신 같은 썩은 관리들에게 내 이득을 좀 보자고 뒤 호주머니에 주는 대신 그 돈을 국가에 세금으로 내니 다행이다. 그러니 사람들이 당신 같은 세관원들을 세리라고 무시하는 것입니다. 알았어요!!"

불과는 모여든 사람들 앞에서 통렬하게 세관원들을 비판하면서 통관절차를 마치고 귀가했다. 불과 자신은 좀 속이 후련한 면도 있었지만 씁쓸한 여운이 남기도 했다. 자신의 일터에서 나름대로 긍지를 가지고 열심히 일을 하면서 칭찬을 듣지 못할망정 대중 앞에서 그렇게 모욕적인 말을 들으면서도 한마디 항의조차 못하는 세무 공무원들의 모습에서 연민의 정을 느꼈기 때문이다.

썩은 공무원도 인생에 도움이 될 때가 있다. 냄새가 풀풀 나는 썩은 교육 공무원 덕분에 불과는 일거삼득의 이득을 보기도 했다. 박사과정 유학을 끝내고 귀국해서 불과는 당시 대방동에 위치한 공군본부에서 근무를 하게 되었다. 그것은 예상 밖의 일이었다. 그래서 급히 비어 있는 집을 구하다가 보니 여의도 63빌딩 앞에 위치한 시범아파트에 전세를 살게 되었다. 당시 그의 두 딸 중 큰 아이는 한국의 중학교 1학년에, 둘째 아이는 초등학교 5학년에 미국으로부터 전학을 하는 절차를 밟았다.

전혀 문제가 되지 않는 것을 가지고 서울 남서교육청(가칭)에 장학사라는 사람이 문제를 만들었다. 둘째 아이는 여의도 초등학교 5학년에 전학하는데 문제를 삼지 않았다. 큰 아이를 가지고 문제 삼았다.

"학부모님, 큰 애를 여의도 중학교에 전학시키기 원하시면 '고등학교 입학시 시험을 보고 입학시키겠다.'는 각서를 써주십시오?"

"네? 장학사님, 저의 경우는 국비 유학생으로서 3년 해외 유학을 갔다 왔기 때문에 저의 아이들은 국내학교로 전학 후 다음 상위학교로 진학할 때는 당연히 입학시험을 면제받도록 규정에 명시되어 있지 않나요?"

"네, 맞습니다. 그렇지만 요즈음 들어 학부형으로 있는 공무원이나 대학교수들이 공부 못하는 자식을 무시험으로 좋은 학교에 보내기 위해 해외 유학을 나가는 경우가 많아서 그러한 행태를 방지하기 위해 불가피한 조치입니다. 그 조치에 일환으로써 고등학교에 진학시 반드시 입학시험을 보겠다는 각서를 써 주셔야 여의도에 위치한 중학교에 전학을 시켜줄 수 있다는 것입니다."

"저의 경우는 1년도 아니고 3년이나 해외유학을 한 경우로서 정책의 취지대로 적용하는 것이 맞지 않을까요?"

"네, 충분히 억울하다는 것을 이해합니다. 저도 어쩔 수 없습니다. 저희들의 업무방침입니다. 각서를 못 써주시겠다면 아이를 여의도에서 떨어진 영등포에 위치한 중학교로 보낼 수밖에요!"

정말 말도 되지 않는 명분으로 자신만이 애국자의 사고를 가진 양 가식을 떨어댔다. 불과의 경우는 그러한 경우에 해당하지 않

어느 노병(老兵)의 꿈

지만 그럴 수밖에 없는 것이 현실이라고 말했다. 자신들의 어쩔 수 없는 업무수행 방침을 이해해달라고까지 말했다. 정말 궁색한 변명뿐이었다. 여의도에 살면서 멀리 떨어진 낯선 영등포 지역에 위치한 중학교에 자식을 전학시킬 부모가 어디에 있겠는가? 어쩔 수 없이 울며 겨자 먹기로 각서를 써 주고 여의도에 위치한 중학교에 큰 아이를 전학시켰다. 큰 아이에게도 사실을 말해주었다. 공부를 열심히 하여 고등학교는 입학시험을 보고 진학할 것도 주문했다.

이후 그의 큰 아이는 입학시험보고 진학하려고 열심히 공부했다. 불과의 큰 아이는 불과가 석사과정 해외유학 동안에는 미국에서 초등학교 1, 2학년 과정을 마치고 귀국했다. 한국의 초등학교 3학년에 전학해서는 6개월 만에 한국에서 정상적으로 성장한 초등학교 동료들을 따라잡을 수 있었다. 그랬던 아이가 아버지가 다시 박사과정 미국유학을 가게 되어 1년 4개월 한국에서 생활 후 다시 미국 초등학교 5학년에 전학하게 되었다. 미국에서 7학년을 마치고 귀국해서 한국에 중학교 1학년에 전학해서는 한국에 동료 학생들의 수준을 따라 잡는데 큰 어려움을 겪게 되었다. 부모의 입장에서 불과는 큰 아이가 공부에 취미를 잃을까 두려울 정도였다.

당시 불과는 해외유학에서 귀국 1년 후 공군본부가 계룡대로 내려가면서 여의도에 가족을 그대로 남겨 놓은 채 계룡대로 내려가 독신자 숙소생활을 할 때였다. 주말에 상경해서 집에 올 때마다 항상 시험 준비 공부에 고전을 하고 있는 큰 아이에 대한 아내의 이야기를 들으면서 도와줄 수 없는 상황에 대해 몹시 안타까워하던 시기이기도 했다. 2년이 어느새 지나갔다. 큰 아이가 중학교 3학년이 되어 고교 입학시험을 3개월 정도 앞두고 있던 어느 화요일 오후 아내로부터 전화를 받았다.

"여보, 서울 남서교육청에 장학사라는 분한테서 전화가 왔었어요. 말투가 아마 2년 전에 각서를 쓰라고 종용했던 그 사람 같아요. 우리 큰 아이는 원래 고교 진학을 위한 입학시험을 치를 대상이 아닌데 학부형인 당신이 2년 전 미국 학교로부터 전학시험을 보고 입학을 시키겠다고 각서를 써 놓았기 때문에 시험을 봐야 한대요. 그런데 장학사인 자신이 각서를 없앨 수도 있는데 한번 당신이 찾아오면 만날 수 있다고 제안을 하네요. 어떡하지요?"

2년 전 큰 아이 전학과정에서 불과에게 각서를 강요(?)한 서울시 남서교육청에 장학사로부터 전화가 왔었다고 하면서 그의 제안을 말했다. 불과는 지금도 명확하게 기억한다. 아내로부터 화요일 저녁에 전화를 받고 토요일 가족을 보기 위해 상경할 때까지 정말 많은 생각을 했다. 정학사라는 사람이 자신을 만나자고 한 것은 각서를 없애줄 테니 돈 봉투를 가지고 오라는 명약관화한 암시였다. 불과 자신의 문제라면 단호히 결정했을 쉬운 문제였다. 자신이 아닌 자식의 문제라서 정말 많은 생각을 하게 된 것이다. 그가 당시까지 살아온 인생관으로서는 절대 그럴 수 없는 것이었다.

"만약에 큰 아이가 입학시험에서 좋은 성적을 얻지 못해 고교에 진학을 못하게 된다면 자신의 청렴결백만 중요시하고 딸의 진학은 몰라라 했다고 아버지를 원망하지 않을까? 그럴 경우 그 것을 수용할 수 있을까?"

"아버지의 인생관이 자식의 앞길을 막는다면 그것이 옳은 것 인가? 그렇다고 돈 봉투를 들고 공무원을 찾아가야 한단 말인 가? 돈 봉투를 준다면 얼마를 넣어 주어야 하지?"

화요일 저녁부터 토요일 상경할 때까지 대략 4일 동안 정말 많은 생각을 했다. 그리고 토요일 상경하는 열차 안에서 결심을 했다. 귀가해서 저녁식사 후 가족회의를 했다.

"혜연(가명)아 미안하다. 원칙만 고집하는 이 아빠가 원망스럽 다면 받아드리겠다. 그렇다고 아빠는 옳지 않은 것을 알면서 그 런 썩어 문드러진 교육 공무원에게 돈 봉투를 주면서 너의 고교 입학시험 면제를 구걸할 수는 없다. 어렵고 힘들더라도 최선을 다해서 시험을 보고 진학하도록 노력해 보아라!"

"………, 그래 열심히 공부하는 수밖에 없지 뭐?"

큰 아이에게는 정말 미안한 마음이 앞섰지만 단호하게 결정을 내렸다. 그 후 아내에게 전해들은 말이다. 입학시험 날짜가 다가 와 큰 아이가 자신이 다니던 중학교에서 고교 입학시험을 신청 했다. 그것을 알게 된 큰 아이의 담임선생님이 의아하게 생각하 고 큰 아이에게 물었다.

"너는 법적으로 시험면제대상인데 그것을 몰라서 시험을 지원 했니?"

"미국 학교로부터 제가 전학할 때 남서교육청 담당 장학사가 고교 진학할 때 제가 입학시험을 보겠다는 각서를 써 주어야 이 학교로 전학시켜 주겠다고 요구를 해서 아빠가 어쩔 수 없이 각서를 써 주셔서 입학시험을 지원할 수밖에 없었어요."

"아니, 어떻게 그런 말도 안 되는 소리가 있니? 밑져야 본전인데 내가 입학시험 면제신청을 교육청에 해줄게, 신청을 해놓고 어떻게 처리하나 기다려보자."

그렇게 해서 큰 아이 담임선생님이 불과 대신 큰 아이 고교 진학을 위한 입학시험 면제 신청을 서울 남서교육청에 하게 되었다고 했다.

"아, 여보세요, 혜연이네 집이지요? 혜연이의 고교 입학시험 면제관련 상의하러 교육청에 오시지 않으실 거예요?"

"장학사님, 관심 가져주셔서 감사합니다. 저의 큰 아이는 2년 전 미국에서 전학할 때 장학사님 요구로 각서에 써드린 대로 고교 진학을 위한 입학시험을 치르기로 했으니 앞으로 연락하실 필요 없으십니다."

"아, … 도와드렸으면 했는데…, 그렇게 결정하셨군요."

문제 해결을 위해 만나자고 전화를 하면 당연히 봉투를 들고 달려올 것이라고 기대를 했던 모양이다. 그 더러운 장학사는 불과가 달려오기는커녕 아무런 연락조차 없자 집에 다시 뻔뻔스럽게 전화를 해서 불과의 아내가 답변을 한 내용이다.

그런데 고교 진학시험 하루 전날 발생한 일이다.

"혜연아, 너는 고교진학을 위한 입학시험을 치르지 않아도 된다는 진학시험 면제허가가 교육청으로부터 내려왔다. 그러니 시험을 치르지 않아도 된다. 축하한다!"

"고맙습니다. 선생님! 이 모두가 선생님 덕분이에요. 정말 진심으로 감사드립니다."

큰 아이가 담임선생님과 나눈 대화이다. 그렇게 하여 불과의 큰 아이는 고교 입학시험을 면제 받아 고등학교에 진학하게 되었다. 불과는 생각했다.

"썩은 공무원이 때로는 인생에 큰 도움이 될 때도 있구나!"

큰 아이에게 시험을 보라고 했던 불과의 고뇌에 찬 결정은 일거삼득의 이득을 보게 된 것이다. 첫 번째는 커가는 아이들에게 불의와 타협하지 않는 부모의 올바른 삶에 모습을 교훈으로 보여주었다는 것이며, 두 번째는 큰 아이에게 동료들과 같이 진학을 위해 열심히 공부하도록 유도했다는 것이고, 세 번째는 올바르게 살아온 불과 자신의 인생관을 지켰다는 것이 그것이다. 한 가지 이득을 더 보탠다면 그 썩어 문드러진 교육공무원에게 이 세상에는 아직도 올바르게 살아가는 사람도 있다는 것을 보여주었다는 것도 있다. 정말 어려운 결정을 내리는 과정이었지만 자식들에게 부모로서 올바름을 실천으로 보여준 좋은 기회였다고 불과는 지금도 생각한다.

인생에 정직한 삶만큼 고귀한 가치는 없다. 37년 이상을 군에 있다가 전역을 하고 사회에 나와 10여 년 이상을 살아온 불과는 군에 있을 때는 몰랐던 사실에 감사를 하고 있다. 불과가 오랜 기간 몸담고 살았던 군 사회는 그래도 '콩 심으면 콩 나고 팥 심으면 팥 나는 세상이었다.'는 사실이다. 현역시절 불과는 사회에서 파렴치하고 부패한 사람들과 엮이게 될 때마다 군 사회에서 경험하게 되는 것과 같이 극히 일부의 사람이 그렇다고 가볍게 넘어갔었다.

그런데 전역 후 불과가 거주하는 아파트 재건축추진위원회에 추진위원으로 재건축 논의의 중앙에서 사람들의 악하고 파렴치한 행태를 경험하면서 큰 의문을 갖게 되었다.

"사람으로서 진정 올바르게 산다는 것이 무엇인가?"

당시 불과가 살던 아파트의 규모가 워낙 크다보니 재건축 문제가 제기되면서 처음부터 주도권 다툼이 있었다고 한다. 불과는 전혀 몰랐던 사실이다. '부정이 많다는데 뒤에서 맘에 들지 않는다고 불평하는 것보다는 직접 참여해서 올바른 견해를 반영하겠다.'는 생각에 그가 살던 동에 '재건축 추진위원'으로 신청을 했다. 2명 선발에 2명 신청자 밖에 없어서 무투표로 추진위원으로 선발이 되었다. 그런데 사업 경험이 없는 당시 핵심 주도세력이 제사보다는 제삿밥에 마음을 두고 부정적 접근을 하다가 문제가 제기되면서 재건축 추진위원회의 활동이 처음 시작단계부터 위축되게 되었다. 재건축 추진위원회가 위촉 된지 4~5년이 지나도록 4개의 조직들이 재건축을 자신들이 주도적으로 하겠다고 이합집산(離合集散)하는 모습을 보였다.

불과는 초대형 국방획득사업을 잡음 없이 수행한 경험이 있는 사람이다. 그렇다 보니 사업을 도와달라는 사람과 몇 마디 이야기를 나누다 보면 그 사람의 의도를 읽을 수 있는 수준이다. 남의 재산 소중함은 전혀 안중에도 없고 자신의 이해추구에 혈안이 되어 파렴치하고 탈법적인 행위까지도 마다하지 않는 군상들, 그것을 당연시하며 동조하고 나아가 부추기기까지 하는 주위에서 부화뇌동하는 사람들을 보면서 인간의 악한 면만을 보는 것 같아 기분이 늘 좋지 않았다.

그런데 아이러니하게도 네 조직 모두 불과보고 자신들의 추진을 지지해달라고 러브콜을 하는 것이었다. 지난 4~5년 추진위원으로 재직하는 동안 추진위원회 핵심 주도세력의 부당한 추진 의도를 올바름만을 무기로 전면에서 몸으로 저지해왔었다. 그러한 모습 때문에 그렇게 지지를 해달라고 하는가하고 정말 착잡한 기분이었다. 그 사람들은 대형 사업일수록 가능한 많은 관련 요원들의 성원과 지지 속에 분명한 명분과 정직한 의도를 가지고 추진할 때 성공할 수 있다는 것을 모른다. 그들에게는 자신의 이해에만 관심이 있을 뿐 그러한 사실을 아예 알려고도, 이해하려고도 하지 않는다. 그러한 모습들이 불과를 힘들게 했다.

불과는 지난 육십 평생을 진리(眞理)를 모른다하고 부정할 정도로 부(富)하게도 살아오지 않았다. 배가 고파 나쁜 짓 할정도로 가난하게도 살아오지 않았다. 그것을 다행스럽게 생각한다. 그래서 자신의 부모님과 조국에 감사하는 마음이다. 불과의 인생 전반전에 가졌던 꿈들은 모두 자신의 의지와 열정을 가지고 노력한 결과 이루었다고 생각한다. 인생 후반전을 맞이하면서 전역신고에서 말했듯이, 이제는 가능하다면 어느 정도 부(富)를 축적해서 사회에 기여하기 위한 후반전의 꿈을 이루기 위해 의지와 열정을 가지고 도전 중에 있다.

인생 전반전에서 불과는 부(富)의 축적에 대한, 부자가 되겠다는 꿈을 품고 살지 않았다. 그래서였는지 주위 사람들과 비교해 부(富)와 관련해서는 영 재수가 없는 편이었다. 예를 들면, 어렵사리 봉급을 아껴 모은 돈으로 아파트를 사놓고 2년 반 해외유학을 다녀왔더니 아파트 가격은 그대로인데 그동안 단독주택 값은 몇 배 상승한 상태였다. 이를 교훈삼아 두 번째 해외유학 갈 때는 아파트를 팔아 단독주택을 사놓고 3년 후 돌아왔더니 단독주택 값은 답보 상태인데 반해 아파트 값은 천정부지로 올라가고 있는 상황이었다. 아파트가 더 오르기 전에 전역 후를 대비해 아파트를 마련해야 한다는 시급한 마음에 유학 전 사놓았던 단독주택을 매매하고 나니 그제서야 단독주택 값은 천정부지로 상승하기 시작해서 몇 달 사이에 엄청난 손해를 보았다. 더욱이 싸게 판 단독주택 판매비용으로는 오를 대로 오른 아파트 값을 감당하지 못해 아파트 구매를 포기할 수밖에 없었다. 설상가상으로 구입당시는 3년이었던 양도소득세 면제기간이 그동안 5년으로 늘어나면서 매매한 주택에 양도소득세까지 부담해야 했다.

"여보, 나는 내가 어려서 가졌던 간절했던 소망, 또한 사관학교를 졸업하면서 품었던 국가에 크게 기여하겠다는 꿈을 모두 이루었다고 생각해요. 그것에 더해 특별한 노력 없이 부(富)까지 횡재를 한다면 내가 엄청 교만해지겠지? 아마 우리를 사랑하시는 절대자가 어쩌면 우리에게 더욱 겸손해야 한다는 의미로 부자가 될 기회를 주지 않으시는 것 같으니 오히려 감사한 마음을 가집시다."

당시 불과가 대통령 전용헬기 사고조사차 프랑스에 있는 동안 아내가 매매 처분한 단독주택 가격이 곧바로 수직 상승하면서 속상해하는 아내를 위로한 말로 기억이 된다. 박사과정 미국 유학길에 오르면서 불과의 현실적인 간절한 희망은 미국의 유명한 대학교에 가서 국가에서 주어진 기간 내에 연장 없이 박사학위를 취득해오는 것이었다. 군인으로서의 꿈은 군에 크게 기여를 하는 것이었다. 불과는 위에서 소개한 대로 하루도 빠지거나 더 하지 않는 3년이라는 주어진 기간에 박사학위를 취득하고 귀국하였다. 또한, 대통령 전용헬기 추락 사고에 대해 한불합동사고 조사위원들 모두 공군 정비사의 정비 불량이 사고원인이라고 주장하는 가운데 사고조사 참관인 신분으로 자신이 미국유학 중 성취한 학문적 능력을 발휘해서 누구의 도움도 없이 헬기에 장착한 HF안테나의 설계 잘못이 사고원인 임을 이론적으로 도출하고 헬기 제작회사까지 방문하여 자신의 이론적 주장에 대해 실험을 거쳐 증명함으로써 당시 1,000만 불짜리 헬기 1대를 보상 받도록 하였다. 그렇게 한국 공군, 더 나아가 대한민국의 위상을 드높이는 큰 기여를 한 시기였기 때문이다.

불과는 1980년대에 석사과정 2년 6개월, 박사과정 3년 등 2회에 걸쳐 가족을 대동하고 미국유학을 다녀왔다. 그 과정에서 위에서 몇 마디 언급한 대로 다른 사람들은 유학가기 전 사놓은 단독주택이나 아파트 가격이 유학 기간 중 상승하여 투자한 덕을 보았다고 했지만 불과는 전혀 그렇지를 못했다. 그럼에도 그 과정에서 정직이 얼마나 값진 것임을 경험하게 되었다. 그래서 아래에 그 일화를 소개한다.

불과의 바보스러울 정도에 정직함이 주위에 많은 사람들에게 좋은 삶에 모습을 보인 역시 일거삼득의 결과를 거둔 이야기이다. 불과는 미국 해대원을 수료하고 귀국해 보니 출국 전 서울 주변도시에 사 놓았던 아파트 값이 사놓을 때보다 10% 정도 오른 반면 택지 가격의 상승으로 단독주택 값은 100%이상 오른 상황이었다. 그것을 거울삼아 다음해 다시 박사과정에 유학 갈 때는 아파트를 팔고 주변 도시 중앙에 대지 60평이나 되는 단독주택을 구입해 놓고 출발했다.

당시는 양도소득세 면제기간이 매수 후 3년 이상이었다. 박사과정을 마치고 귀국해서 보니 '88년도가 서울 올림픽을 개최한 해라서 그런지 서울에 아파트 가격이 천정부지로 상승하고 있는 중이었다. 반면에 택지를 포함하는 경기권역에 단독주택 가격은 전혀 올라갈 기미가 보이지 않았다. 불과에게는 전역 후를 대비한 아파트 장만 기회를 놓치는 것 같은 느낌이 들었다. 부랴부랴 대지 60평의 소유주택을 매물로 부동산에 내놓았다. 그때가 '88년 10월이다.

그 다음해 불과가 프랑스에 사고원인 규명을 위해 출국하기 전까지 아파트 값은 두 배 이상 급등했다. 반면에 단독주택 가격은 답보상태이면서 매수하겠다는 사람도 거의 나타나지 않았다. 불과는 프랑스 헬기 제작회사로 사고원인 규명을 위해 떠나면서 공항에서 출국 전 아내에게 말했다.

"여보, 집을 사겠다고 하는 사람이 있으면 가격을 따지지 말고 무조건 파세요!!"

대통령 전용헬기 사고가 불과가 주장한 대로 제작회사의 HF 안테나 설계 잘못으로 판명되어 의기양양하게 귀국하면서도 마음 한구석에는 '헐값에 소유주택을 처분했으면 어떡하지!' 하는 우려가 잔재해 있었다. 귀국 후 김포공항에 마중 나온 아내와 귀가하는 택시 안에서 마지못해 물어보았다.

"여보, 집 어떻게 처분했어요?"

"당신이 말한 대로 사겠다는 사람이 있어서 그가 요구하는 대로 평당 구십 몇 만원에 매매 계약을 했어요!"

"……, ~~ 잘 했어요! 그동안 사겠다는 사람도 나타나지 않아 속상했는데 다행이네요."

우려했던 상황이 발생한 뒤였다. 아무리 못해도 평당 120만 원을 받을 것으로 예상했었는데 평당 100만 원도 안 되는 금액에 매매계약을 했다는 것이다. 불과가 귀국하면서 우려했던 대로 일이 벌어진 후였다. 하지만 지난 6개월 이상 팔리지 않는다고 편치 않았던 마음을 생각해서 잘된 일이라고 아내와 자신을 위로했다.

며칠이 지나 예상치 못한 일이 발생했다. 양도소득세를 내야한다는 것이었다. 그 주택을 구매할 1985년에는 양도소득세 면제기간인 매수 후 3년 이상이었기 때문에 3년이 지나서 매도했기 때문에 양도소득세를 부담하지 않아도 되는 줄 알았었다. 그런데 그동안 양도소득세 면제기간을 위한 미거주 기간이 3년 이상에서 5년 이상으로 법이 바뀌었기 때문에 양도소득세를 내야 한다는 것이었다. 정말 정부의 정책이 야속하다는 생각이 들었다.

미국에 3년을 기한으로 유학가기 전에는 미거주 기간이 3년 이상이면 양도소득세를 부담하지 않아도 된다고 하여 주민등록을 거주하지도 않던 군 관사에 그대로 둔 채로 출국했기 때문이다. 당시에 면제기간이 미거주 5년 이상이었다면 불과의 주민등록을 소유주택에 옮겨 놓았을 것이고, 그랬더라면 양도소득세를 내지 않아도 되었을 것이다. 그러한 사실이 주위사람들에게 알려지면서 불과가 다니는 교회에 성도들에게도 알려지게 되었다.

"불과중령, 그거 별거 아니야. 내가 도와줄게요."

부동산을 하시는 몇몇 분들이 도와주시겠다고 나섰다. 친분이 있는 공인중개사 한 분의 권유로 담당공무원에게 확실한 조언을 듣기 위해 관할 세무서에 가서 면담을 신청했다. 담당 세무공무원을 만나 당시 상황을 설명했다. 특히 미거주자의 양도소득세 면제기간이 '85년에 3년이었던 것을 소유주들의 상황을 전혀 고려하지 않고 단서조항 하나 없이 5년으로 연장한 정부정책에 의한 선의에 피해자라는 점을 강조했다.

"아, 그래요? 우리 같은 봉급쟁이들이 내 집 마련하기가 얼마나 힘든 것을 제가 잘 압니다. 근무지인 공군본부가 몇 달 후면 계룡대로 이전할 계획이라면서요? 부대 이전에 의해 어쩔 수 없이 사는 집을 매매할 수밖에 없는 이유라면 양도소득세 면제가 가능하답니다. 그러니 당장 매매한 주택에 선생님의 주민등록을 일주일만 옮겨놓은 후 매매를 한 것으로 서류를 작성하시면 양도소득세 면제가 가능한 상황입니다. 그렇게 하시면 면제를 받으실 수 있겠네요!"

"아 그러한 방법이 있었군요. 고맙습니다. 그렇게 하도록 하겠습니다."

불과가 만난 세무공무원은 현실적인 문제 해결안을 추천해 주었다. 어쩌면 당시 영관급 군인인 불과가 국가공무원인 자신과 박봉의 봉급생활자라는 동질성에 연민의 정을 느끼고 그러한 조언을 해주었지 않나 생각이 든다. 그의 말의 요지는 '양도소득세 면제 대상은 안 되지만, 국가공무원의 신분으로 근무지가 타 지역으로 이전하기 때문에 살고 있는 집을 처분할 수밖에 없는 상황이라면 양도소득세를 내지 않아도 된다.'는 것이었다. 논리상으로는 맞는 말이다. 그렇지만 세금을 내지 않기 위해 사실까지 조작하는 변칙적인 방법이라는 점에서 그동안 불의와 타협을 모르고 살아온 불과의 양심이 마음 저변에서 저항하고 있는 것을 느낄 수 있었다.

판매금액의 거의 1/5에 해당하는 1,200여만 원의 양도소득세를 면제 받기 위한 조치를 취하는 데는 매매를 계약한 주택에 그동안 살아온 세입자들의 협조가 필요했다. 불과는 국가에 세금을 내지 않기 위한 변칙적인 방법에 강하게 저항을 하는 양심에 가책을 느껴가면서 매매 주택에 세입자 세 가족을 만났다.

"제가 복이 있는 사람입니다. 저의 집에서 사셨으니 나가실 때는 반드시 자기 집을 마련하셔서 나가실 수 있을 것입니다. 꼭, 그렇게 되시길 빕니다."

집을 구매하고 세입자들과 전세계약 시에 불과가 한 말이다.

그 후 불과는 4년 가까이 전세금 한 푼 인상하지 않았다. 미국에 3년 유학기간 동안에도 집수리가 필요하다고 할 때마다 세 번이나 대리인을 보내서 집수리도 해주었다. 그렇게 불과는 세입자들과도 아주 가깝게 느껴온 사이였다.

"안녕하세요? 여러분들의 도움이 좀 필요해서 왔어요. 여러분들 어떻게 이사나가실 집은 구하셨어요?"

"네, 우리 세집 모두 4월 15일(가칭)부로 이 집이 매매되었다고 해서 그전에 집을 비워줄 수 있도록 이사를 할 집 주인과 계약을 해놓은 상태입니다. 새 주인이 들어오기 전에 비워줄 수 있습니다."

불과가 좀 어색하게 세입자들을 만나서 나눈 이야기이다. 세입자들은 불과로부터 주택을 구매하기로 계약한 사람이 기한을 정해놓고 집을 비워달라고 해서 모두 이사할 집을 구하고 계약까지 해 놓은 상태라고 했다. 그 말을 듣고 불과는 참으로 망설여졌다. 불과의 입장에서는 불과의 주민등록이 그 집 주소로 있을 일주일 동안만큼은 모든 계약들이 서류상으로라도 늦추어야 하는 상황이었다. 정말 어렵사리 대화를 통해 불과가 세입자들의 이사 지연에 따른 소요비용을 부담하는 조건으로 그 주택을 구매한 사람이나 살고 있던 세입자 모두 계약일을 일주일 정도 늦추는 서류정리는 해줄 수 있다는 약속을 듣고 귀가했다.

그날 저녁은 불과에게 자신과 싸우느라 거의 잠을 설친 기나긴 하루 밤이었다. 납부해야 하는 1,200여만 원은 당시 불과의 봉급으로는 가족이 생활하면서 1년 동안 저축을 해도 모을 수 없는 큰돈이었다. 사전에 예고도 없이 양도소득세 면제기간이 3년에서 5년 이상으로 정책을 바꾼 정부에 대해 야속한 마음도 들었다. 유학가기 전 자신의 주민등록을 소유주택에 옮겨 놓고 가기만 했어도 양도소득세 징수 대상에서 면제가 될 수 있었기에 아쉬운 마음도 컸다.

"아무리 큰 목돈이라고 해도 국민으로서 당연히 부담해야 하는 세금을 면제받기 위해 허위로 주민등록을 옮겨 놓는 것은 옳지 않은 행위 아닌가? ……… 맞아!"

"국방을 책임지고 있다는 군의 중견간부로서 아무나 갈 수 없는 미국에 국비 장학생으로 박사과정 유학까지 다녀온 사람이 아닌가? 우리는 그동안 우리에게 대하는 태도를 보고 다르다고 생각해왔는데 자신의 이해 앞에서는 전혀 그렇지를 않구먼! 믿을만한 사람이 못돼."

"………!"

"우리가 당신 집에 그동안 세 들어 살았다고 자신의 몇 푼 안 되는 이익을 챙기기 위해 우리를 이렇게 깔보고 이사계획까지 자기에게 편하도록 연기하도록 해도 되는 거야?"

"………!, 내가 저 사람들의 위치라면 나라는 사람으로부터 무엇을 느꼈을까?"

불과의 내면에 많은 상념들이 양심과 어우러져 야단법석을 떨었다. 무엇보다도 매매 주택에 살아온 세입자들이 받게 될 마음에 상처가 가장 우려되었다. 그동안 4년 가까이 친절하게 전세금 인상 한번 없이 낡은 집수리를 요구하는 대로 해준 것이 고마워서 기꺼이 불과의 부탁을 들어준다고 했기 때문에 더

정직은 인생 최고의 가치이다.

욱 그랬다.

"대한민국에 소시민으로 풍족하지는 않지만 그래도 하루하루를 열심히 살아가는 세입자들은 나의 처신을 보고 당연히 평생 치유가 되지 않을 마음에 상처를 받게 되겠지? 나는 나의 이익을 챙기고자 열심히 살아가는 소시민들에게 마음의 상처를 줄 수는 없다."

그렇게 생각을 하니 정신이 번쩍 들었다. 자신의 저변에 양심이 자신의 이익을 추구하려는 마음을 극복한 순간이었다.

"여보~, 당신에게 미안한 말을 좀 해야겠네."

" …… 무엇인데요? 망설이지 말고 말해 봐요?"

"우리가 일 년 동안 저축하면 얼마나 모을 수 있을까? 오백만 원? 아님, 천만 원? 아마 7~8백은 모을 수 있겠지? 그런데 이번에 주택을 판매한 양도소득세가 1,200여만 원이니 우리에게는 큰 돈이지?"

"그런데, 왜 그렇게 뜸을 드려요?"

"아무리 큰돈이라고 해도 국민으로서 당연히 부담해야 할 세금이니 납부하려고 하는데 어떻게 생각해? 사람들은 나보고 세금을 면제받기 위해 살지도 않았으면서 살고 있는 것처럼 주민등록을 옮겨놓으라고 하는데, 그것은 정부를 상대로 젊은 청년 장교가 사기를 치는 것 아냐?"

"………?"

"앞길이 구만리 같은 군에 중견간부가 절대로 해서는 안 되는 짓이라고 생각이 되고, 무엇보다도 세입자들이 나로 인해 마음에 상처를 받을까 두렵기도 하고 해서 주민등록을 옮겨 놓는 대신 양도소득세를 내려고 하는데 어떻게 생각해?"

"………, 그렇게 생각하면 그렇게 하세요!"

다음날 아침 일찍 아내에게 미안한 마음으로 자신의 생각을 물어보았다. 군인과 결혼해서 20년 가까이 살아온 불과의 아내도 거의 반은 군인적 사고를 갖게 되다보니 아쉽지만 불과의 생각에 동의를 해주었다.

그래서 10%정도 면제해주는 세금 자진납부기간 마지막 날 오후 2시경에 지난번 조언을 구했던 관할 세무서 담당공무원을 찾아가서 양도소득세를 내겠다고 했다.

"지난번 조언을 해주셔서 고마웠어요. 그런데 저 같은 청년장교가 국가를 상대로 사기를 쳐서는 안 되겠지요? 아무리 생각해도 살지도 않았으면서 주민등록증을 옮겨 놓는 것은 제가 저의 이익에 눈이 멀어 국가를 상대로 사기를 치는 것 같아서 양심이 허락을 하지 않네요! 무엇보다도 저는 집주인의 입장에서 세입자들에게 마음의 상처를 줄까 두려워서 주민등록 옮겨 놓는 것을 포기했습니다. 그래서 양도소득세를 납부하려고 왔습니다."

"아~~~, 그래요? ……조금만 기다려 주세요. 제가 오늘 처리할 사무를 먼저 정리하고 처리해드릴게요."

불과는 담당 세무공무원에게 고민했던 사항들에 대해 자초지종을 말하고 부과된 양도소득세를 납부하겠다고 말을 했다. 세무공무원은 다소 의외라는 듯 쳐다 보더니 자신이 당일 처리해야할 업무들을 처리하는 동안 기다리라고 했다. 아마 2시간 이상 기다린 것 같다. 오후 다섯 시쯤 되어서야 세무공무원이 불과를 불렀다. 그리고 세금 고지서를 주면서 말했다.

"오늘이 세금 10% 할인이 가능한 자진 납부시한 최종일이에요. 내가 우체국에 연락을 해 놓았으니 여섯시 마감시간 전에 빨리 가서 납부하세요!"

지금 정확한 액수는 기억이 안 되지만 분명한 것은 납부해야 할 양도소득세는 분명히 1,200여만 원이 될 것이라고 예상했었다. 담당 세무공무원이 제시한 양도소득세 고지서에는 90만 원이 채 안 되는 액수가 적혀 있었다. 그 중에 10%까지 할인 혜택을 위해 우체국에 연락을 해놓았다고 빨리 가서 납부하라면서 재촉까지 하는 것이었다. 불과는 전혀 예상치 못했던 일에 놀랄 수밖에 없어 공무원에게 그 이유를 물었다. 그의 대답은 매우 명료하고 간단했다.

"아니, 부과된 납세고지서에는 분명 1,200여만 원이었는데, 어떻게 납부해야할 금액이 90만 원도 안되지요?"

"내가 20년 가까이 세무공무원 생활하면서 불과 중령 같은 사람 처음 보았습니다. 주민등록 일주일 옮겨 놓는 것이 그렇게 어려운 것도 아니잖아요? 그런데 군의 중견간부로서 세금을 감면받기 위해 살지도 않으면서 주민등록을 옮겨 놓는 것은 국가를 상대로 사기 치는 것이라 해서는 절대 안 되는 일이라고 말했잖습니까? 더욱이 소시민들에 마음에 상처를 주어서는 안 되겠기에 대신 양도소득세를 부담하겠다고 말하는 불과 중령님의 삶에 태도에 제가 더 큰 충격을 받았습니다. 사실 '요즈음에도 저렇게 바보스런 사람이 있나?'하고 생각하기도 했습니다. 그렇지만 어떻게든 도와드리고 싶은 마음이 들어서 법과 규정 범위 내에서 감면해줄 수 있는 조항들은 모두 찾아 적용해보니 그 금액이 된 것입니다. 불과 중령께서 저에게 진정한 교훈을 준 참 좋은 하루였습니다."

"아, 그랬군요. 저는 그저 저의 위치에서 당연한 도리를 다했을 뿐이라고 생각하는데 그렇게 배려해 주시니 너무 너무 감사할 따름입니다. 저~~, 그런데 감사할 마음을 표할 방법이 없네요. 얼마 되지 않는 금액이지만 동료 분들과 이 근처 좋은 식당에서 식사라도 한번 하세요."

불과는 순간적으로 1,100여만 원을 벌은 것이 아닌가? 너무 고마운 마음에 세무공무원에게 동료 직원들과 식사 한번 하라고 얼마 되지 않는 금액을 한사코 거부하는데도 디밀고 18시 마감 시간이 다되어 황급히 우체국에 달려가서 고지금액을 납부하고 귀가했다.

전혀 예상치 못한 세무공무원의 도와줌이 처음에는 불과의 마음을 어리둥절하게 했다. 그렇지만 불과는 지금도 당시에 정말 잘한 결정이었다고 생각한다. 반면에 세상에 얼마나 많은 사람들이 당연한 일들을 지키지 않기에 그렇게 세무공무원을 감동케 했는가하는 생각도 들었다. '발 없는 말이 천리를 간다(言無足而千里).'는 말이 있다. 당시 불과를 도와주겠다는 사람들의 관심 때문에, 불과가 그날에 겪은 일들은 하루 밤사이에 널리 퍼져나가더니 얼마 지나지 않아 불과가 다니는 교회에까지 알려지게 되었다. 담당 세무공무원은 말할 것도 없고 당시 불과를 도와주겠다고 나섰던 공인중개사, 세무사, 교회 동료들로부터 많은 칭찬을 들었다. 무엇보다 중요한 것은 주위사람들에게 아직 우리나라에도 저렇게 바보스러울 정도로 정직한 장교들이 있다는 이미지를 심어 준 것이 가장 값진 결과라고 생각했다.

"내가 1,200만 원이란 금액으로 이번에 내가 주위 사람들에게 심어 줄 수 있었던 말할 수 없을 정도의 삶에 진정한 가치를 제공해줄 수 있을까? 처음에는 너무 손해 보는 것 같은 마음에 잠도 못 이룰 정도였다. 그래도 올바름을 지키려 노력하니 몇 갑절 더 나가는 금전으로 산정할 수 없는 가치를 선물로 받게 되었구나!"

불과는 그 후 3년이 지나서 실질적으로 생활에 직접 도움이 되는 큰 선물도 받게 되었다. 정부에서 3년 이상 무주택 공무원에게 제공하는 서울시에서의 마지막 아파트 특별 분양 기회에 분양 혜택을 받게 된 것이다. 양도소득세 감면 대상이 되기 위해 당시 주민등록을 1주일 옮겨 놓았더라면 무주택 3년 이상이 한 달 정도 부족해서 특별 분양 대상자가 되지 못했을 것이다. 당시 보통 사람들의 시각에서는 바보스러운 결정이 서울지역에 평생 살 아파트 한 채를 갖고 싶다는 오랜 꿈을 이루게 한 것이다. 인생의 삶에 올바름을 지키려 노력하며 성실하게 살아가는 정직한 삶이 때로는 바보스럽게 보일 수도 있겠지만 그래도 진정한 강자의 모습이 아닐까?

어느 노병(老兵)의 꿈

◀ 진실로 버릴 수 있을 때
얻을 수 있다.

 불과가 비행대대장으로 나가게 된 것은 지금 생각해보면 당시
자신이 필사즉생(必死卽生)의 각오였기에 가능했다고 생각을 한
다. 불과는 마음속에서 진심으로 비행대대장 나가는 것을 포기
했었다. 그럼에도 당시 박사과정에 유학하고 귀국한 전투조종사
중에 유일하게 비행대대장에 보임되어 직무를 수행한 사람이다.
위에서 말한 대로 당시 분위기는 전투조종사가 박사과정에 입과
하여 학위를 취득하는 것은 조종특기로서의 모든 권한과 책임을
포기하는 것이나 마찬가지였다.

 박사 학위를 취득한 조종사들은 비행대대장 등 지휘관 직위에
서 제외되어 결과적으로 조종사로서 대령 이상의 진급은 포기해
야하는 상황이었다. 그 이유는 1980년대 초 조종사 중 박사과정
입과자로 선발되어 학위를 받고 온 선배들이 처신을 잘못했기
때문이다. 동료, 선·후배들은 비행하면서 영공방위 임무를 수행
하는 동안 자신들은 개인 발전을 위해 박사과정을 이수했으면
그만큼 동료, 선·후배들에게 양보하는 겸손한 자세를 취했어야
했다. 그런데 그들은 전혀 그렇게 처신을 하지 않았던 것이다.

 "야, 지게꾼은 평생 지게꾼일 수밖에 없어. 기회가 되면 나처

럼 석·박사과정에 유학갈 수 있도록 평소 영어공부를 해두는 것이 좋을 거야."

공군의 가치를 도외시했다. 전투조종사로서 관심을 가져야 하는 전략·전술보다는 영어 공부할 것을 종용했다. 자신들과 같이 유학 가서 학위 취득하는 것을 최고의 가치인양 떠들어 댔다. 결국은 대다수의 사람들에게 따돌림을 받게 되었다. 원래 그런 사람들은 수완이 좋은 편이다. 처음으로 공군 조종사 중에 박사학위과정을 이수하고 온 사람들은 군에 특별한 기여도 없이 1차로 대령에 진급했다. 그것이 계기가 되었다. 분위기가 완전히 바뀌었다. 따돌림 수준을 넘어서 배척의 대상이 된 것이다. 그러한 연유로 당시 군에서는 박사학위 취득자들에 대해 1차 대령 진급을 위한 비행대대장 보임을 제도적으로 제한하는 분위기가 태동했다. 그러한 상황에서 불과는 박사과정 입과자 선발에 응시했고, 선발되어 학위과정을 이수하고 군에 복귀했다. 군에서 배척하는 분위기였음에도 박사과정 이수 조종사 몇몇은 자신의 비행대대장 보임을 위해 군 고위 지휘관을 찾아가 청탁을 하고 다녔다. 당시 불과는 그러한 행동을 심히 못마땅하게 생각했다. 화장실 갈 때 마음과 일을 보고 난 다음의 마음이 다른 것과 동일한 처사라고 생각했다.

불과는 박사과정 선발에 도전하면서 당시 군의 분위기에 따르겠다고 다짐을 했다. 선발될 경우 박사과정을 다녀와서는 조종사로서의 모든 권한을 포기하고 엔지니어로서 살아가겠다는 다짐이었다. 유학을 다녀와서도 갈 때와 같은 마음이었다. 그래서

어느 노병(老兵)의 꿈

군에서 엔지니어로서 일을 할 수 있을 때까지 일을 한 후 사관학교에 교수요원으로서 보임되어 후배 교육에 전념하겠다고 마음을 정리한 상태였다.

미국에서 박사과정 이수 후 귀국해서 공군본부에서 무기체계 검토관으로 재직할 때 있었던 일이다. 당시에 불과와 비슷한 여건으로 미국에 유학해서 석·박사학위를 취득하고 귀국한 불과의 1년 선배 한 사람이 있었다. 그는 비행대대장 보직을 받기 위해 고위 지휘관들을 찾아다니면서 청탁을 하고 다닌다고 소문이 나있는 사람이었다. 그러한 소문 때문에 그는 대부분 동료 선후배들의 기피 대상이기도 했다. 불과 역시 그의 행동을 아주 못마땅하게 생각하는 사람 중에 하나였다.

그런데 그가 공군의 주요 보직에 있는 고위 지휘관들을 찾아다니면서 자신의 비행대대장 보임에 당위성을 강변12)하는데 꼭 불과 자신을 인용한다고 했다. 당시 불과는 위 "준비한 자가 기회를 잡는다."에서 언급한 대로 1989.2월 대통령 전용헬기추락 사고원인 규명 공로로 공군에는 널리 알려진 유명 인사이었기 때문이다.

"그동안 박사과정에 다녀와서 자신들의 이해만 추구해서 신물이 날 정도였는데, 교육을 시켜놓으니 저렇게 쓸모가 있을 때도 있네. 공군 발전을 위해 역시 교육은 필요해!"

불과는 공군에서 처음으로 박사과정 교육에 필요성을 대통령

---

12) 당시 매년 공군사관학교 졸업생 중 전투조종사는 대략 30~40여 명 밖에 되지 않아 10년 이상 선·후배들 간에도 대부분 잘 아는 사이였음

전용헬기사고원인 규명으로 입증한 사람이다. 공군을 선도하는 조종사 그룹에 대한 교육에 필요성을 공군 조종사들에게 인식시키는 계기를 만들었다. 공군에서 불과에게만은 박사학위 소지자였음에도 긍정적인 인상을 가지게 되었다.

"김장군(가칭)님, 불과소령 같이 군에 큰 기여를 한 조종사도 박사과정을 이수했다는 이유만으로 비행대대장에 보임을 시키지 않을 것입니까?"

불과의 선배라는 사람이 청탁하고자 찾아간 지휘관에게 자신의 비행대대장 보임 당위성을 주장하기에 앞서 꼭 하는 말이라고 제 3자가 말해 주었다. 그도 불과로 인해 다소 박사과정 이수자들에 대한 인식에 바뀌었다는 사실을 알고 있었던 같다. 그가 공무로 공군본부로 찾아와서 불과 사무실에 인사차 들른 적이 있었다. 그 때 불과는 그 선배에게 조용히 한마디 말했다.

"선배님, 미국에 그 명문대학에서 힘든 박사과정을 이수한 목적이 기껏 비행대대장 보임이었습니까? 저는 지난번 작전사령부에 공무 차 방문 시 작전사령관께 인사드린 적이 있습니다. 그 때 '비행대대장 보임을 원하느냐?'고 질문하시길래 저는 비행대대장 직책은 동기생들에게 양보한다고 말씀드렸습니다. 군에서 지휘관보다는 엔지니어로서 살아가겠다고 분명하게 공식적으로 선언했습니다. 그러니 앞으로는 어떤 자리에서도 저를 언급하지 말아주셨으면 좋겠습니다."

사실 그날 그가 불과의 사무실에 방문한 것은 특별한 이유가 있었다. 둘이 연합해서 비행대대장 보임운동을 하자고 제안하려

했던 것 같았다. 불과는 그가 그러한 제안을 말하기도 전에 일언 지하에 자신의 의견을 분명하게 전달한 것이다. 지금 생각해도 당시 불과의 마음 저변에는 비행대대장 보임에 대한 꿈이 조금이라도 남아 있었을 터이다. 그랬었음에도 어떻게 그렇게 단호하게 접을 수 있었을까하고 당시 결정을 가상하게 생각한다. 불과는 목표를 달성하기 위해 별 수를 다 동원하는 체질이 아니고, 안 되는 줄 알면 쉽게 포기하는 소양체질의 사람이라 그런지도 모르겠다.

1990.1월 어느 목요일 오후 공군사관학교에 교관으로 있던 선배 한 분으로부터 전화가 왔다. 당시 주어진 업무 처리에 바빠서 동료들과 달리 체육의 날 행사에도 참여하지 못한 채 사무실에서 일하고 있었다. 그 역시 불과의 2년 선배로서 전투조종사로써 미국에 항공공학 박사과정을 이수하고 귀국한 분이다. 당시에는 사관학교 교수부에서 생도를 가르치는 교관으로 재직 중이었다. 그는 박사과정을 이수하고 온 시기가 대대장 보임시기를 넘긴 탓에 비행대대장 보직 이수의 기회조차 갖지 못했다. 그렇지만 불과의 경우는 비행대대장 보임시기가 딱 맞는 시기가 되었으니 자신을 대신해서라도 비행대대장 보직을 이수했으면 하는 불과에게 몹시 호의적인 분이었다.

"불과소령, 비행대대장 보임에 관심 없어?"

"네, 저는 포기했습니다."

"꼭, 그렇게 부정적으로만 생각하지 말고 긍정적인 시각에서 한번 생각해보게. 자네가 이번 봄 인사에 공군사관학교로 전속해서 온다면 공군사관학교 교장께서 공군사관학교 예하에 211 비행대대장(가칭)으로 보임을 시켜주신다고 하시는데 한번 찾아와서 뵙고 자네 의사를 말씀드려보지 그래? 오늘 시간이 되신다고 하시는데 어떤가?"

"선배님, 저를 항상 배려해주셔서 감사드립니다. 저는 지금 할 일이 많아서 오늘은 시간내기가 어렵겠는데요!"

"아니, 다른 사람들은 제 인사문제를 가지고 물불을 가리지 않고 찾아다닌다고 하더라. 자네는 어떻게 자신의 미래 문제가 우선순위에서 제일 마지막이냐?"

"그게 저라는 사람인데 어떻게 합니까? 죄송합니다."

전화로 대화를 나눈 후 생각해봤다. 정말 그랬다. 그 선배 말대로 불과는 자신에게 주어진 업무수행이 항상 우선순위 일번이었다. 자신의 문제해결은 우선순위가 항상 제일 낮았다.

"공군사관학교 교장께서 자신을 도와주시기 위해 한번 만나자고 하셨다는데 ……. 오늘은 나도 내 문제해결을 우선순위 일 번에 두어볼까?"

마음을 바꿔 일하던 것을 정리했다. 체육의 날이었기 때문에 잠시 근무지 이탈이 가능한 날이었다. 곧바로 공군사관학교로 운전해서 내려갔다. 한 시간 가까이 운전하면서 어떻게 말씀을 드려야 하나 곰곰이 생각했다. 공군사관학교 교장을 찾아가 면담했다. 교관으로 있던 선배가 전화에서 말한 대로 교장이 제안했다.

"불과중령, 반갑네. 자네가 금년 봄 정기인사 때 공군사관학교를 선택해서 내려온다면 내가 5~6월에 공군사관학교 예하 훈련 비행대대에 대대장으로 보임시켜 줄 수가 있는데, 어떻게 생각하나?"

"교장님, 먼저 저를 높이 평가해 주시는데 감사를 드립니다. 원래 인사는 물 흐르듯이 이루어져야 한다고 알고 있습니다. 사관학교에 정기인사는 9월이 아닙니까? 제가 3월에 사관학교로 전입을 신청해서 이동하게 되면 전 공군에 특별한 경우로 주목을 받게 되어 무리라고 생각합니다. 무엇보다도, 교장님은 '엘리트주의자'라고 많은 후배들이 좋아하지 않습니다. 많은 사람들이 역시 엘리트로 분류하고 있는 저를 직접 챙겨주시게 되면 '역시 그런 분이구나!' 할 것입니다. 그러면 교장님을 배척하는 후배들이 많아지게 될 것입니다. 저의 생각은 9월 정기인사 때 자연스럽게 사관학교에 전입을 신청하고 옮겨와 제가 좋아하는 후배들 강의를 하면서 연구를 하고 싶습니다. 저를 그대로 내버려두셨으면 합니다."

"이 사람아, 자네가 군에 크게 기여하려면 필수보직은 이수해야하지 않나? 그래서 자네를 아끼는 선배이기 때문에 제안하는 걸세!"

"알고 있습니다. 그래서 오늘 만사를 제쳐놓고 이렇게 내려온 것입니다. 저를 진정으로 아껴주시는 교장님의 마음 충심으로 감사드립니다."

공군사관학교로 운전해 내려오면서 생각한 바를 담담히 말씀드렸다. 교장께서 배려해주시는 제안을 완곡하게 거절했다. 본인이 박사과정 이수 후 1988년 하반기에 작전사령관 앞에서 대대장 보임을 포기하겠다고 선언한 것을 지키고 싶었다. 자기 자신에게 다짐한 바를 어기기도 싫었다. 그렇게까지 무리를 하면서 비행대대장에 보임되는 것은 더욱 싫었다. 재차 교장의 자신에 대한 배려에 깊은 감사를 표하고 계룡대지역으로 복귀하면서 잘한 판단인지 생각해 보았다. 무엇보다도 자기 자신과 한 약속을 지킨 것은 잘한 판단이라고 생각했다.

대략 한 달 정도 지나 '제 1회 싱가폴 에어쇼'에 공군 대표단의 일원으로 다녀와서 출장 결과 보고서를 도맡아 작성하고 있을 때, 공군 총장 비서실장께서 찾으신다는 연락이 왔다. 총장 비서실장을 찾아갔다. 불과의 약식 인사기록카드를 뽑아오라고 말했다. 약식 인사기록카드를 뽑아가지고 다시 찾아가서 제출했다. 비서실장이 불과의 약식 인사기록을 죽 훑어보고는 놀라는 표정이었다.

"불과중령, 자네 박사과정 이수하고 돌아온 사람 맞아? 어떻게 이렇게 많은 비행시간 기록과 전투조종사로서의 모든 자격을 보유하고 있지?"

"예? 박사과정 입과 전 열심히 비행을 한 덕분입니다."

당시 총장 비서실장도 국내에서 박사과정까지 이수한 불과의 사관학교 6년 선배였다. 그는 특별한 경우로 비행대대장까지 보임을 했다고 말을 전해 들었다. 그의 비행대대장 보임시 비행시간 탑승기록은 겨우 700여 시간이었다고 한다. 불과는 총비행시간이 거의 2,000시간에 육박하며 전투기 탑승시간이 1,800

어느 노병(老兵)의 꿈

시간이 넘었다. 전투조종사로서 편대장, 교관, 구서자격까지 구비한 명실공이 모든 자격을 갖춘 전투비행대대에 대대장으로서 자격상 흠결이 전혀 없는 상태였다. 위에서 언급한 대로 불과는 미국에 유학가기 전 조종학생 고등비행과정 훈련대대[13]에서 임기를 만료하고 떠났다가, 그가 떠난 비행대대에서 비행사고가 발생해서 자신의 의지와 무관하게 다시 떠나온 훈련대대에 보임되어 하루에 거의 세 번씩 비행을 한 덕분이었다.

며칠이 지나 총장 비서실장이 호출했다.

"불과 중령, 이번에 총장께서 자네를 제 7비행단 320비행대대(가칭) 대대장 보임을 지시하셨네."

"⋯⋯예?"

전혀 예상 밖에 일이라 귀를 의심할 정도였다. '무슨 말씀하시는 거야?' 하는 표정을 지으니 예상했다는 듯 상황을 설명해주었다.

"참모총장께서 며칠 전 대통령과 식사를 하시고 오셨는데, 그 자리에서 대통령께서 '군에는 왜 전문 인력을 많이 양성해 놓고도 전문화가 이루어지지 않고 있는가?' 하는 의제를 가지고 대화를 나누었다고 하셨네."

"⋯⋯⋯⋯!?"

"귀대하는 길에 총장께서는 많은 생각을 하셨다고 하네. 그 과정에서 혼자서 프랑스까지 가서 대통령 전용헬기 사고조사를 과학적으로 규명하고 헬기 1대를 포함해 사고 피해보상을 받음으

---

13) 당시 공군에서는 조종학생 고등비행교육과정에 F-5B 전투기를 이용했었기 때문에 교관으로서 학생 훈련시간도 전투기 탑승시간으로 기록되었음

로서 국가와 군에 혁혁한 공을 세운 자네같이 검증이 된 우수한 전문 인력에게 까지도 획일적으로 '너는 박사과정을 이수했잖아?'하고 이유를 들어 정상적인 인사관리를 해주지 않는데 누가 군에 남아서 일을 하려 하겠는가?하는 생각을 하시게 되었다네. 자네가 수립한 공훈에 대한 보상차원에서 자네를 비행대대장에 보임시키라고 지시하셨네. 축하하네!"

너무 의외의 생각도 못했던 지시였다. 순간적으로 당황도 되고 어안이 벙벙했다. 후에 알게 되었지만 총장님의 불과중령 비행대대장 보임 지시에 5명의 참모부장 중 2명이 격렬하게 반대를 하였다고 했다. 불과의 비행대대장 보임 소식은 좁은 공군이라 바로 전 공군에 퍼졌다. 많은 사람들이 부러워했다. 또한, '얼마나 좋아?'하고 묻기도 했다.

총장 지시가 있었음에도 우여곡절 끝에 6개월이 지나서 자신이 제일 오래 조종사로서 몸 담았던 고등비행과정을 운영하는 전투비행대대에 대대장으로서 보임이 되었다. 많은 사람들이 부러워한 만큼 그렇게 좋지만은 않았다. 오히려 많은 고민의 시간을 가졌다. 공군사관학교에 입교하는 생도들의 청운의 꿈이라면 전투기 조종사로서 국가에 기여하고 비행대대장·전대장을 역임한 후 장군으로 진급하여 비행단장은 물론 그 이상의 보직으로 승승장구하는 것이리라.

지금 당장은 총장의 지시로 비행대대장에 보임이 된다고 하자. 다음 필수 보직인 비행전대장 보임시기에 또 비행전대장에 보임되라는 보장은 없다. 오히려 이번 비행대대장 보임을 곱지 않은

어느 노병(老兵)의 꿈

시선으로 보는 사람들이 기를 쓰고 반대할게 뻔하다. 그런 상황인데 비행대대장 보직을 이수하는 것이 맞는가? 정말 고민을 많이 했다. 비행대대장 보직을 포기함으로써 사관학교 수석 졸업자로서 동기생들의 경쟁에 표적이 되어왔던 생활에서 벗어날 수 있어 정말 좋았다. 다시 그 경쟁의 세계로 뛰어 들어가는 것이 옳은 선택인가 하는 의문이 많이 들었다.

그것은 자신의 생각일 뿐 불과는 사관학교 출신의 군인이다. 직속상관인 참모총장의 지시를 어길 수 있었겠는가? 당연히 총장 지시에 따라 비행대대장 보임을 감사한 마음으로 받아들였다. 불과의 비행대대장으로서의 생활은 6개월 동안 짧은 기간이었다. 얼마 되지 않는 기간이었다. 불과는 사관학교 졸업 후부터 관심을 가져온 자료들을 모아 군 생활을 마무리하는 단계에서 「어떻게 하면 부하들이 진심으로 따를까?(부제: 지휘관리술)」라는 리더십관련 책을 저술할 정도로 리더십에 관심이 많았던 장교였다. 대대장으로 보임해서 먼저 진정어린 솔선수범과 과학적이며 합리적이 인사관리, 약속 준수 등으로 대대원들의 적극적인 협조를 얻어내는데 전념했다. 그 결과 전임자가 누적해 놓은 대대 운용상 여러 다양한 문제들을 보임 1~2개월 내에 모두 해결하고 구성원 간에 활기가 넘치는 정상적인 비행대대 분위기를 조성할 수 있었다.

불과가 비행대대장에 보임된 비행단에는 당시 그 해에 대령 진급대상자가 불과를 포함해서 조종사 동기생 5명에 선배 정비장교 1명이 있었다. 대대장에 보임된 지 얼마 되지 않아 비행단 인사참모인 후배가 찾아와 조언을 해주었다.

"선배님, 비행단장께서 곧 대령 진급 대상자들에 대한 진급 추천서를 작성할 때가 되었습니다. 단장의 진급추천서가 진급에 결정적인 역할을 합니다. 단장님께 찾아가서 부탁을 하시는 것이 좋을 듯합니다."

"고맙네, 그런데 말이야, 나는 동기생들과 비교할 때 이 비행단에 제일 늦게 대대장에 보임되어 오지 않았는가? 비행단을 위한 공헌이 일천한데 동기생들보다 더 높은 점수를 받는다면 그것이 더 이상하지 않아? 오히려 서열 꼴찌가 가장 적합하지 않겠어? 그것이 올바른 공군문화이고?"

"아이고, 선배님! 그래도 자신의 미래를 생각하셔야죠?"

인사참모 후배가 우려했던 대로 불과의 단장 진급추천서는 정말 꼴찌로 작성되어 보고되었다. 나중에 실제 진급심사 중 비행단장께서 직접 말씀해주어 알게 된 사실이다. 총장 지시로 비행대대장에 보임된 불과가 비행단에서 동기생들과 비교해서 추천서열이 꼴찌로 보고되었기 때문에 진급심사과정에서 진급심사위원들이 의문을 갖게 되었다. 당연히 단장께 전화로 확인하게 되었다. 당시 단장이 불과에게 말한 통화내용이다.

"비행단장, 불과중령에 대한 단장의 진급추천서열이 동기생 중에서 꼴찌인데 그렇게 지휘관리를 제대로 못한다는 평가인가? 아니면 박사학위를 소지했다는 이유 때문에 그렇게 평점을 준 것인가?"

"질문을 잘해주셨습니다. 불과중령은 공군에서 정책적으로 관리할 요원 아닙니까? 그의 동기생을 한명이라도 더 진급시키기 위해 그를 꼴찌로 평가했습니다. 사실 불과중령은 그의 전임 대대장이 보임기간 동안 해결 못한 대대원들간에 종교적 갈등과 항공기 엔진에 중대한 비정상 작동상황을 보임 1~2주 만에 해결할 정도로 그의 지휘관리 능력과 항공공학 엔지니어로서의 실력은 아주 탁월한 수준의 장교입니다."

"알았네. 참고하겠네. 우리가 그의 진급을 결정하기가 힘드니 인사권자인 총장께 결정하시라고 해야 되겠구면!"

당시에 단장님으로부터 직접 진급추천서에 서열이 꼴찌로 작성되었다는 말을 전해 듣고 진급이 되는 것은 아예 생각을 접었었다. 그는 비행대대장에 보임되면서 마음속으로 비행대대장에 나가게 해준 공군에 감사를 드리며 대령 1차 진급은 아예 바라지 않기로 마음먹었었다. 조금도 섭섭하다는 마음이 없었다. 단장이 꼴찌로 진급 추천한 진급대상자는 진급에서 탈락된다는 것은 거의 정설이었기 때문에 진급에서 탈락될 것으로 판단했다. 그래서 진급 발표 날에도 다른 사람들과 같이 대대장실에서 진급발표를 기다리지 않았다. 평소와 다름없이 활주로 통제탑에 나가서 대대 학생훈련 항공기들을 통제하는 업무를 수행했다. 당시 다른 비행대대에서는 진급대상인 대대장 대신 비행대장이 활주로 통제탑에 나와서 업무를 수행했다. 그들 눈에는 진급을 포기한 듯이 활주로 통제탑에 나온 불과가 안쓰럽다는 듯이 위로의 말을 해주었다.

"대대장님, 왜 나오셨어요? 저희 대대장님은 대대장실에서 진급발표를 기다리고 있는데…….”

“이 사람아, 자신의 위치를 알아야지. 진급되지 못할 사람이 사무실에서 기다린다고 진급된다고 하던가?”

“아니 그래도 그렇죠? 선배님이 진급되지 말라는 법이 어디 있어요? 얼마든지 가능성은 있잖아요?”

“그렇지, 자네 말이 맞네. 그렇지만 자신의 분수를 아는 것도 중요하지 않을까?”

“……?”

그래서 주어진 오전 활주로 통제탑 근무를 마치고 오찬시간이 되어 근무교대 후 대대로 복귀했다.

“선배님, 축하드립니다. 선배님도 대령 진급자 명단에 포함되어 있는데요.”

“뭐, 그래? 전혀 나는 예상치를 않았는데, 하여튼 알려주어서 고맙네.”

불과에게 호의적으로 조언을 해주던 기무부대 후배로부터 오후에 연락을 받았다. 자신도 대령진급자 명단에 포함되었다는 소식을 접하면서 전혀 예상치 않았던 일이라 처음에는 어리둥절했다. 곧 마음을 가라앉히고 국가와 군에 진심으로 감사드렸다. 불과는 냉엄한 현실 속에서 자신을 객관적으로 평가하고 대대장 보임을 진실로 포기함으로써 대대장에 보임될 수 있었다. 대대장 보임에 진실로 감사드리며 더 이상 욕심을 부리지 않고 대령진급을 내려놓았기 때문에 대령진급자 명단에 포함될 수 있었지 않나 생각하며 자신은 진정 복이 많은 사람이라 생각했다.

불과는 비행대대원들과 정이 어느 정도 들어서 가족과 같이 재미있게 대대생활을 시작할 시기인 보임 6개월이 되어 대대를 떠나게 되었다. 당시 시대적 요구에 의해 공군본부에 시험평가부서가 편성되게 되었다. 공군에 처음으로 편성된 대부분의 사람들에게 생소한 시험평가처장으로 보임되었기 때문이다. 한참 지난 후에 알게 되었는데 시험평가직능을 책임지고 수행할 적임자로 판단되어 불과가 발탁되었다고 했다. 발탁되었다는 것은 제3자의 이야기일 뿐이다. 당시에 불과가 느낀 심정은 군이 너무 야속하다는 생각뿐이었다. 대대장으로서 보직을 수행한지 6개월도 되지 않았다. 그런데 그동안 듣도 보도 못한 낯선 직책으로 전근하라고 하지 않는가?

"예상은 했었지만 이것은 해도 해도 너무 하는 것 아니야?"

인사명령을 확인하고 단장께 달려갔다.

"단장님, 제가 박사학위 소지자이기에 대대장 보임을 많은 사람들이 반대했다는 것 압니다. 저는 누구에게도 대대장 내보내 달라고 부탁 한마디 한 적이 없습니다. 그럼에도 저는 제가 원해서가 아니라 전임 총장님의 지시로 어렵게 부임한 것을 단장님께서 알고 계시지 않습니까? 대대장에 일단 보임이 된 이상 저도 다른 사람들과 같이 최소 1년은 대대장으로서 생활할 권한이 있는 것 아니에요? 단장님, 저에게 일 년 만 대대장으로서 생활하도록 기회를 주시면 안 되겠습니까? 이제 막 대대원들과 재미있게 생활할 시기가 되니까 저보고 떠나라고 하니 정말 섭섭합니다. 단장님, 제발 선처를 부탁드립니다."

"불과(진)중령, 자네의 심정은 내가 충분히 이해하네. 그런데 군에서 대령의 인사권은 참모총장이 가지고 계시네. 그러니 내가 단장이라고 해도 공군본부에서 이미 총장권한으로 결정된 인사를 어떻게 변경해줄 수가 있겠는가? 내가 자네를 위해 해줄 수 있는 것은 이것뿐이라네. 자네는 금년 7.23일부로 대대장에 보임되었지? 자네가 내년 1.1일부로 타부서로 전근하게 되면 6개월 보직기간을 채우지 못해 대대장 경력을 인정받을 수 없게 되지. 그래서 자네가 대대장 경력 인정을 받을 수 있도록 내년 1.25일부로 전근 조치를 해주겠네."

"알겠습니다. 고맙습니다."

불과는 그렇게 해서 단장님의 도움으로 간신히 6개월 경력인정기간 동안 비행대대장직을 수행하게 되었다. 대대장직 연장에 대한 희망은 간절했지만 현실은 그것을 허락하지 않았다. 단장님께 감사한 마음을 간직한 채로 꿈에도 생각하지 못했던 새로운 부서로 전근되었다. 공군의 초대 시험평가처장으로서의 생활이 그렇게 시작되었다. 불과는 지금도 지나온 과거 군 생활을 회상할 때마다 생각한다. 당시 2년간의 시험평가처장으로서의 군 생활, 군에서 가장 보람이 있었고 군을 위해 가장 큰 기여를 할 수 있었던 기간이었다고 자부한다. 주어진 시험평가 업무를 모범적으로 수행했음은 물론 공군에 시험평가 수행체계 인프라를 구축하는데 결정적인 역할을 담당했다고 생각하기 때문이다.

시험평가 업무가 어떤 업무인데 불과가 초대처장으로서 보임해서 수행한 업무에 대해 그렇게 보람 있게 생각하는가?

군은 적과의 예상되는 무력 충돌에서 승리하기 위해 군사전략을 수립해 놓고, 그 군사전략을 이행해서 적을 제압하기 위해 필요한 무기체계를 획득하게 된다. 무기체계 획득과정에서 군이 요구한 무기체계가 요구수준에 충족하는지를 시험해 보고 평가하여 판정을 내려주는 업무가 시험평가업무이다. 그런데 획득하는 무기체계나 장비에 대한 시험평가는 대상에 따라 해외구매 시험평가와 국내 연구개발 시험평가로 구분된다. 또한, 시험평가 내용에 따라 장비의 구체적인 성능 및 사양을 시험하고 평가하는 기술시험평가와 군 운용에 적합한지를 시험하고 평가하는 운용시험평가로 그 방법을 구분하기도 한다.

당시 신설된 전투발전단 시험평가처는 공군의 전투발전기능 중에 하나인 무기체계획득과정에 시험평가를 계획하고 그 결과에 대해 행정조치를 수행하는 전투발전단의 참모부서 중에 하나로 발족되었다. 그렇지만 당시 공군에는 시험평가를 도맡아 수행하는 시험평가 집행부서가 없었다. 그 결과 시험평가처는 참모부서이면서 필요시 현장에 직접 나가서 시험평가 집행업무까지도 담당해야했다. 한마디로 당시 공군에서 획득하는 무기체계나 주요 장비에 대한 시험평가관련 모든 업무들을 망라해서 수행해야 하는 여건이었다.

어느 조직에서와 마찬가지로 지휘관이 필요성을 인정하여 시험평가처를 신설하고 그 책임자인 처장에 임명되었다면 무척 영광스럽게 느꼈을 것이라고 생각하기 쉽다. 현실은 전혀 그렇지를 않았다. 예상했던 대로 업무수행 여건은 너무 초라한 수준 이하였다. 처음에는 사무실이 배정되지 않아 전발단 다른 부처 사무실 일부를 빌려 사용했다. 보임 인원은 처장 포함 12명 편성 인원 중 처장 포함 4명이 전부였다. 당시 공본 예하 전발단 직책에는 공군요원 중 속칭 잘 나가는 사람들은 배속받기를 꺼리는 분위기였다. 그러한 전발단 예하에 신설된 이름도 생소한 부처에 처장으로 보임된 불과에 대해 '저 선배는 이제 군에서 끝난 사람이야.'하는 분위기였다. 그동안 불과에게 깍듯이 인사를 하던 후배까지도 우연히 마주치게 되면 인사는커녕 모른 체하고 지나칠 정도였다. 불과에게는 '우리가 사는 세상이 이렇게 각박한 세계구나!'하고 인생에 한 면을 깨닫게 해주는 계기이기도 했다.

그러한 분위기에 불과는 개의치 않았다. 원래 그의 소탈한 성품대로 바쁘게 주어진 일들을 처리해 나갔다. 우리나라 말 중에 '북치고 장구치고 다한다.'는 말이 있다. 당시 불과가 한 손으로는 북을 치고 한 손으로는 장구를 치듯 일을 했다. 시험평가라는 용어조차도 생소하게 느껴지던 시절, 전혀 기반 구축이 되어 있지 않은 상황이었다. 사실 무엇부터 해야 할지가 막막하게 느껴

어느 노병(老兵)의 꿈

지는 상태였다. 불과는 그의 업무 추진방식대로 접근했다. 먼저 시한성의 단기 시험평가계획 및 집행업무와 중·장기 규정 및 교범 작성, 조직신설 등 조직의 정체성 수립과 업무수행체계 구축 업무들을 식별하고 구분했다. 다음은 업무수행 우선순위와 일정에 따라 업무들을 처리해 나갔다.

시험평가 업무를 수행하기 위해서는 무엇보다도 업무수행에 기준이 되는 규정과 교범이 필요하다. 불과는 자신에게 현실적으로 주어지는 국내개발 무기체계나 장비에 대한 시험평가를 수행하기 위해 제일 우선적으로 「시험평가 공군 규정 및 교범」을 작성해야 했다. 이는 공군에 시험평가 업무수행 기반구축에 핵심이기도 하다. 처음에는 일을 할 만한 인력도 없었지만, 무엇보다도 관련 지식이 없었다. 1차적으로 1990년 1년 동안은 1970년대 중반이후부터 무기체계나 장비의 국내개발을 추진해 온 육군과 해군에 시험평가관련 자료들을 모았다. 그리고 그에 기초해서 시험평가 신청이 들어 온 국내개발 무기체계나 장비들에 대한 시험평가를 수행했다.

연말에 공본 인사교육처와 협조하여 1992년 초에 새로 부임한 소령급 장교를 미공군 시험평가사령부 「단기시험평가교육과정」에 입과시켜서 관련 자료들을 모아오도록 했다. 성공적이었다. 1992년 후반기에는 미공군에서 수집해온 자료들을 참고해서 불과가 처장에 보임된 후 실제 시험평가업무를 수행하면서 조금씩 기초를 잡아온 공군 시험평가 규정 및 교범들을 작성·완료했다. 당시 작성한 최초의 공군 시험평가 규정 및 교범들은 업무수행에 필요한 최소한의 수준에 불과했다. 그렇지만 공군 시험평가 업무수행에 기반을 구축했다는데 큰 의미가 있었다고 생각한다.

당시 미공군 시험평가사령부 단기 교육과정에 다녀온 장교가 말했다. 1973년에 미공군 시험평가사령부가 창설된 후 1992.6월 단기교육과정에 한국 공군장교의 입과가 외국군 장교로서는 처음이었다는 것이다. 그 말을 듣고 불과는 우리 대한민국 공군에 시험평가부서 신설이 그렇게 늦은 것은 아니구나하고 생각하기도 했다.

무엇보다도 당시 불과를 바쁘게 했던 것은 공군의 국내개발 장비들에 대한 시험평가 현행업무를 수행하는 것이었다. 공군 무기체계나 장비를 국내에서 개발을 하였는데도 군에 시험평가를 담당하는 부서가 없어 판로가 막혀있었던 상황이었다. 시험평가 담당부서가 생겼다고 하니 당연히 수행해야할 시험평가 업무들이 물밀 듯이 밀려왔다. 시험평가처장 재직 2년 동안 불과는 정말 그동안 막혔던 많은 일들을 해결했다.

불과가 최초로 책임지고 수행한 시험평가업무는 국내 어느 업체에서 개발한 활주로 제설기 시험평가였다. 처음 겪는 일이다 보니 상식수준으로 접근했다. 개발업체와 협조해서 대관령에 위치한 초등학교 연병장에 눈이 제법 쌓여있는 상태에 부하 직원을 파견해 개발 제설기에 눈 치우는 기능을 점검했다. 그러한 상식수준의 기능점검이었지만 업체가 개발한 제설기 구조가 야전에서 운용하기에 충분히 강하지 못했고 기능수행이 원활하지 못

어느 노병(老兵)의 꿈

한 것으로 판단되어 '군 운용 불가'로 판정한 것이 기억난다.

그 이후 시험평가를 주관하는 부서가 없어 수행하지 못한 국내업체들이 개발한 '무장장착용 운반차량'에서부터 최첨단의 '전투기 전자전 장비'까지 6건 이상의 국내개발품에 대한 개발 및 운용 시험평가를 수행했다. 해외 도입 첨단장비 오작동 원인 규명 및 시정조치도 했다. 4건 이상의 해외도입 무기체계에 대한 해외현지평가도 수행했다. 기타 해외도입하기로 한 3건 이상의 장비들에 대한 '자료에 의한 시험평가'까지도 수행했다. 불과는 2년 13일을 시험평가처장으로 재직했다. 지금 생각해보면 그 기간 동안 시험평가처에 소수의 인원으로 그 많은 업무들을 어떻게 소화했는지 불과 자신도 놀라울 정도이다. 불과가 시험평가처장에서 퇴임한 이후 시험평가처에서 1년에 평균 1~2건 정도의 시험평가를 수행한 기록이 그가 얼마나 많은 시험평가업무를 수행했는지를 대변해주고 있다. 아마 당시에 불과는 40대 초반의 한참 나이라서 지칠 줄 모르는 젊음이 있었다. 또한 미국 유학시절 군에 필요할 것이라 판단되면 찾아다니면서 공부를 한 덕분에 그는 엔지니어링 배경이 강했다. 그러한 탓에 보통 못한다고 거절해도 무방한 어려운 시험평가대상에 대해서도 거절하거나 회피하지 않고 시험평가를 수행했기 때문이라고 생각이 된다.

위에서 언급한 대로 불과가 군에 현직에 있었을 때 업무수행에 큰 보람을 느꼈으며, 전역 후 지금도 군에 큰 기여를 했다고 생각하는 것은 공군에 시험평가체계에 기반을 구축했다고 생각하

꿈은 오늘 현실에서 정성을 다할 때 이루어진다.

기 때문이다. 불과는 시험평가절차 정립과 규정 및 교범 작성은 물론, 당시 태동하기 시작한 기본훈련기(KT-1) 개발에 시험평가를 수행했으며 그 이후 공군에 국내개발 항공기를 포함한 무기체계에 대한 시험평가를 전담할 시험평가 전대 창설을 위한 기반을 구축해놓은 것이다. 불과의 헌신적인 노력으로 시험평가 전담부대가 창설될 수 있었기에 공군은 T-50 고등훈련기와 한국형전투기(KF-X)의 국내개발 추진을 할 수 있게 된 것이다.

시험평가처와 같이 각 군 본부의 예하부대에 참모부서 하나를 신설하는 것은 참모총장의 권한으로 가능하다. 그러나 새로운 임무를 수행할 예하부대를 창설하는 것은 국방부 장관의 권한이다. 소요 인원과 장비를 확보하기 위해 반드시 국방중기계획에 반영이 요구된다. 당시에도 인력 증편이 요구되는 부대 신설은 국방부에서 엄격하게 통제했다. 국방중기계획에 부대 신설계획 반영은 난제 중에 난제였다. 불과는 그렇게 어려운 시험평가전대 신설계획을 불같은 의지와 열정으로 국방중기계획에 반영했다.

국방중기계획에 시험평가전대 창설계획을 반영하기 위해 불과는 단계적인 추진계획을 수립했다. 1단계로 불과가 추진한 것은 공군 내부에 '시험평가전대 창설 필요성'에 대한 공감대 형성이었다. 당시 공군 내부에서는 불과의 말에 대한 신뢰성이 높았다. 불과가 시험평가와 관련한 어떠한 업무도 책임을 회피하지 않고 공정하고 과학적으로 설득력 있게 업무 처리한다는 것이 널리 알려져 있었기 때문이다. 그러한 이유로 불과의 시험평가전대 창설 필요성에 대한 주장은 얼마 되지 않아 공군 내부적으로 공

어느 노병(老兵)의 꿈

감대가 이루어졌다.

다음은 군구조 관련 합참 실무부서요원들에게 필요성을 인식시키는 것이었다. 당시 1988년 대대적인 '818 군구조 개편' 이후 합참에는 각 군 요원들로 구성된 군구조 개편 실무연구부서가 있었다. 그곳에서 인정을 해주어야 부대 창설을 위한 중기계획 반영이 가능하다고 판단이 되었다. 먼저 그곳에 파견된 공군요원들과 긴밀한 협조 및 좋은 관계유지를 위해 특별히 관심을 기울였다. 중기계획 반영을 위해 시험평가전대 창설에 필요성을 기회가 될 적마다 방문해서 설득을 시도했다. 지성이면 감천이라고 그들로부터도 부대 창설에 동의하는 분위기 조성에 성공했다.

그렇게 1991년에 시험평가부대 창설계획의 중기계획 반영 준비를 차근차근 진행했다. 그런 다음 1992년도의 「'94~'99 국방중기계획」에 시험평가전대 창설계획 반영을 추진했다. 당시 KT-1에 대한 시험평가는 1996~7년간에 시작될 것이 예상되었다. 그래서 1992년에 「'94~'99 국방중기계획」의 '99년도에 시험평가전대 창설계획 반영을 추진한 후 1993~1994년도 재검토과정에서 '96년 정도로 창설계획을 변경하겠다는 계획이었다. 그렇지만 어렵게 중기계획에 반영한 후에도 군 내부에서조차 창설에 이의를 제기하는 의견들이 분분해서 초기 불과의 계획대로 '99년 이전으로 앞당겨 창설할 수는 없었다.

다음은 불과의 뇌리 속에 생생하게 기억이 남아 있는 시험평가전대 창설을 위한 중기계획 반영 일화이다.

위에서 설명한 대로 당시 항공기 개발 일선현장에서는 KT-1

에 이어 추진하는 KTX-2(후에 T-50) 국내개발을 위해서 현장에 시험평가 전담부대 창설이 시급히 요구되는 상황이었다. 그렇지만 1988년 군구조 개편 이후 국방부에서는 가능한 부대 창설을 제한하는 입장이어서 시험평가전대 창설에 반대할 것이 분명했다.

불과는 먼저 국방부에 공군의 의견으로 건의한 「'94~'99 국방 중기계획 공군안」에 '시험평가전데 창설계획'을 반영해놓았다. 국방부 검토일(당시 화요일이었음)에 예상되는 국방부측 관련요원들의 질문에 대한 답변을 준비했다. 예상 질문에 대해 상황에 따라 적절하게 대처할 수 있도록 10분, 5분, 1분, 한마디 답변서로 구분해서 작성했다. 밤잠을 설쳐가며 작성한 후 유창하게 설명할 수 있도록 암기했다. 그렇게까지 부대 창설 당위성 설명 준비를 철두철미하게 했음에도 국방부 국장주관의 검토회의과정에서는 공군의 시험평가전대 창설계획에 대한 설명조차 요구하지 않았다.

"다음은 공군의 시험평가전대 창설 요구건입니다. 공군에서는 다음과 같은 이유를 들어 시험평가전대 창설을 건의하고 있습니다만 그렇게 시급한 문제라고 생각하지 않습니다. 국장님, 오전 검토회의는 여기서 마치고 식사하러 가시지요?"

"아 그래, 회의를 너무 오래 진행했구먼! 그렇게 하세."

주무과장은 발표와 함께 자신의 의견을 말했다. 공군의 부대창설 당위성에 대한 설명은 아예 들을 생각조차 없었던 모양이었다. 주무과장은 회의를 정회하고 국장과 함께 점심식사 하러 가

어느 노병(老兵)의 꿈

버렸다. 며칠 동안 경우별 답변 자료를 준비하고 예행 연습까지 하면서 준비를 한 불과에게는 너무 황당했다. 그렇게 준비를 했는데 말 한마디 못한 채 부대창설계획 반영이 무위로 되어버렸으니 말이다. 그들의 어이없는 횡포(?)에 불과는 화를 참을 수가 없었다. 점심식사를 하는 둥 마는 둥 마치고 주무과장 사무실에 갔다. 주무과장은 점심식사를 하고 잠시 자신의 사무실 의자에서 오수를 즐기려던 참이었다. 당시 주무과장은 육군사관학교 출신으로서 연배 상으로는 불과의 3년 선배였다. 깐깐하기로 소문이 난 사람이라 불과가 무엇이라고 항의하기도 쉽지 않은 상황이었다. 불과는 오수를 즐기려는 그의 의자에서 멀찌감치 떨어진 거리에 위치했다. 그가 들릴 정도의 목소리로 떠들어 대기 시작했다. 사마천의 사기열전에 기록된 사관14)이야기로 비유를 들어 말했다.

"요즈음 일간스포츠에 고우영의 열국지가 연재 중인데, 그 내용이 참 재미있더라고요. 진시황 때 이야기인데, 사관이 진시황의 폭정에 대해 '진시황 나쁜 놈!'하고 사서에 기록을 하니 진시황이 이를 알고, '야! 인마 즉시 고치지 못해!'하고 지시를 했지만 고치지를 않자 바로 죽였답니다. 세습제에 의해 사관의 동생이 사관의 자리를 이어 받게 되었습니다. 역시 '진시황 나쁜 놈!'하고 형과 같이 역사서에 기록을 했다고 합니다. 진시황이 그 동생도 죽였다고 하네요. 다시 세 번째 동생이 사관자리를 이어받

---

14) 역사를 기록하던 관리

아 다시 같은 기록을 하려고 하니 전시황이 '너도 너의 형들과 같이 죽고 싶으냐?'고 물었다고 합니다. '죽고 싶지는 않지만 올바르게 역사를 기록하는데 죽이신다면 죽을 수밖에요. 그렇지만 제가 죽는다 해도 제 자식들, 손자들이 계속해서 그렇게 기록을 할 것이니 진시황께서 나쁜 정치를 고치시는 것이 낫지 않을까요?'라고 답변을 했다고 합니다. 그래서 진시황이 세 번째 사관은 죽이지 못했다고 합니다."

"………?"

"좋습니다. 오늘 공군의 시험평가전대 창설소요를 물어보지도 않고 과장께서 누락시켰습니다. 다음 각 군 담당부장회의에, 그 다음 각 군 총장 회의에 계속해서 요구할 것입니다. 금년에 안 되면 내년에, 그래도 안 되면 내 후년에 우리 공군은 끊임없이 요구를 할 것입니다. 마음대로 하십시오. 공군의 시험평가전대는 공군 발전을 위해 꼭 필요한 조직이기 때문입니다."

불과는 쉬지 않고 계속 떠들어댔다.

"야, 시끄러워! 낮잠 좀 자려고 했더니 네X 때문에 완전히 망쳐 버렸다. 저리로 안~~가? 그러면 내가 자리를 옮기지."

그 선배장교는 불과의 투덜거리는 소리를 듣고 다른 자리로 옮겨가서 낮잠을 시도하려했다. 불과도 굽히지 않고 멀찌감치 떨어진 그의 옆자리로 옮겨 계속해서 떠들어댔다. 점심시간이 종료되었다. 그 주무 과장이 오후 회의를 주관하러 회의장에 가면서 불과의 시위는 끝났다. 불과는 시험평가전대 창설과 관련해서 공식적으로 어떠한 의견제시도 못한 채 허전한 마음으로 계

어느 노병(老兵)의 꿈

룡대 공군본부로 내려왔다.

그 주 금요일 오후 3시가 넘어서 국방중기계획 작성 전담부서인 전력계획관실에 근무하는 후배로부터 전화가 왔다.

"선배님, 축하합니다. 금번 '94~'99 국방중기계획에 시험평가전대 창설계획만이 공군에 유일한 부대창설계획으로 반영이 되었습니다."

"아~~, 그래? 고맙네."

그 소식을 듣고, 고우영의 열국지 일화가 설득력이 있었나 보다하고 얼마나 기뻐했는지 모른다.

그렇게 시험평가부대 창설계획이 「'94~'99 국방중기계획」에 반영되고도 공군에서조차 지원을 해주지 않았다. 중기계획에서 삭제될 위험까지 몇 번이나 발생했었다. 그럴 때마다 공군에 항공기 국내개발 필요성에 공감하는 선후배들과 함께 힘을 합쳐 슬기롭게 대처함으로써 중기계획에서 탈락 위기를 면할 수 있었다. 원래 시험평가전대 창설은 '99년도 중기계획에 반영한 후 '96~7년경에 창설을 원했었지만, 그러한 연유로 천신만고 끝에 가까스로 처음 반영된 '99년도에 사천기지에 시험평가전대를 창설할 수밖에 없었다.

더욱이 불과가 사천기지에 비행단장으로 재임시에 비행평가전대가 창설되었다. 비행단장으로서 전대 창설을 직접 지원할 수 있게 되어 더욱 감사하게 생각했다. 무엇보다도 시간이 많이 지난 지금 만약에 공군에 시험평가전대가 없었다면 공군에 고등훈련기 T-50의 국내개발이 가능했을까? 한국형전투기(KF-X) 국내개발 추진이 가능했을까? 하고 생각을 할 적마다, 그 당시 시의 적절하게 시험평가전대 창설 추진이 잘한 일이라고 생각되어 개인적으로 정말 흐뭇하게 생각하는 바이다.

불과는 사관학교를 졸업할 때에도, 미국에 유학 갈 때에도 그의 꿈은 '국가와 군에 기여하는 것'이었다. 사람들은 자신이 달성하려는 꿈이 멀리에 아련히 있는 것처럼 생각한다. 막연하게 어느 날 갑자기 달성될 것이라고 생각한다. 불과는 어렵게 보임된 비행대대장 직위에서 한참 비행대원들과 재미있게 생활이 시작되는 시기에 대대를 떠나야했다. 본인의 의사와 무관하게 모두에게 생소한 시험평가처장이라는 듣도 보도 못한 낯선 직책에 보임되었다. 당시에는 자신이 속한 공군에 정말 야속하다는 생각도 많이 했다. 그 과정에 단장님의 도움으로 어렵사리 6개월의 비행대대장 경력 최소 인정기간을 채울 수 있었던 것만이라도 다행이라 생각하며 자신을 위로했었다.

어렵게 나간 대대장직을 더 수행하고 싶다는 간절한 희망을 접은 채 새로운 부서로 전근되었다. 신설된 새로운 부서는 사무실도 없을 정도로 초라한 수준이었다. 이름도 생소하고 속칭 잘 나가는 인사들이 배속받기를 원하지 않는 부서에 장으로 보임된 것이다. 한직이라 판단되어서 그런지 후배들까지도 보임되기를 기피하는 그런 자리였다. 불과는 그러한 환경에 개의치 않았다. 주어진 현실에 자신의 혼신의 정성을 다했다. 남들이 원하지 않는 하찮아 보이는 직책이었지만 열심히 자신의 주어진 업무에 정성을 들이다 보니 불과는 시험평가처장 보임기간 동안 불과가 사관학교를 졸업하면서 가졌던 '국가와 군 발전에 조금이라도 기여하겠다는 꿈'을 가장 많이 이룰 수 있었다고 생각한다. 그렇다! 꿈이란 아련히 멀리에 있는 이상향이 아니다. 오늘 내가 접하고 있는 현실세계에서 정성을 들여 열심히 노력함으로써 이룩할 수 있는 것이 우리가 말하는 꿈인 것이다.

　불과가 비행대대장 보임을 총장으로부터 지시받았을 때 우려
했던 일이 비행전대장 보임시 발생했다. 불과는 지금까지도 군
에서 가장 보람된 일을 하였다는 약 2년간의 시험평가부서에 초
대 처장으로서 임기를 마쳤다. 불과의 업무수행능력을 높이 평
가한 불과의 부서장 추천을 받아서 누구나가 보임되기를 희망하
는 작전참모부 작전계획처에 선임장교 직위로 옮기게 되었다.
그곳에서도 그는 '월·화·수·목·금·금·금'의 일주일 생활을 하
면서 열심히 일했다. 그 보직에서도 정말 군 발전을 위해 중요한
일들을 많이 했다. 그러한 생활을 2년 정도 수행하니 비행전대
장에 보임될 시기가 되었다.

　비행전대장 보임 인사명령이 발표되었다. 비행전대장 임명자
명단에 불과의 이름은 포함되어 있지 않았다. 불과는 사전에 그
러할 것이라는 사실을 예측하고 있었다. 불과는 지금도 1994.9.4
일 새벽 두시 반에 미국에 파견 나가 있었던 후배로부터 걸려온
장거리 전화를 생생하게 기억하고 있다.

　"선배님, 안녕하세요? 제가 어제 미국에 방문 중인 총장님 안
내장교 업무를 마칠 때가 되어 여쭤 보았는데 총장님 말씀을 들

고 놀랐어요!"

"무엇이라고 말씀하셨는데 그래?"

"당시 대화 내용 그대로입니다."

"총장님, 이번 전대장 인사에 불과대령도 포함시킬 계획이시지요?"

"왜? 너도 박사학위 소지자지? 너희들만 좋은 것 다 해쳐 먹으려고? 그런 일은 절대 없을 것이다."

당시 미국 방문 중인 참모총장을 일주일 가까이 수행보좌를 해드렸기에 자유롭게 말씀드릴 기회가 있어 여쭈어보았던 것인데, 물어보지 않으니 만도 못했다고 후배는 말했다.

"너희들은 박사학위까지 받았으면 되었지? 지휘관 보직까지 거쳐 정상적으로 다른 조종사들과 동일하게 진급하는 것을 나는 인정할 수 없어! 그래서 불과대령을 비행전대장에 보임시키는 일은 절대 없을 것이다."

참모총장이 한 말의 의미라고 불과는 해석했다. 불과가 대대장 시절 단장으로 모셨던 분이 소장으로 진급해서 당시 공군본부 참모부장 중 한사람으로 보임이 되어 있었다. 그는 단장시절 불과가 대대장으로서 임무를 건실하게 수행하는 것을 보고 그 이후 박사학위 소지자에게 가졌던 부정적 시각에서 벗어나 불과를 진정으로 신뢰하고 극진히 아껴주셨다. 그는 총장과도 고교 동문관계로서 아주 가깝게 지내는 사이라고 말했다. 그러한 그가 불과를 위해 5회나 총장을 개인적으로 찾아가 불과의 비행전대장 보임의 당위성을 설명했다고 한다. 그럼에도 아무 소용이 없었다는 후일담을 들은 바가 있다.

"당시 총장께서는 한참 꿈을 가지고 열심히 일을 하는 부하 장
교들에게 격려는 해주시지 못할망정 그렇게 가슴에 비수를 꽂는
것과 같은 말씀을 거침없이 하셨을까?"

"마음속에 그러한 생각을 가지고 계셨더라도 좀 포용하는 말
씀을 해주셨더라면 얼마나 좋았을까?"

고인이 되신 그분에 대해 큰 아쉬운 마음을 가지고 있다. 일군
의 총수인 참모총장에게 동일한 군복을 입고 있는 사람이라면
누구나가 그의 부하가 아니던가? 부하라면 자질과 능력에 따라
대우를 해주는 것이 정상적인 인사관리이다. 박사학위 소지자들
도 공군에서 필요에 의해 정식으로 공모하여 공개경쟁을 거쳐
선발되어 군에서 필요한 분야에 학위를 이수하고 온 전문 인력
들이다. 그들도 공군의 일원으로서 공이 있는 사람은 상을 받을
권리가 있고, 잘못이 있으면 그에 해당하는 벌칙을 받아야 할 의
무가 있다. 그들의 역할이나 공적은 일체 고려하지 않은 채 '몇
몇 전임자들의 부적절한 언행대로 너희들도 그럴 것이다!'라고
동일하게 평가를 해서 그에 따라 인사관리를 한다면 어느 누가
정성을 다해 자신의 주어진 임무에 최선을 다하겠는가? 당시에
크게 좌절감을 느낀 기억이 머리에 남아있다.

당시 국방부에서는 신임 장관이 보임되면서 국방개혁 추진을
위한 국방개혁추진위원회를 구성하게 되었다.

"불과대령, 전대장 명단에서 제외되었다고 너무 섭섭해 하지
말게. 내가 이번 국방개혁추진위원회에 공군 참여요원으로 자네

를 1순위로 추천했네."

"부장님, 배려에는 감사드리지만, 거절하겠습니다. 공군에서 특별한 하자가 없는 한 전대장에 보임되게 되어 있는데 전대장 보임에도 빠진 제가 무슨 능력이 있어 공군을 대표하는 자리에 가서 일을 할 수 있겠습니까?"

"너 이 녀석! 무슨 말을 그렇게 해? 이것은 명령이야!"

"군인이 명령이라고 해도 불합리한 명령은 받아들일 수 없지 않습니까? 저는 수용할 수 없습니다. 명령불복종죄로 처벌해 주십시오. 잘난 동기생들이 그렇게도 많은데 왜 하필이면 조종사라면 누구나가 나갈 수 있는 보직에 보임대상에서까지 제외된 저 같은 사람이 나가야 합니까?"

전대장 보직 인사명령 발표 날 불과의 상관과 불과가 나눈 대화이다. 당시 불과의 능력을 아낀 불과의 상관은 불과를 달래기 위해 애를 썼다. 결국 달랠 수 없다고 판단을 했는지 공식 인사 명령을 하달했다. 불과는 어쩔 수 없이 국방부에 파견되어 국방개혁업무를 수행하게 되었다. 1988년 미국에서 귀국 후 줄 곳 무기체계 획득분야에서 근무했기에 불과에게는 '무기체계 획득분야 개선책' 도출 업무가 주어졌다.

국방부에 파견 나가서도 불과는 부여된 업무에 열심히 임했다. 국방개혁추진위원회에 육군은 개선위원장, 부위원장, 소위원장(2명)에 3성, 2성, 1성 장군 4명과 육군에서 나름대로 육사 기생별로 똑똑하다는 영관장교들이 연구위원으로 참석했다. 반면에 해·공군은 대령과 중령 각각 1명씩이 배당되어 참석했다. 불과는 누구와도 잘 어울리는 성격의 소유자이다. 그러한 그의 친화력 덕분에 파견 후 얼마 지나지 않아 타군 장교들과 친밀하게 협조하며 제도개선을 위해 지혜를 모을 수 있었다. 1995년 당시 방위력 개선사업은 사업별 그 예산 규모에 무관하게 모두 국방부가 주관했다. 그 때문에 소규모 사업추진에 어려움이 많았다. 그것에 착안해서 불과는 현재와 같이 사업추진을 사업규모에 따라 군위임사업과 국방부 주관사업으로 구분하여 시행하는 개선안을 도출하여 제시했다.

당시 육사 교장이 맡았던 개혁위원장은 불과의 개선안을 내심 반대했다. 당시 위원장은 주중에는 육사교장으로서 육사에서 근무하고, 토요일 오후부터 일요일에만 개혁위원장으로서 개혁위원회에 나와서 연구위원들의 연구결과를 검토하고 결재를 해주었다. 불과가 토요일 저녁에 결재를 맡으려 위원장께 갈 적마다 엉뚱한 이유를 대면서 결재는 하지 않고 이것저것 추가 검토만을 지시했다. 원래 육군의 경우는 상관이 2회 이상 결재를 하지 않으면 '싫어하는구나.'하는 눈치를 채고 자신의 생각을 철회한다고 했다. 그것을 전혀 알지 못했던 불과는 정성을 드리면 결재를 해주실 것이라고 생각했다. 그러한 믿음대로 그가 지시한 추가 검토내용들을 몇 밤을 들여가며 보완하곤 했다. 끝내 당시 획득 추진 중인 666개에 달하는 국방중기계획에 반영된 모든 사업을 그 규모에 따라 군위임사업과 국방부주관 사업으로 분류까지 해야 했다.

1995.2월 어느 토요일 밤 9시, 불과는 자신의 '사업규모에 따

라 군 위임사업과 국방부 주관사업으로 분류하여 방위력 개선사업을 추진해야 한다.'는 개선안을 종합 정리하여 결재를 득하기 위해 위원장실에 갔다. 부위원장과 2명의 소위원장이 보고에 배석했다.

"불과대령, 자네의 개선안은 육·해·공군이 오랫동안 원했던 방안이네. 위원장께서 강하게 반대한다고 해서 물러서면 절대 안 되네. 반드시 관철시켜야 하네."

위원장실에 보고하러 들어가기 전 연구위원들은 말할 것도 없고 부위원장, 소위원장들이 불과에게 격려를 해준 말이다. 불과가 내용을 보고하는데 분위기가 심상치 않게 흘러갔다. 위원장은 보고서를 받아들고 내용보다는 사소한 형식 등을 지적하면서 언짢아했다. 불과는 직감적으로 '보고내용이 자기 마음에 들지 않으니 무엇인가 트집을 잡는 것이구나.' 하는 생각이 들었다. 그래서 더욱 공손하게 보고서 내용을 설명해 나갔다. 보고 중 갑자기 사단이 발생했다.

"육군의 장갑차를 지원하는 탄약운반차량이 국방부에서 주관해야 하는 육군의 주요 무기체계인가? 아니면 육군에서 주관해야 하는 군위임 일반 무기체계인가?"

"저는 탄약운반차량은 육군에서 주관해도 되는 일반 무기체계라고 생각합니다."

"장갑차는 육군의 주요 전투 무기체계로서 당연히 이를 지원하는 탄약운반차량은 주요 무기체계가 맞지 무슨 말이야? 이렇게 불합리한 내용을 가지고 결재를 해달라고---? 이것도 보고서야?"

자기가 보고 있던 보고서를 불과 앞으로 내팽개쳤다. 당시 666개에 달하는 육해공군 합동무기체계들을 일주일에 걸쳐 불과 혼자서 국방부 주관의 주요 무기체계와 군위임이 가능한 일반 무기체계로 분류한다는 것은 그렇게 쉬운 일이 아니었다. 불과는 공군이기에 육군 무기체계 분류에는 육군 연구위원들의, 해군 무기체계 분류에는 해군 연구위원들의 도움을 받아서 분류했다. 그래서 전 무기체계들의 구체적인 특성까지 모두 파악하고 있지는 못한 상황이었다. 그렇지만 주어진 여건에서 자신은 최선을 다해 노력을 했다.

위원장이란 사람은 어떤가? 자신은 주중에는 자신의 근무지에서 편안하게 근무한다. 주말에만 국방개혁위원회에 나타나 연구위원들에게 부여한 여러 국방분야 의제들에 대해 그들이 일주일동안 정성들여 연구한 연구결과를 검토를 하고 평가를 해준다. 자신이 그렇게 모든 분야에 전문가란 말인가? 그 사람은 모든 전문가가 아닐지 몰라도 각 연구위원은 자신이 맡은 의제에 대해서는 전문가라 할 수 있다. 그러한 전문가가 국방부에 파견되어 일주일 동안 정성스레 작성한 연구결과를 자신의 마음에 들지 않는다는 이유만으로 비합리적이라 매도하지 않는가? 그에더해 역정을 내면서 정성을 들여 작성한 보고서를 보고자에게집어 팽개쳤다.

순간적으로 불과는 인간들의 너무 추한 모습을 보는 것 같아엄청 울화가 솟구쳤다. 위원장이 보고서를 집어 팽개치는 그 추한 모습에 화가 났다지만, 그것보다도 더 화가 나도록 한 이유는 다른데 있었다. 보고 들어오기 전 사무실 입구에서까지 '위원장에게 절대로 양보하지 말고 개선안을 관철시켜야 한다.'고 강조한 부위원장, 소위원장들의 태도 때문이다. 불과의 보고에 거들어 주지는 못할망정 위원장의 태도에 동조해서 오히려 앞장서서 불과의 보고서 내용이 잘못되었다고 트집을 잡는 것이 아닌가?

"하늘에서 별 따는 것처럼 어렵다는 장군이 된 사람들이 어떻게 저렇게 뻔뻔할 수 있을까? 야, 정말 비겁하고 비굴하다!"

불과는 급한 성격의 소유자임에도 냉정한 사람이다. 순간적으로 생각했다. 저런 종류의 사람들은 나중에 자신들이 논리적으로 궁지에 몰리게 되면 '예의가 없는 행동을 했다.'고 몰아붙인다. 그래서 아무 말도 하지 않은 채 정중하게 위원장이 집어던진 보고서를 정리해서 집어 들었다.

"그럼 저도 한 말씀드려도 되겠습니까? 군에서 바쁘게 일하는 사람이 국방개혁 연구위원으로 차출되어 와서, 낮과 밤, 주말도 없이 좋은 개선안을 도출하기 위해 시키는 대로 열심히 일을 해서, 나름대로 도출한 개선안이 불합리한 것입니까? 아니면 각 군에서 나름대로 일을 잘 한다는 사람들을 차출해서 좋은 안을 도출하라고 연구시켜 놓고, 그 결과가 자기의 평소에 생각했던 상식에 부합하지 않는다고 불합리하다고 소리 지르면서 몇 밤 새워 정성스럽게 연구한 결과를 집어던지는 것이 불합리한 것입니까? 위원장님 생각이 옳다면 국방부에 제도개혁위원회가 무엇 때문에 필요합니까? 명령만 내리면 받아 적는 방위병들이나 집합시켜서 제도개혁위원회를 운영하면 되리라고 생각이 되어 저는 명일 공군으로 복귀하겠습니다. 전 이만 물러가겠습니다."

"불과대령~~~."

"왜 불러? 정말 자격도 없는 인간들이~~."

　자신의 의견을 담담하게 말하고 뒤를 돌아서 위원장실을 나왔다. 위원장이 자신을 부르는 고함소리에 씁쓸한 기분으로 중얼거리며 사무실로 복귀했다. 사무실에는 밤 10시가 가까운데도 퇴근을 하지 않고 불과의 보고결과에 관심이 있는 연구원들이 몇 명 남아 있었다. 그들이 자초지종을 묻기도 전에 빨리 퇴근하라고 말했다. 그리고 기다렸다. 부위원장과 소위원장이란 사람들이 어떻게 나올까 궁금했다. 실제로 불과가 화가 난 것은 위원장보다도 그들의 비굴한 태도였다. 예상보다 30분 정도가 지나서 나타났다.

"불과대령, 내방으로 좀 오게!"

"네."

"이번 일은 군 간의 문화 차이에서 기인한 문제라고 생각하네. 그런데 마음이 비단결 같이 고우신 위원장께서 저렇게 노발대발하시니 불과 자네가 내일 출근하시는 시간에 사무실 입구에서 대기하고 있다가 사죄를 하게."

　위계질서를 어느 군보다 중요시하는 육군 장군들이라 불과를 엄청 질타할 것이라고 예상했었다. 그런데 예상 밖이었다. 자기들의 위원장 앞에서 비굴하게 행동하였던 전과 때문이라 생각했다. 그들은 불과를 조용히 불러서 문제를 객관화시켜서 합리화하려했다. 불과는 한마디도 말하지 않았다. 반면에 마음속으로

　　　　　　　　　어느 노병(老兵)의 꿈

강하게 반박했다.

"야!, 군대는 서열이 중요하다고 해도 내가 위원장한테 도대체 무슨 죄를 졌기에 사죄를 하라는 것이냐?"

그렇게 불꽃이 튈 줄 알았던 사건이 아무 일이 없었던 것으로 마무리되었다. 아마 불과의 논리에 반박할 명분이 없었을 것이다. 또한, 문제화 해봤자 소문만 나쁘게 나고 위원장 이하 장군들 체면만 꾸기게 될 것이기 때문이 아니었나 생각이 된다. 반면에 불과는 연구원들 중에 유명인사가 되었다.

연구를 종료하기 위한 최종보고 시에는 불과가 제일 먼저 연구결과를 보고하게 되었다. 불과의 보고서 내용이 결재를 받아야 보고가 끝나기 때문이었다. 불과는 꾀를 내었다. 국방부에 근무하는 선배장교와 원안에는 불과의 개선안을 빼고, 국방부 시행세칙에 그대로 포함하여 시행하기로 한 것이다. 2월 중순 어느 토요일 오전 9시에 위원장에게 제일 먼저 보고가 잡혀 보고하러 들어갔다.

"불과대령, 그렇게 주장을 굽히지 않더니 어떠한 이유로 자네가 주장하는 내용을 보고서에서 뺐지?"

"그것이 제 인생과 무슨 상관있습니까? 보고서가 맘에 드시지 않습니까? 맘에 드시지 않는 내용이 있으면 삭제하겠으니 말씀만 해주십시오."

"………?"

위원장의 입장에서는 불과의 180° 바뀐 자세에 어리둥절한 모습이었다. 일사천리로 결재를 받고 나와서 오랜만에 서울 시내에 외출을 나갔다. 불과를 평소에 아껴주셨던 고교 동문이면서 사관학교 선배인, 당시 대기업에 이사로 근무하는 분을 찾아가 오찬을 함께했다. 국방부에 파견된 지 5개월 이상이 지났지만 서울 용산 국방부에 근무하면서 서울역을 넘어 외출을 한 것은 그것이 처음이었다. 오찬을 하고 사무실에 오후 4시가 넘어 복귀했다. 그날의 날씨만큼이나 음울한 분위기가 느껴졌다. 이유를 물어보니 공군 총장께서 헬기 추락사고가 발생해서 순직했다고 했다. 공사 졸업생도 축하연에 참석하기 위해 용산에서 청주까지 헬기로 이동하던 중에 갑자기 항로상에 기상이 악화되었다. 이를 피하기 위해 진눈개비가 내리는 구름 속에 진입하여 상승하던 중 헬기가 추락하는 비행사고가 발생했다고 했다.

소식을 듣고 나니 공군 조종사의 한 사람으로서 순직한 조종사들이 생각나서 울적한 마음이 들었다. 저녁식사를 하는 둥 마는 둥 마치고 식사 후 통상적으로 해군대표와 두던 바둑 두는 것도 생략하고 숙소에 들어갔다. 일찍 잠자리에 들어 막 잠이 들려는데 밤 10시쯤인가 공군본부에서 전화가 왔다.

"따르릉--, 따르릉"

"네, 불과대령입니다."

"불과대령? 나 작전부장이야, 오늘 참모총장 순직한 사고 소식 알고 있지?"

"네, 사고 소식 들었습니다."

"자네는 사고조사 전문요원이잖아? 내일 새벽 6시까지 경기도 이천 사고현장에 출두해서 사고조사를 해주게."

"네, 알겠습니다. 그런데 저는 현재 국방개혁추진회 소속으로 되어 있으니 위원장에게 허락을 맡아 주십시오!"

"알았네, 내가 바로 전화해서 허락을 맡아 주겠네!"

불과의 상관인 공군본부 작전참모부장으로부터 전화가 와서 통화한 내용이다. 솔직히 말해서 부장으로부터 쉽지가 않은 사고조사 지시를 받는 순간 순간적으로 마음 한구석에서 내키지 않는 마음이 크게 일어나는 것을 느꼈다.

"내가 왜 그런 분의 사고조사까지 해야 하지? 그 분은 '너희들만 좋은 것 다해 먹느냐?'고 부하들에게 해서는 안 되는 말을 서슴지 않고 하시는 분이 아니던가?"

불과는 '94.9.4일 새벽 국제전화편에 후배로부터 그 분이 말한 내용을 전해들은 후 지금까지도 '무슨 연유로 박사학위 소지자들에게 그렇게 부정적인 시각을 가지게 되었을까?' 의문을 가지고 있다. 그 분은 불과가 시험평가처장시절 누구나 쉽게 풀 수 없는 난제들을 수행하게도 하였으며, 어려운 엔지니어링 판단이 필요한 임무에는 불과에게 전화해서 불과가 직접 참여할 것을 독려까지 해준 분이었기 때문이다. 상명하복을 생명으로 알고 사는 것이 군인의 길이 아니었던가? 불과는 마음 저변에서 일어나는 여러 가지 언짢은 마음들을 좋게 갈무리하고 정리했다. 마침 자신이 맡은 개선안 도출 임무도 완수한 터라 홀가분한 마음으로 다음날 새벽에 사고현장에 출두하여 사고조사를 지휘하기 시작했다. 그 이후 사고조사를 완료할 때까지 두 달 가까이 다시 주말도 없는 '월·화·수·목·금·금·금'의 일주일이 반복되는 생활을 해야만 했다.

사고조사 담당 참모총장의 참모는 감찰감이다. 사고조사 완료 후 당연히 감찰감이 상부 보고를 주관해야 했다. 새로이 취임한 공군총장은 불과가 장관에게 보고하라고 지시했다. 본의 아니게 감찰감에게 따가운 눈총을 받아가면서 불과는 총장 배석하에 장관에게 사고조사 결과를 보고했다. 당시 장관은 자신에게 보고한 내용이 마음에 들면 보고가 끝난 후 보고자와 콜라 한잔을 마신다는 소문이 있었다.

"보좌관, 시원한 콜라 한잔씩 주게!"

"네, 분부대로 하겠습니다."

불과의 사고조사 보고를 받고 장관이 콜라를 시켜주었다. 불과는 '보고가 잘 되었구나'하고 생각했다. 새로이 취임한 총장은 전임 총장의 사고조사를 깔끔하게 마무리 지어야 하는 책임이 있는 상황이었다. 불과가 지휘한 사고조사 결과에 대해 장관이 만족해 하니 총장의 기분도 좋은 듯 보였다.

장관 보고를 마치고 대방동에 위치한 서울 공군총장 업무실로 복귀하는 중에 총장 관용차에 동승하게 되었다.

"불과대령 내 차에 타거라!"

"총장님, 저도 차를 가지고 왔습니다."

"너는 총장이 타라고 하면 탈 것이지, 왜 그렇게 항상 총장 말에 토를 달고 대꾸하나?"

"네, 알겠습니다."

총장 관용차가 노량진역 정도를 지날 때였다.

어느 노병(老兵)의 꿈

"불과대령, 그동안 사고조사 하느라 수고 많았다. 군을 위해 큰 공을 세웠는데, 무슨 상을 줄까?"

"상이라니요? 당연히 제가 해야 할 일을 했을 뿐입니다. 상을 받을 일은 아니라고 생각합니다."

"아참, 자네들은 이번에 2차 비행전대장 선발이 있는데 전대장으로 내 보내주면 되겠구먼!"

"………!"

"내보내준다면 자네는 어느 부대 비행전대장으로 나가고 싶은가?"

"그렇게 배려해 주시겠다는 말씀만으로도 감사할 뿐입니다. 군인이 어디든 가라면 가면되는 것이지 제가 어떻게 선택을 하겠습니까?"

"너는 그것이 문제야! 네 문제에 대해 말 좀하면 안 되냐?"

그렇게 총장은 말을 하였지만 흡족해 하시는 듯이 보였다. 그렇게 하여 그 후 얼마 되지 않아 불과는 비행전대장에 보임되게 되었다.

불과는 미국에 박사과정 유학을 다녀온 후 조종사로서 그렇게 염원이기도 한 비행대대장 보직을 당시 공군의 분위기에 순응해서 기꺼이 포기했었다. 그런데 뜻하지 않게 대통령 전용헬기 사고가 발생하게 되어 그 원인이 제작사 잘못임을 밝힘으로써 결과적으로 공군에 큰 공적을 세우게 되어 그 대가(?)로 비행대대장에 보임되었다.

비행전대장 보임 시기가 다가오자 우려했던 일이 발생했다. 비행전대장의 임명권자인 참모총장께서 말씀하신 대로 1차 비행전대장 보임 대상에서 불과가 당연히 제외된 것이다. 그런데 생각지도 않은 불행한 사건이 발생했다. '박사학위 소지자들에게 지휘관 직위 보임'은 총장직을 걸고서라도 절대로 안 시키겠다고 공언했던 그 총장이 비행사고가 발생해서 순직한 것이다. 그에 더해 그 비행사고 조사를 잘했다는 공로로, 사고 때문에 순직한 총장이 직책을 걸고 보임시키지 않겠다던, 비행전대장 직위에 박사학위 소지자인 불과가 보임되게 되었으니 세상에 이런 아이러니한 일이 어디에 또 있겠는가?

통상적으로 공군 조종사들에게 비행대대장과 비행전대장 직책은 장군으로 진급하기 위한 필수보직이다. 박사학위 소지자들에 대한 지휘관 보직에서 제외는 일선 현장에서 열심히 영공 방위에 전념하는 조종사들에 대한 배려차원에서 합당한 처사라고 생각한다. 불과는 박사과정에 입과할 때 필수보직인 지휘관 직책에 보임을 기꺼이 포기했었다. 당시 공군의 분위기를 당연하다고 인정했기 때문이다. 그런데 자신이 포기했던, 필수보직인 비행대대장과 비행전대장 직책을 그렇게 험난한 과정을 거쳤지만 분위기에 순응한 상태에서 이수하게 된 것이다. 그것은 불과가 진정한 강자였기에 가능했던 것이 아닐까?

어느 노병(老兵)의 꿈

◀ 큰 꿈을 가진 사람은
천박한 생각이나 행동을 하지 않는다.

뇌물의 위력은 대단하다.
___

1980년대에 '우리나라에서 관료 중에서 갖다 주는 돈을 싫다고 하는 사람 처음 봤다.'라고 어느 대기업가가 폭로함으로써 유명해진 사람이 있다. 시사하는 바가 크다. 불과는 아직도 '공돈을 줘서 싫다는 사람이 있을까?' 하고 자문을 해본다.

"뇌물이란 무엇인가?"

"왜 사람들이 뇌물을 준다고 당신은 생각하는가?"

"뇌물을 주는 사람과 받는 사람 중 누가 더 나쁘다고 당신은 생각하는가?"

"당신에게 당신이 수행하고 있는 업무와 관련해서 누가 뇌물을 줄 경우 당신은 어떻게 대처할 것인가?"

불과가 건국대학교에서 '방위사업학 개론' 강의를 하면서 첫 시간에 학생들에게 제안하는 토의과제이다.

"뇌물은 만사를 형통하게 한다."

"은밀한 선물은 노를 쉬게 하고 품의 뇌물은 맹렬한 분을 그치게 한다. 등"

수천 년 전에 쓰인 성경에 뇌물 관련 구절들이다. 뇌물을 주는 사람의 입장에서 뇌물은 자기 목적을 달성하기 위한 판촉이나 홍보활동의 일환일 뿐이다. 반면에 받는 사람 입장에서는 전혀 다르다. 세상 어디에도 공짜는 없다. 뇌물을 받게 되면 그 사람은 반드시 뇌물에 상응하는 청탁성 대가를 지불해야 한다는 조건이 성립된다. 공직자의 경우 불공정한 업무처리가 불가피하게 된다. 불공정한 업무처리를 피하기 위해 뇌물을 받아서는 안 되는 것이다. 공직자는 뇌물을 절대 받지 말아야 하며 뇌물 주는 손을 부끄럽게도 하지 말아야 한다. 뇌물은 궁극적으로는 자신의 영혼까지도 팔게 하며 뇌물 주는 손은 때로는 비수가 되어 자신을 찌르기도 한다. 불과의 뇌물관이다.

"큰 욕심을 가진 자만이 청렴할 수 있다."

정약용선생의 말이다. 정약용선생은 그의 저서인 목민심서에서 관리가 지켜야할 몸가짐에 대한 여섯 가지 규범 중 한 가지로 「청렴한 마음; 淸心」을 들고 그 이유를 다음과 같이 설명하고 있다.

"관리의 청렴결백이 중요한 덕목인 것은 부도덕하고 부패할 경우 국민들이 도둑이라 욕하기 때문이다."

"또한 뇌물을 주고받은 것은 아무리 비밀스럽게 한다고 해도 반드시 드러나기 마련이며, 청렴한 벼슬아치를 귀히 여기는 것은 그가 지나가는 곳의 산과 숲, 샘과 바위도 모두 밝은 빛을 받게 되기 때문이다."

"청렴결백은 관리의 근본 임무이며, 모든 선의 원천이요 모든 덕의 근본이다. 청렴하지 않고서 능히 관리로서의 임무를 제대로 할 수 있었던 자는 지금까지 한 사람도 없었다."

"청렴이란 천하에 큰 장사이다. 왜냐면 크게 욕심을 가진 사람만이 반드시 청렴할 수 있으며, 청렴하지 못한 사람은 그 지혜가 짧기 때문이다. 그래서 옛날부터 무릇 지혜가 깊은 자는 청렴으로써 교훈을 삼고 탐욕을 경계하지 않는 자가 없었는데, 이는 청렴하다는 소리가 사방에 이르고 아름다운 소문이 말로 빛나면, 오히려 그 사람의 일생일세에 지극한 영광으로 돌아오기 때문이다."

정약용선생의 청렴에 대한 평가이다. 불과는 정약용선생의 '청렴이란 천하의 큰 장사로서 진정 큰 욕심을 가진 사람만이 반드시 청렴하다.'는 사상에 공감하며 동의하는 바이다. 불과는 자신이 젊은 시절 어떻게 그렇게 청렴하게 살아 왔는지 지금 생각해도 대견할 정도이다. 불과에게 한 가지 분명한 삶에 규칙이 있다. 누구로부터든지 뇌물이라 생각되는 것을 받게 되면 자신과 대화를 나누어 보았다.

"내가 이 정도(받은 금액) 가치밖에 안되는가?"

"아니!"

"이 세상에 뇌물 받아 부자가 된 사람이 있다고 하는가?"

"아니!"

단순한 이 두 가지 자신과의 대화가 불과를 평생 뇌물에서 자유로운 사람으로 만들었다고 생각을 한다. 어쩌면 불과는 자신이 물질에 욕심이 없는 것이 특징 중에 하나인 소양인이라서 사람들이 주는 뇌물에 초연할 수 있었지 않았나하는 생각도 한다.

불과는 공직에 있는 동안 뇌물을 좋아하는 사람들이 보임되기를 원하는 다양한 직책에 주로 보임되어 근무했었다. 요즈음 신문 지상에 많이 나오는 대형 방위력개선사업을 주관하는 핵심 직책들이다. 불과는 업무에 대한 그의 전문성과 공무수행과정에 청렴성에 대해 자타가 인정하는 사람이다 보니 그의 의견은 때로는 대형사업의 진로에 결정적으로 작용하기도 했다. 그렇다보니 불과는 주어진 업무에 책임자로서 일할 경우에는 자신의 처신을 더욱 각별하게 조심을 하면서 생활을 했기에 자신을 지킬 수 있었다고 생각한다. 그가 경험한 몇 가지 뇌물관련 사례들을 아래에 소개한다.

불과가 기억하기로 1992년 8월에 일어난 일이다. 당시 불과는 시험평가처장으로 재직하고 있던 시기이다. 공군은 기본훈련기 긴급소요 충당을 위한 해외구매사업을 추진 중이었다. 불과는 그 사업의 구매대상기종인 '스위스의 PC-9 항공기와 영국의 Short Tucano 항공기' 중 어느 기종이 공군 요구에 부합하는지 시험평가를 다녀온 적이 있다. 시험평가계획이 확정되자 불과가 과거에 상관으로 모셨던 당시 공군의 어느 군수사령관으로부터 전화가 왔다. 자기가 근무하고 있는 대구기지에 옛날에 같이 근무한 후배들과 함께 주말에 내려와서 운동이나 하고 가라는 제안이었다. 말이 제안이지 군 속성상 지시나 다름이 없었다. 제안을 받고 공군본부 동일한 부서에서 근무하고 있는 미국 유학 전에 그 군수사령관의 휘하에서 함께 근무한 경력이 있는 후배 2명과 함께 대구기지에 내려가 그 군수사령관과 함께 골프를 치고 저녁식사를 한 후 올라온 적이 있다.

운동이 거의 끝날 무렵이었다.

"불과대령, 이번에 청매사업(가칭) 시험평가를 간다면서?"

"네, 스위스와 영국에서 생산하는 대상기종들에 대한 시험평가를 다녀올 계획입니다."

"아 그래, 영국의 Short Tucano 기종에 대한 평가에 관심을 좀 가져주게?"

"네, 알겠습니다."

'이 말을 하려고 나를 내려오라고 했구나!'하는 생각이 들었다. 그러한 연유로 미사여구를 써가면서 과거에 자신이 거느렸던 부하들을 특별히 챙기는 것처럼 격식을 갖추어 자신에게 내려와 줄 것을 제안했다고 생각하니 기분이 씁쓸했다.

"옛날 부하들이 모처럼 시간을 할애하여 내려왔는데, 상관으로서 많이는 주지 못해도 교통비는 주어야겠지!"

"불과대령 받게, 얼마 안 되는 촌지일세!"

"정중령, 김소령도 ---!"

저녁식사를 마치고 계룡대 집에 북귀하려고 하는데 군수사령관이 일행 모두에게 돈이 든 봉투 하나씩을 각각 나누어주었다. 순간 불과의 뇌리에는 '이것을 받아야 하나? 받지 말아야 하나?' 하는 생각에 만감이 교차했다. 어쨌든 거절하지 못한 채, 그 분이 강조한대로 옛날에 직속상관이 당시 부하들에게 주는 격려비라는 명분하에 받아들고 돌아왔다. 분명 내용물들은 같지 않을 것이라고 생각했다. 계룡대에 도착해서 확인해 보니 불과의 봉투에는 300불이 들어 있었다.

불과는 몇 주 후 대상기종 생산국인 스위스와 영국에 시험평가 팀을 이끌고 가서 비행시험을 포함해서 시험평가를 실시했다. 평가 결과, 스위스제 PC-9이 영국제 Short Tucano보다 성능이 훨씬 우수했고, 그럼에도 가격은 저렴한 편이었다.

불과에게 어려운 시간은 귀국 후부터 시작되었다. 시험평가 보고서가 완료될 무렵 시험평가 가기 전 불과를 불러 부탁을 했던 대구에 그 군수사령관으로부터 연락이 왔다. 군 전화가 아닌 공중전화를 이용해서 대구시 모 중국집에 전화를 걸어 'Mr. Kim을 찾아 달라.'는 전언이었다.

"불과대령, 날세. 현지에 가서 직접 시험평가를 해보니 Short Tuccano 기종이 어떻던가?"

"무엇보다도 성능이 상대적으로 너무 비교가 안 될 정도로 떨어졌습니다."

"무엇이라고? 네 놈이 대체 비행기에 대해 무엇을 안다고 그따위 말을 지껄이는 것이야?"

"네, ……… 왜요? 저는 조종사이면서 사령관님과 다르게 항공공학분야에 엔지니어면서 박사입니다. 또한, 공군에서 많은 사람들이 인정하는 시험평가에 전문가입니다. 사령관님은 일선에서 비행 경력 좀 있다고 자신을 대단한 항공기에 대한 전문가라고 생각하시는 모양인데 항공기에 대해서만은 제가 사령관님보다 한수 위의 진정한 전문가라는 사실을 인정하셔야 합니다. 죄송합니다. 전화 끊겠습니다."

당시 불과의 계급은 대령이었으며, 그 분은 소장이었다. 자타가

어느 노병(老兵)의 꿈

공인하는 분이 공중전화를 이용해서 어느 중국집에 전화를 걸어 'Mr. Kim을 찾으라.'는 것부터 불과의 사고방식으로는 이해를 할 수 없는 처신이었다. 그에 더해 통화 중 전혀 예상치 못했던 상황이 벌어진 것이다. 다짜고짜 욕지거리로 호통을 치는 것이 아닌가? 불과는 순간적으로 엄청나게 당황했다. 불과는 시합선수라고 했다. 숨을 한번 크게 쉬고 답변을 논리적으로 했다. 전화를 일방적으로 끊고 난 후, 한 때는 자신이 존경했었던 상관에게 '과하게 말씀을 드렸나?'하고 생각도 해보았다. 그렇지만 '그분 관련 그동안의 부적절한 소문들이 모두 사실이었구나!' 하는 생각이 들어 정말 실망을 많이 했다. 불과는 몇 년 전부터 그 분의 장군진급 이후 부적절한 처신들에 대해 여러 소문들을 많이 들어왔다. 그렇지만 마음 한구석 그분을 모셨던 부하 중의 한사람으로서 사실이 아니길 간절히 바랐었는데, 그의 부적절하며 답지 않는 언행을 통해 소문들이 사실이라는 확신을 갖게 되는 계기였다.

그 일이 있고 며칠 후 추석연휴라서 집에서 가족들과 쉬고 있는데 잘 아는 고등학교 후배로부터 전화가 왔다.

"선배님, 선배님이 사시는 아파트 근처 생맥주집에 있습니다. 잠깐 뵐 수 있을까요?"

"그래………?, 잠깐 기다려주게. 곧 나갈게."

그 후배는 무기중개업을 해서 상당히 많은 돈을 번 사람이었다. 알고 보니 그는 당시 영국제 기종 Agent로서 이면계약을 한 상태였다. 영국제가 시험평가에서 불리하게 평가되는 것 같이 감지가 되니 친분이 있는, 시험평가 보고서 작성을 총괄하는 불과를 찾은 것이었다.

"선배님, 이번에 공군의 T-X Low 사업 대상기종 시험평가를 위해 스위스, 영국을 다녀오셨다면서요?"

"그렇다네, 그런데 어떻게 자네가 그것을 알고 있나?"

"아, 제가 좀 그 사업에 관련이 있어서요, 그런데 현지에서 수행한 시험평가 결과는 보고했나요?"

"아니, 아직 보고서 작성 중이라네."

"아, 그래요? 그런데 직접 시험평가해보니 어땠어요?"

"글쎄, 현재 보고서는 완성되지 못한 상태이고, 시험평가 결과는 기밀사항이라 말해줄 수가 없는 것 자네도 알잖아? 미안하네."

"그런데 선배님, 저도 사람들 입소문을 들어서 아는데 영국기종이 상대적으로 불리하다면서요?"

"글쎄, 어디서 무슨 말을 들었는지는 모르겠으나 내가 말해 줄 수 있는 이야기는 아닐세."

"선배님, 이번 경쟁에서 제가 중개계약을 한 영국기종을 공군에서 선택할 경우 저는 중개 수수료로 43억 원을 받게 되어 있습니다. 그 금액만 제가 받게 된다면 현재 부도가 나게 된 저의 회사가 회생할 수 있답니다. 평생 은인으로 모실 테니 한번만 저를 좀 도와주십시오."

"⋯⋯⋯⋯⋯?, 김 사장, 자네가 나를 좀 도와줄 수 없겠나?"

"네? 무엇을요?"

"내가 자네를 도와주지 못한다면, 자네는 나를 원망하면서 돌아가겠지? 반면에 내가 자네와의 고등학교 선후배간에 도리를 지키기 위해 자네를 도와준다면 자네야 평생 나를 은인으로 생각할 수도 있겠지만 나는 어떻게 되겠는가? 그동안 몸과 마음을 다해 살아온 나를 지금까지 키워 준 공군에 평생 죄인으로서 살아가야 하지 않겠나? 그러니 내가 평생 죄인으로서 후회하며 살아가지 않도록 자네가 나를 좀 도와달라는 것이네."

후배가 자신의 사업에 회생을 위해 도와달라는 애원에 오히려 자신을 도와달라고 간곡하게 말을 했다. 불과의 생애 중 경험한 몇 번 안 되는 난감한 순간이었다. 그런 사람들의 속성을 불과는 잘 안다. 불과는 어렵사리 말을 하고 선배로서 진심으로 미안해 했다. 그 후배는 막무가내로 도와달라고 하다가 원망어린 표정으로 돌아갔다. 그 후 지금까지 그 후배와는 연락이 되지를 않는다. 그렇지만 그와의 대화는 평생 뇌리에 생생하게 남아 있다. 그러면서 지금도 그의 평생 은인으로 모시겠다는 제안을 거절한 것이 정말 다행이라고 생각한다.

사람의 됨됨이는 평소 모습에 나타난다.

그 일이 있은 후 다음해 5월에 발생한 일이다. 부처님 탄신일인 4월 초파일이 지난 5월 어느 일요일 11시 예배를 마치고 12시에 교회를 나오면서 당시 계룡대에 근무하는 동료 네 쌍이 함께 계룡산 자락에 소풍을 가기로 했다. 30분 후에 숫용추유원지 주차장에서 각자 점심준비를 해가지고 만나기로 약속하고 헤어졌다. 시간이 촉박하여 당시 계룡대 남부상가에 '상아유통(가칭)'이란 가게에서 김밥 2인분을 사가지고 숫용추유원지에 갔다. 그곳에서 동료들과 유원지 물가에서 김밥을 먹으며 재미있는 대화를 나누면서 오후를 보내고 귀가했다. 당시 계룡대지역에서는 김밥을 파는 곳이 '상아유통' 밖에 없었다. 대화중에 알게 된 사실인데 당시 물가에 함께 간 동료들 모두 같은 가게에서 김밥을 사왔다고 했다.

그날 저녁 취침 중에 배가 너무 아파서 잠에서 깨었다. 새벽 3시가 조금 지난 시간이었다. 아내의 신음소리가 들렸다.

"여보, 왜 그래? 어디 아파?"

"배가 너무 아파서 그래요!"

"나도 그런데……, 여보 병원에 갈까?"

"지금 몇 시인데? 아침까지 좀 참아보죠, 그래도 안 되면 병원에 가요~~."

새벽 3시 이후 불과 부부는 그렇게 신음하면서 자는 둥 마는 둥 아침까지 어려운 인내의 시간을 보냈다. 통상적으로 불과의 아내는 6시가 되면 일어나서 아침밥을 해주었다. 그날 아침은 6시가 넘었는데도 불과의 아내는 배에 통증을 호소하면서 일어나지를 못했다. 불과 역시 너무 힘들어서 7시가 좀 넘어 간신히 일어나 세면만 하고 출근했다.

불과는 출근길에 지난밤에 복통을 일으킨 원인에 대해 생각해보았다. 작일 특별히 집에서 식사를 하지 않았으니 무엇보다 외식에 문제가 있었다고 1차적으로 생각했다. 전날 점심에는 김밥을 먹었고, 저녁에는 교회행사에 참석해서 행사종료 후 떡을 먹은 기억이 났다. 복통의 원인으로 떡보다는 김밥에 의혹이 더 갔다. 사

어느 노병(老兵)의 꿈

무실에 출근하자마자 전날 숫용추유원지에 같이 갔던 동료들에게 전화 통화를 시도했다. 예측했던 대로 김밥이 원인임이 밝혀졌다. 자기 남편은 식사량이 많아 1인분이 2줄인 김밥을 3줄 사왔다고 말한 동료 부부는 3시경 앰뷸런스에 실려서 기지 병원에 입원을 했다고 했다. 어머님까지 모시고 모임에 왔던 다른 동료 부부는 5시경에 역시 병원에 입원을 했다고 했다. 나머지 한 동료는 조금 전 7시경에 부부가 함께 병원에 입원하러 갔다고 했다.

불과는 집에 연락해서 아내에게 병원에 가서 수액이라도 맞고 오라고 연락을 하고, 본인은 11시에 계획된 상관에게 보고 종료 후 병원에 가기로 계획했다. 11시가 되어 상관에게 보고하러 갔다.

"자네 왜 그렇게 얼굴이 핼쑥해? 어디 아픈가?"

"네, 배가 너무 아파서요. 어제 점심에 먹은 김밥이 문제가 있었나 봅니다. '상아유통'에서 김밥을 사서 같이 먹은 동료들 모두 병원에 입원했다고 하네요!"

"그게 무슨 소리야? 나도 어제 그 집에서 김밥을 사가지고 등산가서 먹었지만 이렇게 멀쩡한데~~"

불과가 힘들어 하는 모습을 의아하게 생각하는 눈치였다. 나중에 알게 된 사실이지만 불과가 보고한 그 상관도 오후 4시경에 복통이 심하게 발병하여 들것에 실려서 병원에 입원했다고 했다. 아마 그 분은 전날 김밥을 사가지고 계룡산을 등산한 후 오후 늦게서야 김밥을 먹었기 때문에 그렇게 늦게 증상이 나타난 것으로 생각이 됐다.

불과는 보고 후 오후에 병원에 가서 수액을 맞았다. 기지병원에 가보니 복도에까지 배가 아픈 병사 및 아이들로 만원이었다. 그런데도 발병원인을 모른다고 했다. 불과가 확인해보니 입원한 사람들은 그 전날 귀대하면서 내무실원을 위해 외출병사가 사온 김밥을 먹고 입원한 병사들, 그 전날 김밥을 사가지고 성당주관으로 소풍을 갔다가 김밥을 먹고 입원한 어린이들, 불과와 같이 동료들과 김밥을 사가지고 나들이에 가서 김밥을 먹고 입원한 사람들이 전부였다. 입원한 사람들은 모두 그 전날 김밥을 먹었다는 공통점이 있었다. 그러한 사실을 근거로 제시하며 병원에 역학조사 할 것을 신고했다.

오후에 수액을 맞은 덕에 조금 좋아진 느낌은 들었지만 여전히 복통도 있고 거의 회복이 되지 않았다. 그날 퇴근 후 집에서 아내와 같이 나란히 아픈 배를 달래며 누워있는데 누가 찾아왔다. 불과가 아내 대신 간신히 일어나 출입문을 열어보니 찾아온 사람은 김밥을 판 상아유통 주인이었다.

"저의 집에서 판 김밥을 잡수시고 탈이 났다면서요? 정말 죄송합니다. 무엇을 어떻게 해드려야 할까요? 사과하는 의미로 저희들의 조그마한 성의이니 받아두시지요?"

"김밥을 먹고 탈이 난 것은 확실하지만 그렇다고 사장님께서 일부러 상한 김밥을 파신 것은 아니잖아요? 너무 미안해하시거나 죄를 지셨다고 생각하실 것 없습니다. 사장님께서 일부러 고의로 그러셨다면 모든 책임을 지셔야 하겠지만 전혀 예상치 못하시고 문제없다고 생각되어 파신 것인데 어떻게 하시겠어요? 이제 좀 나아지는 것 같습니다. 특별히 신경 쓰실 것 없습니다.

어느 노병(老兵)의 꿈

괜찮으니 좀 쉬게 이만 돌아가 주세요?"

　사고유발에 대한 사과의 표시로 준비해 가지고와서 내밀은 흰 봉투를 정중히 거절하고 문을 닫았다. 뒤에서 스르륵하는 소리가 나서 돌아보니 상아유통사장이 출입문 밑으로 들고 왔던 봉투를 밀어 넣어서 들리는 소리였다. 불과는 너무 힘들어서 봉투를 집어서 출입문 옆 신발장 위에 올려놓고 방으로 들어와서 다시 누어서 쉬었다.

　간신히 출근해서 힘들게 하루를 보내고 퇴근해서는 식중독으로부터 회복하기 위해 죽 등을 끓여 먹었다. 4일 정도 그러한 생활을 반복하고 나니 원기가 좀 회복되는 듯 했다. 불과는 지금도 고맙게 생각하는 사람이 있다. 당시 불과 자신이야 힘들고 어려워도 출근하게 되면 식당에서 식사도 할 수 있고 아프면 병원에 가서 링거도 맞을 수 있었다. 하지만 불과의 아내는 고작 집에 누어서 휴식하는 것이 전부였다. 그런 아내에게 죽도 쑤어다 주고 옆에서 간병을 해준 후배 부인이다. 사실 회복할 때까지 불과보다 불과의 아내가 몇 배 더 힘들어 했던 것으로 기억이 된다.

　금요일 아침에 출근을 하려는데 신발장 위에 놓여 있는 흰 봉투가 눈에 띄었다. 월요일 저녁 때 상아유통 주인이 출입문 밑으로 밀어 넣고 간 것이었다. 내용물을 확인해 보니 만 원짜리 신권 10장이 들어 있었다.

　"여보, 이 봉투를 배달사고 나지 않도록 상아유통 주인에게 당신이 직접 전해 주고 오세요. 김밥 팔아서 얼마나 남는다고, 이렇게 봉투를 돌리면 어떻게 벌어먹고 살겠나?"

대수롭지 않게 아내에게 말하면서 출근을 했다. 회복이 된 후 며칠간에 걸쳐 야유회에 가서 김밥을 먹고 곤욕을 치른 동료들과 그들의 가족들로부터 여러 통의 전화를 받았다.

"야, 불과대령, 우리 상한 김밥 사먹고 원기를 손상했으니 상아유통 주인에게 손해배상을 받아내서 보약이라도 한 재씩 사서 먹어야 하지 않겠어? 자네는 목소리가 큰 편이니 한번 앞장서서 추진해보면 어때?"

"아, 그런 의견들이야? 그런데 나는 다른 생각이야. 그 사람이 고의로 유효 날자가 지난 김밥을 팔아서 우리가 곤욕을 치렀다면 당연히 손해 배상을 요구해야겠지, 그렇지만 살아보겠다고 열심히 장사를 하는 과정에서 그렇게 된 것인데 어떻게 손해 배상을 요구할 수 있어? 나는 그러면 안 된다고 생각해, 나는 손해 배상 청구에 전혀 관심이 없으니 제외시켜 줘?"

동료들은 불과보고 앞장서라고 부추겼지만 불과는 단호히 거절했다. 김밥 사건이 발생하고 4주 정도 지났다. 불과가 근무하는 공군본부에 지원을 담당하는 부대장으로부터 전화가 왔다. 그는 불과의 3년 선배로서 당시 계급은 준장이었다.

"불과대령, 자네는 지난번 김밥 사건에 피해자 중에 하나이면서 어떻게 상아유통 주인이 준 봉투를 되돌려 준거야?"

"네~~? 그 사람이 고의로 상한 김밥을 판 것은 아니잖아요? 김밥 팔아서 얼마나 남는다고 그런 서민한테 국가에 간부라고 하는 우리 같은 사람들이 조금씩 힘들게 모은 돈을 받아 챙겨요, 그래서 되돌려 준 것인데요."

"그래~~? 그런데 그날 자네와 함께 숫용추유원지에 갔다가 김밥 먹고 탈이 난 다른 장교들은 상아유통 주인한테 가서 김밥 먹고 식중독 걸려 원기를 손상했다고 몇 십 만원씩 더 받아서 보약도 사먹고 몸보신도 했다고 하던데~~, 자네는 정말 별난 사람이구면? 그렇지만 자네의 그 소탈하며 때 묻지 않은 성품과 상대방을 배려하는 마음은 정말 대단하네. 자네는 정말 장교들의 귀감이라고 할 만하네!"

무엇보다도 '집사람이 전달을 해서 배달사고는 나지 않았구나.'하고 생각했다. 불과는 자신이 옳다고 생각하는 생활방식대로 너무 당연한 일을 했을 뿐이다. 당연한 일을 한 것에 대해 칭찬을 듣는다. 정말 어색하게 느껴졌다. 반면에 유독 불과만이 상아유통 주인이 주고 간 봉투마저 되돌려 주었다는 이야기를 전해 들었을 때 불과의 선배 부대장은 기분이 어땠을까? 참, 특이하다고 생각했을 것이다. 그래서 그 이유를 알고자 불과에게 전화를 해서 물어보니 오히려 물어 보는 것 자체를 이상하게 느끼는 것 같지 않은가? 다른 식중독 피해자들은 피해보상 차원에서 돈을 받아낸 것이 무엇이 문제냐고 당연시했을 것이다. 불과는 오히려 원인 제공자가 고의가 아닌데 굳이 봉투를 받아야 하느냐며 되돌려 준 것을 당연시했다. 특이하다고 생각할 수밖에 없었을 것이다.

더구나 불과는 당시 다른 동료들도 자신과 같이 봉투를 되돌려 주었을 것으로 생각하고 있었다. 그래서 자신이 봉투를 되돌려 준 것을 누구에게도 말한 바가 없다. 그 사실을 아는 것은 오직 자신과 봉투를 가져다가 준 자신의 아내밖에 없었다. 선배는 아무런 가식이나 꾸밈이 없는 불과의 때 묻지 않은 천진난만한 마음을 높이 평가했다. 발 없는 말이 하루에 천리를 간다고 한다. 그러니 그 사실은 불과가 소속된 군 수뇌부 지휘관 참모들에게 곧바로 전해지지 않았겠는가?

대가를 바라지 않는, 알려지기를 바라지 않는 인간 본연의 천성은 아름답다고 했다. 전혀 예상치도 못하게 불과는 단돈 10만 원으로 천금을 주고도 살 수 없는 자신을 알고 있는 많은 주위 사람들에게 천성의 아름다움을 선사했다. 그 대가로 불과는 그들의 마음을 살 수 있었다. 장군 진급을 몇 년 앞두고 있었던 당시 불과에게 이는 최고의 선물이 아닐 수 없었을 것이다. 불과는 지금 당시 상황이 재연된다고 해도 똑같이 행동을 할 것이다. 확신할 수 있다. 그것이 불과가 70년 가까이 주위 사람들로부터 칭찬 받으면서 살아온 습성이다. 이제는 그러한 불과의 언행을 '큰 꿈을 가진 사람은 천박한 생각이나 행동을 하지 않는다.'고 문장으로 표현할 수 있다.

정직한 자가 진정 강자이다.

불과는 명예스럽게도 1998.1.1일부로 공군준장에 진급했다. 동기생 중에 2차로 장군 진급을 했지만 박사 유학과정을 신청하면서 군에서 장군 진급을 포기한 불과에게 장군 진급은 특별한 의미가 있다. 박사 학위를 받고 군에 복귀해서 엔지니어로서 때로는 투덜거리기도 했지만 꾸밈없이 군 발전을 위해 정성을 다해 헌신한 결과라고 생각되었기에 불과 자신에게는 물론 불과와 비슷하게 학위과정에 도전한 후배들에게도 꿈을 갖게 해주는 계기가 되었다.

"내가 비록 박사과정에 입과 한다고 해도 열심히 노력해서 군을 위해 큰 기여나 공헌을 한다면 나에게도 장군 진급의 기회가 주어질 것이다."

비록 군인일지라도 학문에 뜻이 있어 박사과정까지 수학을 원하는 후배들에게 희망의 메시지를 준 것이다. 불과 선배 중에 몇 명이 박사과정을 다녀온 후 눈에 거슬리는 언행으로 인해 박사과정 이수자들이 조종사 사회에 배척을 받게 되었다. 그 결과 불과의 4년 선배 1명이 준장으로 진급한 것을 제외하고 외국 유학으로 박사학위를 받아온 조종사 중 정상적으로 진급한 경우가 없었다. 여기서 정상적으로 진급했다는 것은 포상차원의 1~2년의 직위 진급이 아니라는 의미이다.

불과는 소장으로 진급하기 전 4년 동안 준장으로서 근무를 하면서 생각지도 않게 지휘관 생활만 했다. 본부사령, 훈련단장, 비행단장, F-X 사업단장이 그가 보직을 맡았던 지휘관으로서의 직책들이다. 두 번째 지휘관 시절 겪은 일이다. 사람이 살다보면 이렇게 억울한 일을 겪을 수도 있다.

1998.10.2일 새벽 5시 20분경 잠결에 전화를 받았다.

"선배님, 저 이영무(가명)대령인데요, 혹시 작년 전반기에 예비역 신동섭(가명)준장님께 비밀자료 넘겨주신 것 있으세요? 그리고 그렇지 않은 분이시라는 것을 저희 후배들은 잘 알고 있지만, 혹시 비밀공여 대가로 봉투 받으신 것은 없으신지요?"

"……… 왜?"

"오늘 아침 한국일보 조간신문 1면에 선배님이 비밀을 신동섭 선배 장군에게 유출하고 향응을 10회 이상 대접받았다고 2단 기사가 나와서요."

당시 청와대에 공군 연락장교로 파견되어 있던 불과가 고등비행훈련과정에서 가르친 후배 조종사로부터 전화였다.

새벽 단잠을 자다가 불식 중에 받은 전화였지만 분명하게 답변을 했다.

"전화 고맙네, 그런데 전혀 그런 일이 없으니 걱정하지 말게, 자네가 내 성품 잘 알잖아~~."

그저 남의 일처럼 답변을 하고 전화를 끊고 다시 잠을 청하려 했다.

"가만있자. 무엇이라고? 조간신문 1면에 「현역 신불과 준장 나쁜 놈!」하고 기사가 실렸다고?"

정신이 번쩍 들었다. 사실이 아니라고 해도 유명 조간신문에 신불과가 마치 그러한 짓을 한 것처럼 기사가 나왔다고 했다. 보통 사건이 아니라는 생각이 들었다. 신문기사 내용을 공군본부 상황실에 전화를 해서 직접 확인한 후 대책을 마련하기 위해 일찍 조식을 하고 출근을 했다. 무엇보다도 불과를 당황하게 하는 것은 출근길에 만난 부하 직원들의 표정과 불과와의 대화를 꺼리는 것 같은 분위기였다.

"저 분이 그런 분이었어?"

"말은 정의의 사도처럼 말하면서 자신은 군 기밀을 선배에게 빼돌리고 그 대가로 대접이나 받는 사람이었어?"

"인간적으로 참 안되었네, 그렇게 어렵게 장군으로 진급하고 나서 1년도 되지 않아 불명예제대를 해야 한다니?"

신문기사 내용이 어떻게 퍼졌는지 출근길에 만난 부대원들이 불과에게 그렇게 말하는 것 같은 표정들이었다. 막상 가까운 부하 직원들까지도 불과와 대화하는 것을 꺼리는 모습이었다.

공군 내부에 돌아가는 분위기를 파악하기 위해 공군 본부에 홍보를 담당하고 있는 정훈공보실에 지휘부의 의중을 물어 보았다. 그 과정에서 사건 전말을 알게 되었다.

"선배님, 오늘 조간신문에 게재된 배경은 선배님이 7~8년 전에 직속상관으로 모셨던 예비역 신동섭준장이 요즈음 세상을 떠들썩하게 하고 있는 수다 Kim(가명)방산비리에 연루되어 서울지검에서 조사를 받는 과정에서 자술서에 선배님과 18기 이진수(가명)소장으로부터 비밀을 넘겨받았다고 자술했답니다. 선배님과는 여의도 동원일식집(가칭)일식집에서 자주 만나 비밀을 넘겨받았다고 구체적으로 자술했는데 그 내용을 언론이 알고 향응까지 받았다고 부연해서 조간신문에 기사화했다고 하네요."

"아, 그래."

"그런데 기무사령부에서 사령관 명의로 해당 방산비리사건은 이미 조사를 완료하고 문제가 있는 부분에 대해서는 조치를 취하고 사건을 종결하였는데, 거론된 2명의 현역 장군들은 해당

비리사건에 무관한 것으로 판명되어 조사를 하지 않을 계획이라고 공표했으니 걱정할 필요가 없답니다."

공군본부 정훈공보실의 후배 장교가 설명해 준 사건 전말 및 분위기 관련내용이다. 불과의 뇌리에 어렴풋이 사건 발단 배경과 내용에 대해 윤곽이 그려졌다. 기무사령부에서는 조사할 계획이 없다고 하지만 분명히 조사를 받게 될 것이라고도 생각이 되었다. 불과는 무엇보다 지휘하고 있는 부대에 안정이 우선이라고 생각했다. 먼저 파악한 내용을 직속상관인 교육사령관에게 전화로 보고한 후 불과 지휘 하에 훈련단 지휘관 참모들을 모아놓고 단호하게 신문기사에 대해 설명했다.

"여러분, 많이 궁금했고 저에 대해 오해들 했었죠?"

"………?"

"분명한 것은 내가 과거에 직속상관으로 모셨던 신동섭준장과 몇 번 만나서 저녁식사를 한 적은 있습니다. 그러나 신문기사 내용과 같이 10여 회 이상 향응이라고 할 수 있을 정도의 접대를 받은 적은 없으며, 방위사업분야에 '88년 이후 지속적으로 종사해온 사람으로서 군 비밀이라고 생각되는 것은 절대로 그 분에게 누설한 적이 없음을 분명하게 말하니 염려나 우려를 하지 않아도 좋을 것입니다."

첨언해서 자신이 파악하고 있는 사건 발생 전말에 대해 자세하게 내용들을 말해주었다. 자신은 비밀을 누설한 적도, 향응이나 봉투를 받은 적도 전혀 없음을 선포했다. 그에 대해 예하 지휘관 참모들 중 불과와 가까이에서 근무해서 불과에 대해 잘 아는 부

어느 노병(老兵)의 꿈

하직원들은 다행이라는 표정과 함께 불과의 설명을 믿는 표정이었다. 하지만 대부분의 부하직원들은 반신반의하는 표정이었다. 그 당시에 부하직원들의 반신반의하는 표정으로부터 불과는 자신이 당시 경험한 억울한 심정과 이후에 직·간접적으로 겪었던 불과 자신에 대한 주위 사람들로부터의 불신은 평생 잊지 못할 것이다. 불과 자신에게는 책임 있고 명확한 사실에 기초한 언론에 기사화가 얼마나 중요한지를 절감하게 하는 계기가 되었다. 언론의 촌철살인이 이해되었다.

기무사령부에서 사령관 명의로 조사를 하지 않겠다고 성명을 발표했음에도 불과가 예상했던 대로 신문에 발표된 이틀 후 불과에게 아래와 같은 연락이 왔다.

"명일 오전 9시 40분 진주발 KAR 852편(가칭)에 상경하여 기무사령부에 출두해서 조사를 받으라. 김포공항에 당신을 Pick-up하러 수사관을 내보내겠다."

불과는 기무사 조사에 대비해서 준비를 했다. 신문에 언급된 과거 자신이 모셨던 직속상관과 2년 전 합참에 공군과장(가칭)으로 재직시 몇 번 만나게 된 계기와 당시 나누었던 대화의 의제 및 내용들에 대해 업무노트에 기록해 놓은 사항들 위주로 기억을 더듬어 정리를 해보았다. 노트에 기록된 바에 의하면 '96.12.17일, '97.1.31일, 4.30일, 6.21일 네 번에 걸쳐 여의도 동원일식집에서 그 선배를 만난 것으로 되어 있었다. 합참 과장시절 업무노트는 근거자료로서 가지고 가서 제시할 수가 없는 상황이었다. 원래 합참의 전력과장 업무내용은 주로 방위사업계획 관련 사항들로서 대부분이 군사비밀에 해당한다. 부장이나 본부장 주재 회의 시 언급된 노트에 기록된 내용들은 대부분이 비밀에 준한다고 할 수 있다. 그러한 내용들이 적혀 있는 업무노트를 참고자료로 들고 갔다가 엉뚱하게 그것을 비밀 유출로 몰고 갈 수 있는 가능성도 있기 때문이다. 네 번에 걸쳐 만난 날짜, 만나게 된 경위, 나눈 대화 등을 뇌리 속에 차곡차곡 정리해서 메모리 했다.

기무사에서 조사를 받아야 한다고 생각하니 몇 년 전 고교 동창 중 정부기관에 근무하고 있는 친구로부터 들은 이야기가 새삼스럽게 떠올랐다. 그가 젊어서 그 유명한 '남산 지하 조사실'에 근무할 때 겪었다는 경험담이다.

"불과야! 사람 중에는 별사람이 다 있어. 4성 장군이라고 밖에서는 이름을 날리던 사람도 남산 지하실에 불려오게 되면 처음에는 목에 힘을 주고 뻣뻣하지. 그러다가 군복에서 계급장을 떼고 심문을 시작하면 대부분이 구역질이 날 정도로 비굴해진단다. 직위가 무색할 정도로 벌벌 기는 참담한 모습을 보면 우리 조사관들은 속으로 마음이 상해서 더 세게 고문을 하게 되지."

"아, 그래?"

"모두 그런 것은 아냐. 가끔 그렇지 않은 분도 있어. 많지는 않지만 어떠한 협박이나 고문에도 끝까지 굴하지 않고 본연의 올바름을 지키는 의연한 분들이 있지. 그러한 분들에게 우리는 조사관의 입장이라서 어쩔 수 없이 때로는 욕설도 하고 고문도 하지만 마음속으로는 존경하는 마음이 우러나 심하게 다루지 않고 봐드려."

　　　　　　　　　　　　어느 노병(老兵)의 꿈

기무사령부에서 지시한 대로 불과는 군복차림으로 다음날 민간 항공편에 김포공항을 향했다. 공항에 도착해서 트랩에서 내리니 기무사 조사관들이 차를 항공기 주기장에 정차해놓고 기다리고 있었다.

"안녕하세요? 먼 길 오시느라 수고하셨습니다. 기무사 수사관 이동휘, 김갑수(가명)입니다. 차에 타시지요."

"공항까지 마중 나와 주다니 고맙네."

불과 일행을 태운 아반테 승용차는 88올림픽대로를 타고 동쪽을 향해서 달렸다. 불과는 뒤 좌석 두 명의 수사관 사이에 샌드위치 형태로 앉은 채 어디로 가는지 묻지도 않았다. 한참 주행하던 중 청담대교 밑을 통과하면서 한 수사관이 불과에게 말했다.

"저희들 수사기관에 가까이 도착했습니다. 이곳부터는 장소보안이 필요하니 도착할 때까지 눈을 좀 감아 주시지요."

"알았네."

불과는 오늘 조사에 대비해 지난밤에 잠을 설친 탓도 있고 해서 그런지 눈을 감고 있는 동안 어느 틈에 잠이 들었다.

"도착했습니다. 내리시지요."

긴장해야 할 사람이 눈을 감으라고 했더니 편히 잠을 자는 것을 보고 의외라고 생각했는지, 자기들을 무시한다고 생각했는지 수사관들의 표정이 그렇게 좋은 편은 아니었다. 어느 건물에 도착해서 조사관들이 인도하는 대로 바로 조사실에 들어간 것이 불과의 뇌리에 남아있다.

"지금 12:15분입니다. 점심때인데 점심을 드시고 조사를 받으시겠습니까? 아니면 바로 조사를 받으시겠습니까?"

"지금 점심이 문제인가? 내 부대에서는 수천 명의 부하들이 나의 안위에 대해 걱정들 하고 있을 터인데 자네들만 괜찮다면 그대로 수사를 진행하게."

"네, 그러면 수사를 시작하겠습니다."

조사실에 도착해서 곧바로 조사를 받기 시작했다. 그 당시 불과가 증언한 내용들이 아직도 생생하게 기억에 남아 있어 정리해 본다. 다음은 불과가 예비역 신동섭준장을 만나게 된 경위에 대한 증언 내용이다.

"신대령, 잘 있었어? 나는 금번 장군 진급자 명단에 자네는 꼭 포함되어 있을 줄 알았는데, 자네 이름이 없어서 아쉬웠네, 좀 늦은 감이 없지 않지만 내가 위로 저녁 한번 샀으면 하는데 시간 좀 내주게?"

"죄송합니다. 말씀만으로도 감사합니다. 장군 진급은 재수가 더 어렵다고 하던데 이제 한번 남은 내년에 진급기회를 살려보기 위해 경건한 마음으로 재수하고 있습니다. 위로 저녁은 마음로만 받겠습니다."

"자네 숙소가 어디야?"

"네, 보라매공원 옆에 태성대 아파트입니다."

"무엇을 그렇게 피하나? 저녁은 먹어야 할 것 아니야, 집에 가는 길 중간 여의도에서 저녁 식사나 간단히 하세?"

더 이상 과거 상관의 조름에 기피할 수가 없어 불과는 예비역

어느 노병(老兵)의 꿈

신동섭준장과 저녁식사를 하게 되었다. 만나자고 한 장소가 동원일식집이었다. 일식집에 가서 메뉴판을 확인하고 불과는 깜짝 놀랐다. 1인 저녁식사 가격이 11만 원이었던 것이다.

"선배님, 선배님은 지금 일도 하시지 않고 계신데 아무리 부모님으로부터 증여받은 재산이 많다고 하더라도 이곳에서 식사는 우리 분수에 맞지 않는 것 같습니다. 예약을 했기에 자리를 지금 옮기기가 어렵다면 1인분만 시켜서 먹지요?"

완강한 불과의 태도에 어쩔 수 없이 그렇게 식사를 할 수밖에 없었다. 안부 묻는 성격의 처음 만남 이후 불과의 과거 상관은 그 후 세 번 정도 더 만나기를 요청해서 부담 없이 만나게 되었다. 예비역 신동섭준장은 두세 번째 만남에서 우회적으로 당시 진행 중이던 공군의 방위사업관련 내용들을 묻기도 했다. 지나가는 말로 자신은 최근에 취직을 했다고도 했다. 봉급을 600만 원이나 받고 있으며 고급 승용차까지 지원해준다고 했다. 자기 동기생들과 비교할 때 자신은 최고급 대우를 받고 있다고 자랑하기도 했다. 불과는 짐작이 가는 바가 있어 한마디 물어보았다.

"선배님, '수다 Kim'하고 일하는 것 아니에요?"

"아니, 자네가 그것을 어떻게 알고 있어? 내가 그렇지 않아도 자네를 그 분한테 소개했더니 기꺼이 만나보고 싶다고 하던데, 소개시켜줄까?"

"아, 그랬군요. 그저 혹시나 해서요. 소개는 됐습니다. 제가 그 사람을 만나야 할 이유는 없습니다."

당시 불과가 합참 직속상관으로부터 공식회의 자리에서 들은

큰 꿈을 가진 사람은 천박한 생각이나 행동을 하지 않는다.   ____ 315

이야기가 생각났다.

"요즈음 밖에는 무기상 '수다 Kim'이 활개치고 다닌다는데 조심들 하게!"

직속상관 말이 생각나서 물어본 것인데 사실로 확인이 된 것이다. 불과는 과거 시험평가처장 시절부터 보안유지의 중요성을 깊이 인식하고 살아온 사람이라 누구를 만나도 걱정을 하지 않았다. 그것은 자신이 누구를 만나서도 군 기밀을 누설하지 않을 자신이 있었기 때문이었다. 그 모임 이후에 마지막 네 번째 만남을 갖게 되었지만 더욱 조심했기에 불과는 어떠한 비밀이라고 생각되는 이야기는 전혀 하지 않았다. 그것이 그 분과의 만난 전말이다.

수사 과정에서 그분을 만난 경위, 나눈 대화 의제들, 각 의제별 주요 내용들에 대한 질문에 하나하나 기억을 더듬어 가면서 성실하게 답변을 해나갔다. 그러한 과정에서 문제가 발생했다. 신문기사에는 불과가 그 분을 10회 이상 만나서 향응을 대접받았다고 되어 있었다. 10회 이상 만난 것에 대해 사실여부를 질문했다. 불과는 노트에 기록되어 있는 대로 날짜까지 말하며 네 번 만났다고 답변했다. 불과가 아무리 네 번 밖에 만나지 않았다고 주장해도 수사관들은 계속해서 추궁했다. 그러던 중 수사관이 실수를 했다.

"아니, 불과 장군님, 네 번이면 어떻고, 열 번이면 어떻습니까? 만났다는 것이 죄가 됩니까? 왜 그렇게 네 번을 고집하시는지 모르겠네요."

"잠깐 수사 중지! 자네 무어라고 지금 말했나? 자네 수사관 맞아? 수사관이란 사람의 언행이 그 정도 밖에 안 돼?"

어느 노병(老兵)의 꿈

"무엇이 잘못되었나요?"

"자네 지금 무어라고 했나? 네 번이면 어떻고, 열 번이면 어떠냐고 했지? 그렇다면 무엇 하려고 나를 조사하나? 언론에 나와 있는 대로 내가 10여 차례 이상 향응을 받았다고 하면 될 것 아냐? 자네 조사관 맞아? 내가 보기에 자네는 기본적으로 조사관으로서 자격이 없는 사람이구먼."

".........!"

"......... 그거 보라고, 먼저 사실여부를 동원일식집에 가서 확인을 했어야 하는데, 사전에 확인을 하지 않고 조사를 하니까 이런 문제가 발생하잖아."

불과의 질책을 듣고 조사관들끼리 투덜거렸다. 급히 조사를 하느라고 사전에 신문 기사내용에 대한 진위여부를 확인하지 않은 것을 실토한 것이다.

"그러면 그것은 사실여부를 확인 후에 다시 언급하기로 하지요. 그러면 예비역 신동섭준장으로부터 얼마나 받으셨습니까? 소문에 의하면 예비역 신동섭준장께서는 여러 현역장교들에게 봉투를 돌렸다고 하던데 그 분을 여러 번 만나신 분이 받지 않았다고는 못하시겠지요?"

"앞에서 진술한 대로 나는 그저 옛 상관이 식사나 한번 하자고 해서 만났을 뿐 어떠한 거래도, 더구나 봉투 같은 것은 알지도 못하네."

"자꾸 아니라고 발뺌만하시고 계신데 솔직히 말씀하시지요. 저희들은 예비역 신동섭장군으로부터 진술들과 증거들을 모두 확보하고 있습니다. 조사를 시작한 후 벌써 5시간이 지났는데 모든 것을 부정만 하시고 아무것도 인정을 하지 않으시는데요, 불과 장군님의 솔직한 진술을 밖에서 높으신 분이 모든 증거 자료들을 가지고 기다리고 있습니다. 말씀하시는 것이 좋을 것입니다."

"잠깐 조사 중지! 자네 지금 무엇이라고 말했나? 뭐, 높으신 분, 야! 기무사령부에서 사령관 말고 나보다 계급 높은 사람 있어? 자네들 '높은 사람'하면서 나를 겁주는 거야? 기껏 높다고 해봤자 대령이겠구먼, 들어오라고 해! 얼마나 대단한 사람인지 얼굴 한번보세!"

"………."

"다시 조사 시작해!"

그렇게 조사과정에 실랑이를 벌이는 사이 저녁 7시 경이 되었다. 불과가 만나서 식사를 했다는 여의도 동원일식집에서 예비역 신동섭준장이 과거 몇 년 동안 식사를 하고 카드로 결제한 내력 확인 결과가 통보되었다. 그 분이 그 일식집에서 식사를 카드로 결제를 한 횟수는 총 8회였다.

"이래도 내가 한 말이 거짓이라고는 하지 않겠지? 내가 그 일식집에서 그 분과 만나는 동안 느낀 것은 그 분을 단골로 예우하던데, 그 분이 나만 그 집에서 만났겠나? 오히려 내가 네 번이나 그곳에서 그분을 만났다는 것이 많은 것 아냐? 이래도 한국일보에 언급된 대로 내가 그 분한테 여의도 동원일식집에서 10여 차례 만나서 향응을 접대 받았다는 사실을 가지고 나를 조사할 텐

어느 노병(老兵)의 꿈

가?"

"………!"

저녁 8시 반이 지났다. 조사관들이 솔직하게 불과에게 사건의 전말을 털어 놓았다. 다음은 그 내용이다. 예비역 신동섭준장은 '수다 Kim 방산비리'와 관련해서 서울지검에서 그 전월에 조사를 받았다. 그가 작성한 자술서에 '이진수소장과 불과 준장을 각각 여의도 동원일식집과 사무실에서 만나 대화를 나누면서 획득한 비밀자료들을 수다 Kim에게 보고했다.'는 내용이 언론에 유출되어 기사화 되었다. 서울지검에 검사들이 예비역 신동섭준장에게 확인을 했다.

"예비역 신동섭준장님, 그런 고급 정보는 금품을 제공하지 않고는 얻기가 힘들다고 생각하는데, 후배 현역 장군들에게 얼마짜리 봉투를 제공했습니까?"

"말도 마시오, 신불과 준장에게 봉투를 내밀었다가는 그 사람을 영원히 만날 수 없습니다. 내가 데리고 있어 봐서 아는데 그 사람은 공군에 청렴하기로 소문난 사람이라오."

예비역 신동섭준장은 그렇게 신불과에 대해 진술을 했다고 한다. 수사관들은 그러한 사건 전말을 이야기해 주면서 말했다.

"사실 저희들은 이미 신불과준장님이 절대로 돈이나 몇 푼 받고 주요 군 비밀을 유출할 사람이 아니라는 것을 알고 있었습니다. 그래서 처음 신문에 기사가 나왔을 때 기무사령부에서는 조사할 필요가 없다고 공표했던 것입니다. 그렇지만 언론에서 '편견을 가지고 현역 장군들에 대해서는 봐주기식으로 조사를 하지 않았다.'고 이의를 제기할 것에 대비해서 이번에 조사를 하게 된 것입니다. 아시겠지요?"

"………."

"그렇지만 조사 형식은 갖추어야 합니다. 그러하니 저희들에게 협조 좀 해주십시오."

"알았네. 질문을 하게, 성심성의껏 대답을 해주겠네."

조사 받는 형식을 갖추어 그들이 묻는 질문에 대해 문제가 되지 않은 범위 내에서 기억나는 사실들을 진술해주었다. 수사관들의 질문과 불과의 답변이 끝났다. 불과가 최종적으로 진술서 작성내용을 검토했다. 그리고 수사관들에게 부탁했다.

"예비역 신동섭준장께서 나를 만나서 정보를 획득하여 '수다 Kim'에게 보고했다는 방위사업관련 관련 보고서를 나에게 보여 줄 수 있는가? 있다면 가져다주게?"

"네, 여기 있습니다."

"본 내용은 내가 전력과장시절 심혈을 기울여 작성한 내용들이라 나는 지금도 분명하게 기억하고 있다네. 내가 지적하는 보고 작성내용들을 확인해 보게. 실제 비밀내용들과 맞지 않는 내용들일세. 한번 확인해보면 바로 알게 될 걸세. 그런데도 그 분이 나로부터 정보를 입수해서 보고서를 작성해서 '수다 Kim'에게 보고했다는 말을 믿을 텐가?"

분명하게 언급했다. 그들이 원하는 형식에 맞추어 진술서를 작성하도록 도와주고, 그들이 마무리한 진술서를 검토하고, 예비역 신동섭준장이 작성해서 '수다 Kim'에게 보고했다는 문서까지 점검해주고 나니 밤 10시 반이 넘었다.

"불과 장군님! 주무셔야할 시간입니다. 어떻게 하시겠습니까? 천정에 큰 CCTV 촬영기가 부착되어 있고 1인용 군대 철제 침대가 전부인 이 조사실에서 주무시겠습니까? 아니면 밖에 나가서 근처 모텔에 투숙하시겠습니까?"

"아니, 이 사람들아, 군인이 군 시설에서 잠을 자는 것이 낫지 무슨 말인가? 이곳에서 하루 신세지고 가겠네."

그곳 조사실 1인용의 군용 철제 침대에서 하루 밤을 지냈다. 다음날 아침에 부대 근처 순대국집에서 해장국 한 그릇으로 조식을 때우고 전일에 조사관들이 자신을 아반테 승용차에 태우고 온 길을 따라 김포 공항을 거쳐 부대로 복귀하였다.

"처음부터 머리가 좋으신 분으로 알았습니다. 그렇지만 어제 조사과정에 어떻게 그렇게 문제가 될 말씀을 한마디도 하지 않을 수 있습니까? '참, 잘도 빠져 나가시는구나!'하고 생각했습니다. 정말 놀랐습니다."

"이 사람들아 무슨 말인가? 머리가 좋기는 …, 내 머리는 그런 쪽으로 그렇게 발달하지는 않았다네. 내가 그럴 수 있었던 것은 그게 모두 사실이었기 때문일세. 꾸미거나 숨길만한 것이 아무 것도 없는데 무엇이 겁나겠는가?"

"그런데 한마디 꼭 여쭤보고 싶은 말씀이 있습니다. 원래 저희 조사실에 들어오면 별이 어깨에 몇 개씩 있는 분들도 보통은 움츠리시고 저희들의 함부로 하는 말에 대꾸도 잘 못 하는 것이 통례입니다. 그런데 별 하나밖에 안 되는 분이 조사과정에서 저희들이 잘못할 때는 정확하게 지적하고 잘못에 대해 상관의 위치에서 꾸짖으시면서 당당하게 조사를 받는 분은 처음 보았습니다. 원래 그런 분이십니까?"

"무슨 소리인가? 하늘보고 땅을 보고 한 점 부끄러움 없이 정직하게 살아왔는데 무엇이 겁나겠는가? 자네들이 경험했듯이 정직하게 사는 것이 진정한 강자로 사는 것이라네."

그 당시에 조사관들로부터 김포공항에서 마지막 작별인사를 하는 과정에서 들은 이야기이다. 지금도 불과의 뇌리에 아련히 남아서 자신의 부끄러움 없었던 과거 기억을 새롭게 해주는 말이다. 그렇게 조사를 받고 이틀이 지나 한국일보 7면에 한 줄로 10.2일 1면에 게재된 '신불과 나쁜 놈' 기사에 대한 정정 기사가 실렸다고 통보가 왔다. 누가 7면에 최 하단 기사로 실린 정정 내용을 보고 그렇다고 믿을 것인가? 불과는 이후 몇 년 동안은 그 기사 건으로 해서 오해를 여러 번 받았다. 그의 형제자매들로부터 들은 이야기이다. 그만큼 언론은 책임 있게 보도를 해야 하며, 자신들의 기사에 잘못이 있을 경우에는 분명하게 밝혀주어야 하는 이유이다.

믿을만한 사람이 큰일을 부여받는다.

불과는 1991~1993년 기간 동안 시험평가처장시절 공군의 해외무기체계 구매사업에 구매대상 무기체계들에 대한 시험평가 팀장 직책을 5회에 걸쳐 수행했다. 이는 최소한 다섯 개의 사업에 공군이 원하는 무기체계 선정을 위해 각 사업의 대상 체계들에 대한 해외 현지 시험평가를 했다는 말이 된다. 불과의 업무추진과정에 청렴성과 전문성에 대해서는 군에서는 물론 밖에 사업관련 요원들에게까지 널리 알려진 상태였다. 특히 공군내에서는 상관들은 물론 군 후배장교들에게까지 인정을 받고 있었다. 그러한 연유로 그가 작성한 평가 결과는 기종결정에 결정적인 역할을 했다. 그것은 불과가 혼신의 정력을 다해 공정하면서도 엄정하게 시험평가업무를 수행했기 때문에 가능한 일이었다. 그렇게 주어진 업무들을 정성을 다해 공평하게 처리한 결과 2000년도에는 당시까지 한국군이 추진했던 무기체계 구매사업 중 가장 예산규모가 컸던 공군 신예 전투기 사업단장으로 발탁되었다. 당시 불과는 공군사관학교를 졸업한 사람이라면 누구나가 가장 희망한다는 비행단장에 재임 중이었다. 사업단장으로 임명되면서 공군 지휘관들의 꽃이라고 할 수 있는 비행단장 직책을 그만두어야 했다.

"제 3훈련비행단장, 회의 종료 후 내 사무실에 들렀다 내려가게."

2000년 7월초 공군 지휘관회의에 참석 중 총장께서 일장 훈시를 한 후 불과에게 한 말이다. 갑작스런 총장의 소환에 대해 불과는 '단장 업무수행과정에 무슨 잘못이 있었나?' 하는 우려와 함께 회의 종료 후 총장실에 갔다. 군에서 지휘관을 할 때는 본인도 모르게 음해성 투서는 물론 예상치도 못한 실수를 하기도 한다. 그러한 관계로 상관이 부를 때는 '무슨 잘못을 했나?' 하는 우려가 앞서게 되어 있다. 좀 긴장한 불과에게 예상과 달리 총장께서는 전투기 사업단장 직책을 제안했다.

"불과장군, 비행단장은 누구나 할 수 있지만 전투기 사업단장은 아무나 할 수 있는 직책이 아니네. 금년 후반기부터 사업이 시험평가부터 본격적으로 시작이 되는데 군에서 모두가 자네가 적임자라고 하는군. 하니 비행단에 내려가 정리하고 일주 후에 올라와서 업무를 인계받도록 하게."

예상치도 못한 뜻밖의 제안이라 순간적으로 당황이 되었다.

"……, 먼저 저를 그렇게 평가를 해주시는 데에 대해 감사를 드립니다. 그런데 총장님, 일주일은 너무 짧습니다. 제가 총장님이 보시기에는 아직 많이 어린 후배이지만 비행단에서는 제일 높은 어른입니다. 최소한 한 달 정도는 여유를 주셔야 저도 정리를 제대로 하고 올라올 수 있지 않겠습니까? 4주간 여유를 주십시오."

"자네 말도 일리가 있네그려. 그러나 시간이 없네. 2주 여유를 줄 터이니 2주 후에 올라와서 업무인계를 받도록 하게."

"네, 알겠습니다."

그날 총장을 뵙고 비행단으로 내려오면서 불과는 논어(論語)에 한 구절(陽貨 六篇)이 뇌리에 떠올랐다. 인자(仁者)가 구비해야 할 「공(恭)·관(寬)·신(信)·민(敏)·혜(惠)」[15]의 다섯 가지 덕(德)에 관한 구절이다. 인자 5덕 중에 '신의(信義)가 있으면 일을 맡긴다.'고 했다. '공군으로부터 최소한 인자가 구비해야할 덕(德) 중에 한 가지{신(信)}는 구비했다고 인정을 받았구나!' 하는 생각이

---

15) 공손(恭遜)하면 모욕을 당하지 않고, 관대(寬大)하면 여러 사람의 지지를 얻고, 신의(信義)가 있으면 일을 맡기고, 민첩(敏捷)하면 공적을 올릴 수 있고, 은혜(恩惠)를 베풀면 능히 사람을 부릴 수 있다는 말

어느 노병(老兵)의 꿈

들었다. 그런 생각을 하니 총장께서 자신에게 초대형 사업의 책임자로 추천·임명해 주신 데에 대해 진심으로 감사한 마음이 들었다. 더불어 영광스럽다는 자부심도 갖게 되었다. 진정 감사하고 영광스러운 마음에 걸맞게 업무를 수행하겠다고 굳게 다짐도 했다. 그러한 자부심과 다짐이 있었기에 업무를 시작해서 끝까지 초심을 지킬 수 있었다. 불과가 떠맡은 F-15K 전투기 획득사업은 유사 이래 당시까지 대한민국 국군의 무기체계 획득사업 중 가장 큰 규모의 무기체계 획득사업이었다. 규모가 큰 만큼이나 전대미문의 사업추진 방해공작, 사업 책임자인 불과에 대한 음해공작, 특정기종에 편파적인 선전공작 등에도 불과는 의연하게 대처했다. 그 결과, 최대한의 국익확보와 군이 원하는 전투기 획득이 가능하도록 임무를 성공적으로 수행했다고 불과는 지금도 자부하고 있다.

불과는 1991년 시험평가처장 시절부터 2000년대 초까지 최소한 6개의 공군 무기체계 획득사업 과정에 가장 중요하다는 시험평가 책임자로서 관여했다. 그 중에 1991.11월에 실시한 시험평가는 대한민국을 떠들썩하게 한 방산비리 사건과 관련이 있는 사업이었다. 그 말썽 많은 사업의 획득대상 항공기에 대한 시험평가 책임자였음에도 불과는 조사 한 번 받지 않았다. 당시에 획득대상 장비들에 다른 시험평가 책임자들은 모두 구속되었다. 2000년대 초에 수행한 수조원에 달하는 전투기 사업단장 직책을 수행하면서도 많은 음해와 우려가 있었다. 그럼에도 불과는 초연하게 큰 잡음 없이 획득사업 성공에 결정적인 역할을 수행하였다. 당시 불과 예하에서 부단장 직책을 수행한 사람이 언론에 양심선언 형식으로 고발을 함으로써 온 나라가 시끌벅적했다. 사업추진과정의 의사결정에 핵심적인 역할을 담당한 국방부장관과 획득실장이 '미국산 무기체계를 구매하도록 압력을 가하였다.'고 언론에 고발하였다. 불과가 나서서 고발자인 부단장이 주장하는 내용들이 모두 허구임을 정확한 서면상의 기록들로서 입증을 하여 사업이 정상적으로 추진되도록 유도하였다.

초대형 사업에 결정적인 역할을 담당하는 직책에 있다 보니 유혹도 참 많았다. 위에서 언급한 대로 불과는 남이 가지고 있지 않은 좋은 습관이 있어 유혹에 흔들리지 않을 수 있었다. 불과는 명예에는 큰 욕심이 있지만 이해에는 밝지 못하다. 자신의 가치에 대한 자부심도 크다. 그러한 탓에 어떠한 금전적 유혹에도 흔들리지 않고 공정하고 올바르게 업무를 처리했다고 자부한다. 업무처리과정에서 불과가 겪었던 몇 가지 사례들을 열거해본다.

불과가 시험평가 책임자로서 업무를 수행하는 과정에서 3번 정도 겪은 잊어버릴 수 없는 사실들이다. 어쩌면, 불과는 당시에 한국인으로서 참을 수 없는 모욕감을 느꼈기에 평생 잊어버릴 수 없는 내용들이기도 하다.

사람들이 모처럼 신사복 한 벌을 사려한다면 보통 이 상표, 저 상표 등 여러 상표들을 둘러본 후 자기에게 적합하다고 판단이 되는 상표를 선택하여 구입을 하게 된다. 군에서 필요한 무기체계를 획득하기 위해서도 이와 같은 논리로 대상 무기체계들에 대한 적합성을 평가한 후 획득한다. 군에 무기체계 획득사업에 시험평가란 몇몇 미리 선정한 대상 무기체계들 중 어떤 무기체계가 군이 원하는 것인지를 결정하기 위해서 직접 생산회사, 운영부대 등을 방문하여 시험해보고 군 요구 적합성을 판단하기 위해 평가하는 것을 말한다. 판매자의 입장에서 시험평가자들은 자신의 제품을 판매하는데 결정적인 역할을 하는 중요한 사람들인 것이다. '고객은 왕'이란 말의 의미를 시험평가를 해본 사람이면 누구나 실제 체험하게 된다. 그만큼 판매자들은 대상 무기체계 중에서 가장 좋은 시험평가 결과를 획득하기 위해 최선을 다한다는 말이 된다.

"저 분들이 자네들에게 90° 머리를 숙여서 인사를 하면 자네들은 반드시 110° 이상 숙여서 인사를 해야 한다."

불과는 고가의 무기체계 획득을 위해 대형사업의 대상무기체계들에 대한 시험평가를 여러 번 해본 경험이 있다. 경험에 비추어 항상 예하 시험평가 요원들에게 이르는 말이었다. 그 사람들의 무기체계가 시험평가 후 획득대상 무기체계로서 결정이 되지 않았을 경우를 대비해서이다. 자신들의 제품이 군의 획득대상에서 탈락하게 되면 어떤 사람이라도 시험평가 과정에서 시험평가자들의 불손한 언행들에 대해 당연히 민원성 항의를 하게 되어 있다. 시험평가자들이 항상 자신을 되돌아보며 겸손해야 하며, 국익이라는 대의를 위해 시험평가 과정에서 공평해야 하는 이유이다.

시험평가를 위해 대상기종 생산회사를 방문하게 되면 회사 CEO가 시험평가팀장을 개인적으로 만나자고 하는 경우가 있다. 일종의 뒷거래 협상을 하기 위해서이다. 위에서 언급한 대로 불과는 세 번 정도 그러한 제안을 받았다. 대부분 그렇게 만나자는 제안을 받고 만나게 되면, 애당초 예의 같은 것은 아예 바라지 않는 것이 좋다. 일반적으로 CEO들은 예의도 없이 다짜고짜 제안한다. 불과가 겪은 사례 하나만을 제시한다.

"불과씨, 우리는 금번 한국의 솔개사업(가칭)에서 우리 제품이 50:50의 경쟁력만 있으면 우리에게 승산이 있다고 생각하고 있습니다. 한국에서는 뒷돈을 주지 않으면 경쟁 대상에 끼지도 못한다는 말을 들었습니다. 내가 당신에게 얼마를 주면 우리 제품이 금번 당신네 나라의 솔개사업에서 타 경쟁기종들과 50:50의 경쟁력을 가질 수 있도록 해주겠습니까?"

정말 자존심 상하는 제안이 아닐 수 없었다. 불과는 그러한 제안에 대해 일관되게 대답했다.

"아, 그래요? 누가 그러던가요? 실망했습니다. 당신과 같은 위치에 있다면 최소한 세상을 정확하게 읽을 줄 안다고 생각했는데 그렇지 못하군요? 우리 한국은 미국이 50년, 일본이 30년에 걸쳐 이루었다는 경제 성장을 10년 만에 이루어 낸 나라입니다. '한강의 기적'을 일으켰다는 말까지 만들어낸 나라가 중요한 국가사업 거래에 뒷돈이나 주어야 할 정도로 사회가 타락했다면 그러한 성취가 가능했을까요?"

"………?"

"성경에서도 뇌물은 만사를 형통하게 한다는 말을 언급하고 있습니다. 그것을 보면 뇌물은 인류 역사와 함께 있어왔다고 할 수 있습니다. 한국에 그러한 어두운 면이 전혀 없다고는 말하지 않겠습니다. 그렇지만 당신이 생각하는 것과는 다르답니다. 저한테 뒷돈을 주지 않아도 당신네 제품이 50:50 이상의 경쟁력을 가지고 있으니 괜한 걱정 안하셔도 됩니다."

통상적으로 불과는 그렇게 점잖게 말하고 그 자리에서 물러나왔다. 그렇지만 한국인으로서의 자존심이 강한 불과에게는 참을 수 없는 모욕감을 느낀 자리였기에 30년 가까이 지난 지금까지도 과거의 그러한 경험들을 아직도 생생하게 기억을 하고 있다.

그렇다면 뇌물의 위력은 어떠할까? 불과가 대상기종 3개가 첨예하게 경쟁하고 있는 항공기 도입사업에 시험평가팀장으로 다녀온 후에 겪은 일이다. 경쟁기종 중 한 대상기종에 한국대리점을 하고 있던 예비역 선배가 찾아왔다. 불과는 민원해결 및 정보수집차원에서 자신이 관련되어 있는 사업에 관련요원들이 면회를 오면 한 번도 거절을 한 적이 없다. 그분의 면회신청에 기꺼이 면회실의 좀 한적한 자리에서 만나 대면했다. 전혀 예상치 못했던 일이 발생했다. 그 분은 불과의 16년 이상 되는 선배였다. 불과에게 「____억원」을 써넣은 백지수표를 건네준 후 불과의 손을 꼭 잡고 말했다.

"불과 후배, 내가 알고 있기로는 자네 아이들이 미국에 유학가기를 원한다며, 그러면 돈이 필요할 텐데 내가 미국에 자네 계좌를 만들어 입금시켜 줄 수가 있네. 그 백지 수표에 자네가 원하는 두 자리 숫자를 써 넣기만 하면 되네. 그리고 이번 사업에서 내 손만 한번 들어주게. 이번 사업에서 내가 대리권을 가지고 있는 기종이 획득대상기종으로 선정만 되면 나는 평생 먹고 살돈이 들어올 것이네. 자네에게도 기회가 될 수 있을 터이니 한번만 눈 딱 감고 도와주게."

"…… 선배님, 감사합니다. 선배님의 제안은 마음으로만 받겠습니다. 저는 기종선정 의사결정요원도 아니며, 감히 기종선정에 영향력이 있는 것도 아닌데 무엇을 어찌할 수 있겠습니까? 그렇지만 이번에 제가 평가를 해보니 선배님이 대리권을 가지고 있는 기종 역시 경쟁력이 있다고 보았습니다. 기대해 볼만하다고 생각합니다. 잘 될 것입니다."

당시 상황을 있는 그대로 설명해드리고 자리를 피했다. 그러한 일이 있고 얼마 지나지 않아서 발생한 일이다. 잠자리에 들어 비몽사몽간에 자신의 마음 한구석에서 자신에게 말하는 것을 경험했다.

"참, 불과라는 사람은 정말 바보다. 그 선배가 대리권을 가지고 있는 기종은 경쟁력도 제일 좋다. 특별히 신경 쓰지 않아도 대상기종으로 선정될 확률이 가장 높은 상태가 아닌가? 그저 모른척하고 제안을 받아드려도 문제가 될 것이 없을 터인데……, 그러면 애들 유학문제도 해결되고, 수십 억 원의 돈도 표시나지 않게 받을 수 있다. 그런데 그렇게 꼭 거절을 했어야 해? 설령 나중에 기종결정과정에 문제가 발생해서 금전거래관련 조사를 한다고 해도 문제가 될 것이 없다. 미국에 계좌로 입금이 되기 때문이다. 큰 문제로 비화될 가능성이 있는 것도 아닌데 정말 아쉽지 않니? 정말 바보 아냐?"

불과 자신의 마음속에 무의식 상태에서 두 마음이 서로 다투는 것을 느끼고 깜짝 놀랐다. '아, 내가 아무리 뇌물에 초연하려해

도, 한편의 마음은 그것을 거부하기도 하는구나.'하고 깨달은 기회가 되었다

"뇌물은 만사를 형통하게 한다."

"사람의 명철을 망케 하느니라."

라는 성경의 구절들을 생각하면서 수천 년 인류의 역사와 함께 뇌물이 존재해 온 까닭을 알게 되었다.

불과는 21세기 벽두에 대한민국 정부의 이해가 첨예하게 대립하는 정부부처에 국장으로서 2년 가까이 근무한 적이 있다. 참 많은 사람들이 돈 봉투를 들고 찾아 왔었다. 누구든지 뇌물을 주려 할 때는 조심스럽게 공손하게 접근을 한다. 이상할 정도로 환심을 사려고도 한다. 일단 어떠한 방법을 동원해서라도 받지 않겠다는 뇌물의 성격인 돈 봉투를 전달한 후에는 어투가 달라진다.

"국장님 용안이라도 한번 뵙고 싶습니다."

"별 말씀을요? 언제든지 제 사무실에 오십시오."

옛날 임금님 얼굴을 용안이라고 했다. 군에 대선배 되시는 분이 그것도 존경의 대상이 될 만한 직급에 계셨던 분이 그런 말을 할 때는 구역질이 나올 정도였다. 사무실에 와서 굽실대면서 듣기 좋은 말만하다가, 나가면서 돈 봉투를 집어던지고 가서는 의기양양하게 전화를 한다.

"어이 불과국장, 언제 시간을 낼 수 있어? 어디서 저녁식사나 한번 하세?"

"시간이야 언제든지 낼 수 있지만, 하시고 싶은 말씀이 있으시면 언제든지 면회를 오셔서 하시지요."

불과는 변함없이 공손한 어투로 답변하곤 했다.

「뇌물을 주는 손을 부끄럽게 해서는 안 된다.」

이는 불과가 공직에 있는 동안 지켜온 원칙이다. 사무실을 급히 떠나는 척하면서 버리다시피 집어던지고 가는 돈 봉투를 한 번도 부속실 요원들(비서, 운전병 등)이 보는 앞에서 거절한 적이 없다. 상대방을 배려해서이다. 대신 다음날 부속실 요원을 시켜서 배달사고가 나지 않도록 잘 포장해서 '등기 속달우편'으로 보내고 그 영수증을 보관하게 했다. 위에 사례를 열거한 것들이 그 당시에 경험한 일들이다. 뇌물을 주기 전과 전달하고 난 후에 태도가 천편일률적으로 바뀌는 모습을 경험한 불과는 다음과 같은 결론을 내렸다.

"요즈음 세상 말세야? 고급 공무원이라는 것들이 저렇게 뇌물을 좋아하니, 우리나라 장래가 걱정이다."

자신과 같은 고급 공무원이 뇌물을 받았을 경우, 뇌물을 건네준 사람은 분명히 잠자리에 들어서는 그렇게 세상을 개탄할 것이다.

"그래 맞아? 저렇게 청렴결백한 고급공무원이 있어서 우리나라가 오늘같이 발전한 거야."

반면에 뇌물을 건네주려 했으나 고급 공무원이 받지 않았을 경우 당시는 좀 섭섭해 할 것이다. 그렇지만 잠자리에 누어서는 뇌물을 받지 않은 사람에 대해 경외하는 마음과 함께 한국에 미래를 생각하면서 분명히 흐뭇해 할 것이다. 그러한 당시에 생각했던 마음이 그 후 오늘까지 불과를 뇌물에서 자유로운 사람으로 만든 것이라 생각한다.

◀ 고상한 꿈이
인생을 더욱 아름답게 가꿔준다.

　불과는 한국 나이 19세에 공군 사관학교에 입교하여 56살 10
월에 전역했다. 불과는 자신이 걸어온 군인으로서의 길은 어떻
게 보면 역동적인 한편의 드라마와 같다고 생각한다. 고진감래
(苦盡甘來)16), 낭중지추(囊中之錐)17), 불요불굴(不撓不屈)18), 새
옹지마(塞翁之馬)19), 일거양득(一擧兩得)20), 정신일도하사불성
(精神一到何事不成)21), 지성감천(至誠感天)22), 진인사대천명(盡
人事待天命)23), 필사즉생(必死卽生)24), 청백리(淸白吏)25), '불입
호혈부득호자(不入虎穴不得虎子)26)' 등 여러 고사성어(故事成語)
들과 격언들이 말하는 과정을 직접 겪어보았다. 그래서 어쩌면

---

16) 고생이 다하면 즐거움이 온다는 의미
17) 주머니 속에 있는 송곳이 예리한 끝으로 주머니를 뚫고 나오듯이 포부와 역량
　　이 있는 사람은 어디서나 그 재능이 나타나게 되어 있다는 의미
18) 흔들리지도 아니하고 굽히지도 아니함
19) 福이 禍가 되기도 하고 禍가 福이 될 수도 있다는 의미
20) 한 가지 일로서 두 가지 이익을 얻는다는 의미
21) 정신을 한 곳에 기울이면 어떤 일이라도 이룰 수 있다는 말
22) 정성이 극에 달하면 하늘도 감동한다는 의미
23) 사람이 할 수 있는 일은 다하고 나서 하늘의 뜻을 기다린다는 의미
24) 죽기로 싸우면 반드시 살고, 살려고 비겁하면 반드시 죽는다는 의미
25) 관직수행 능력과 청렴·근검·도덕 등의 덕목을 겸비한 이상적인 관료상
26) 호랑이 굴에 들어가지 않고는 호랑이 새끼를 얻지 못한다는 의미

이 글을 쓰려고 했는지도 모른다.

불과는 마음속으로 그렇게 역동적이었던 자신의 군 생활을 한 번 되돌아보고, 전역 후 어떻게 살아갈 것인가를 다짐하고 싶었다. 전역 당시 불과가 느꼈던 자신의 꿈과 열정, 그리고 의지를 관철하기 위해 노력했던 37년 군 생활에 대한 때 묻지 않은 회고와, 그와 연계된, 더 나은 전역 후의 삶에 대한 계획을 세워보고 싶었다. 전역을 준비하면서 그동안 살아온 인생의 전반전이라고 할 수 있는 군인으로서의 삶을 평가해 보았다. 남은 인생의 후반전을 구상해보았다. 그리고 다시 어린 마음으로 돌아가 아래와 같은 『전역신고서』를 작성했다. 다음은 불과의 전역 후에 자신의 꿈을 담은 당시 작성한 전역신고서 내용이다.

〈신불과의 전역신고〉

"필승! 신고합니다!
공군 소장 신불과는 2006년 10월 31일부로 전역을 명 받았습니다. 이에 신고합니다. 필승!"

　　　　　　　　　어느 노병(老兵)의 꿈

제가 군에 입대한 것은 1969년 2월 1일이었습니다. 사관학교 정문을 지나 잔설이 얼어붙은 보도 블럭 길을 걸어서 기대 반, 두려움 반으로 사관학교에 가입교하여 시작한 군 생활입니다. 한창 젊은 나이였기에 오만할 정도로 자신감도 있었습니다. 그래서 선배님들로부터 강인하게 사는 법도 배우고, 국가의 맏아들로 살아갈 것을 머리에 각인되도록 듣기도 했습니다. 정신교육시간에는 명사들로부터 올바르게, 사람답게 살아가는 방법을 들으면서 마음에 다짐도 했습니다. 학과시간에는 졸기도 많이 했지만 공부도 열심히 하여 이학사 학위도 받았습니다.

　제가 본격적으로 장교로서 군 생활을 시작한 것은 1973월 3월 28일 목에 빨간 머플러를 걸고 공군소위로 임관한 후부터입니다. 당시에는 최신예기에 해당하는 F-5 초음속 전투기의 조종사 생활은 정말로 멋도 있었지만 그 보다는 도전적이었습니다. 그러나 제가 국가 방위의 최전선에 서 있다는 지금 생각해도 가슴이 뿌듯한 자부심은 어떠한 어려움도 문제가 되지 않게 하는 원인이었습니다. 정말 열심히 비행훈련을 했습니다. 하루에 세 번씩 월요일부터 금요일까지 매일 비행을 하고 토요일 아침에는 코피를 흘린 적도 있었습니다. 그러나 그것은 보람이었고 자랑이었습니다. 1980년 6월에는 심야에 대간첩작전에 참가하여 서해안으로부터 100마일 밖 공해상에서 간첩선을 발견하여 나포하게 한 공적으로 군인 최고의 명예인 무공훈장도 받아 보았습니다. 지금 생각해 보아도 전투조종사의 생활은 다시 할 수 있다면 해보고 싶습니다.

저는 늦게나마 공부를 해서 항공공학 엔지니어가 되었습니다. 훌륭한 리더, 합리적인 관리자를 희망했었기에 제가 항공공학 엔지니어가 된 것은 운명이라고 생각을 합니다. 당시 조종사들에게 주어진 미국 유학의 기회는 조종사라면 거의 대부분이 원하는 것이었지만 공학 분야는 아니었습니다. 본인의 의지와 무관하게 주어진 공학 분야의 공부는 그러나 저의 적성에 맞는 것이었습니다. 참 열심히도 공부했습니다. 박사 과정을 밟을 때는 지도교수가 미친 사람 아니냐고 할 정도로 전공분야 이외의 분야까지 우리 공군에 필요하다고 생각되는 분야는 섭렵하려 했었습니다. 그래서 미쳤던 사람답게 아직 저의 뇌리에는 여러 분야에 관한 흔적이 남아 있습니다. 세 벌의 청바지 엉덩이가 헤져 버리도록 앉아 있기를 3년, 학위를 받던 날 나도 모르게 눈물을 얼마나 흘렸는지 모릅니다. 글쎄 지금 생각해도 잘 이해가 되지 않습니다. 아마 이 증서 하나 받기 위해 그렇게 많을 날들을 정신없이 뛰어 왔나 하는 허탈감 때문이 아니었겠는가하고 막연히 추측을 합니다. 그래도 10분도 아껴 쓰던 그 시절의 시간표는 지금도 제 자신의 게으르고 싶은 마음을 추스르는 지표이기도 합니다.

제가 공군의 중견 간부로서 그리고 엔지니어로서 길을 걸어

온 것은 1988년 8월 미국에서 학위를 끝마치고 귀국해서부터입니다. 당시 연구분석실 무기체계 검토관으로 시작하였습니다. 학위과정을 마치고 돌아온 것이 계기가 되어 정말 여러 분야의 다양한 일들에 불려 다니면서 경험을 쌓았습니다. "월·화·수·목·금·금"의 날들이었지만 정말 보람 있는 생활이었습니다. 그 중 우연히 대통령 전용기 비행사고 조사에 연루되어 큰 공을 세워 공군의 명예를 세계에 고양시킨 일은 지금 생각해도 가슴이 뿌듯한 자랑으로 저의 마음속에 남아 있습니다. 그것이 인연이 되어 참 비행사고 조사에도 많이 참여하였습니다. 그리고 공군의 초대 시험평가처장으로 현재 우리 공군의 시험평가체계 구축에 기본 틀을 설계한 것은 저의 마음속에 얼마나 큰 보람으로 남아 있는지 모릅니다. 그것이 인연이 되어 1990년대 우리 공군이 추진한 대부분의 대형 방위력 개선 사업 중심에서 시험평가 임무를 담당하였습니다. 시험평가 업무는 저에게 참 재미있는 업무였습니다. 그러나 다른 업무와 달리 그 결과는 큰 이해를 좌우하기 때문에 업무수행 과정에는 조금의 사심이나 허점, 실수가 용납되지 않는 업무였습니다. 그 중에서도 저는 생존하였습니다. 그렇지만 정말 어려웠습니다. 아련하게나마 저의 마음속에 남아 있는 옛날 사관학교 시절 어느 명사로부터 정신교육시간에 들은 인생의 참가치가 저에게 어떤 사심이나 실수 없이 담대하게 임무를 수행할 수 있도록 인도하였다고 생각을 합니다. 우리 군과 국가를 위하는 일이라면 어떠한 위협이나 회유, 유혹에도 제 3자가 보면 바보스러울 정도로 현실과 타협하지 않고 당당하게 걸어온 중견 간부로서의 길, 지금 뒤돌아보면 어디에서 그러한 용기가 나왔는지 참 대견스럽게 생각이 되기도 합니다.

제가 장군으로 진급한 것은 1998년 1월 1일입니다. 참 감사하게 생각합니다. 또한 우리 공군을 자랑스럽게 생각합니다. 묻지는 않아도 많은 사람들은 "진급하려면(?)"하는 마음을 가지고 있습니다. 그러나 그렇지 않은 것이 우리 공군이라고 저는 대변을 할 수 있기 때문입니다. 아니 이제는 우리 공군뿐만이 아니라 우리나라의 수준이 그렇게 발전되었다고 생각하고 싶습니다. 열심히 일하는 사람이 대우받는 사회가 선진사회라고 합니다. 우리는 선진한국이라는 말을 많이 사용하고 있지 않습니까?

장군으로서의 8년 10개월의 생활! 명예스럽고 보람 있는 생활이었습니다. 공군의 기본군사훈련단장으로서, 비행단장으로서, F-X사업단장으로서, 국방부 국장의 한사람으로서, 정보본부와 공군의 부장의 한 사람으로서 걸어 온 길! 중견 간부로서 그동안 걸어온 길에서보다 좀 더 큰 틀에서 생각하면서 우리의 국가와 군을 위해 무엇인가 기여를 하겠다는 소신 하에 행실에는 솔선수범과 주어진 임무 완수를 위해서는 지성으로 정성을 다하는 마음의 생활이었습니다.

신의가 있는 사람에게는 일을 맡긴다고 합니다. 지금까지 해온 군의 방위력 개선 사업 중 최대 규모인 F-15K도입 사업에 대한 시험평가와 협상을 주관한 사람으로서 사업이 성사되는데 조금이라도 기여할 수 있었다는 것은 저에게 다시없는 영광으로 기억을 합니다. 그래서 그 일을 맡겨주신 분께 항상 감사한 마음을 가지고 있습니다. 저는 지금도 러시아의 쥬콥스키 공군기지에서 Su-37 전투기를, 미국의 알라스카 엘멘돌프 공군기지에서 F-15전투기를, 프랑스의 이스트르 공군기지에서 라팔 전투기를, 스페인의 마드리드 공군기지에서 유로파이터 전투기를 한국 공군이 원하는 수준의 성능인가를 확인하기 위해 타보았다고 후배들에게 자랑스럽게 말하곤 합니다. 그리고 외국을 다니면서 외국 사람들이 한국의 눈부신 경제발전을 부러워하고 한국인의 애국심과 근면성에 대해 칭찬을 할 때 느꼈던 한국인으로 태어난 것에 대한 자부심은 지금도 저는 그대로 간직하고 있습니다.

　　제가 한 군 생활은 사관학교시절을 포함하면 37년 9개월입니다. 그동안 19살의 소년은 이제 22개월의 외손자까지 둔 할아버지가 되었습니다. 홍안의 사관생도는 빛나는 소위로부터 8단계까지 승진하여 이제 어깨에 별을 두개나 단 소장으로 전역신고를 하게 되었습니다. 참으로 민족중흥의 역사적 사명을 띠고 태어난 세대답게 열심히 담대하게 살아 왔다고 자부합니다. 그러나 지금 생각해보면 제가 한 일에 비해 참으로 국가와 군으로부터 너무 큰 대우를 받아온 생활이었습니다. 우리 국가와 군이 저에게 베풀어준 큰 은혜에 대해 진심으로 감사를 드립니다. 반면에 그만큼 국가에 큰 빚을 졌다고 생각을 합니다. 이제 제가 할 일은 그 빚을 갚는 것입니다.

이제 군인에서 본래 민간인의 모습으로 돌아가는 저에게 "무엇은" 그렇게 중요하지 않습니다. "어떻게"가 중요하다고 생각합니다. 국가와 이 사회에 도움이 되는, 베푸는, 기여하는 삶이 되어야 한다는 것입니다. 그래서 제가 진 빚을 탕감하는 일을 하면서 저는 90세까지 일하면서 건강하게 사는 것이 꿈입니다. 꿈이 있는 한 그 꿈은 이루어 질 수 있다고 합니다. 그래서 외형상으로는 할아버지가 되었어도 저에게는 이제 인생의 전반전을 끝낸 것에 불과하다고 생각하려 노력하고 있습니다. 마음은 옛날 사관생도로서 제 인생의 전반전을 처음 시작할 때의 그 마음이라고 강변을 합니다. 아마도 때문지 않은 제 마음이 변하지 않는 한 저는 제가 꾸고 있는 꿈을 이룰 것입니다. 그래서 제가 제 인생의 후반전을 끝내는 날에도 지금의 감사한 마음, 빚을 졌다고 하는 마음, 그 빚을 갚아야 한다는 마음을 간직하게 되기를 희망합니다.

2006. 10. 19일 전역신고 하던 날
신 불 과 드림

어느 노병(老兵)의 꿈

위에 제시한 불과의 전역신고는 자신의 군에서 보낸 30여 년 인생의 황금기 생활을 되새겨보고 전역 후 자신이 살아갈 방향을 꿈으로서 제시한 내용이다. 그럼에도 불과의 전역신고서를 받아본 선후배들로부터 많은 좋은 글들과 격려의 글들을 받았다. 아마 불과의 소박하고 꾸밈없는 소탈함이 그들에게도 공감이 가지 않았나 생각된다.

불과의 인생 후반전에 꿈은 분명하다. 인생의 전반전에 국가와 이 사회로부터 받은 혜택 대신 무엇을 하던지 국가와 이사회에 도움이 되는, 베푸는, 기여하는 삶의 자세로 진 빚을 탕감하는 일을 하면서 90세까지 건강하게 사는 것이 꿈이다. 불과가 믿는 분명한 사실은 '꿈은 인생을 밝고 행복하게, 더 나아가 가치가 있는 삶으로 인도한다.'는 것이다. 그 신념이 변하지 않는 한 또한 꿈은 이루어질 것이며, 그 과정에서 인생을 더욱 아름답게 장식해 줄 것이다. 그런 신념을 가지고 오늘도 미래 자신의 꿈에 대한 의문과 의구심으로 흔들릴 때마다 전역신고서를 읽어 보면서 마음을 달래려 노력한다.

고상한 꿈이 인생을 더욱 아름답게 가꿔준다.   ＿＿＿＿ 341

◀ 무엇을 하든
정성을 들이는 것이 우선이다.

　불과는 막상 전역을 해야 한다는 것이 현실이 되면서 전역신고
서에서 말했듯이 국가에 기여하면서 살겠다는 대명제는 설정되
었지만 구체적인 설계를 위해 여러 가지 생각들을 하게 되었다.
물론 군에서 기획 분야와 방위력 개선분야 업무에 경력을 쌓았기
에 방산업체에 취직을 할 수는 있었다. 뿐만 아니라 한국의 대표
적인 방산업체 중 한 방산업체 대표께서 두 번씩이나 제안도 해
왔다. 전역 시 상황을 볼 때 방산업체에는 불과 본인이 원했다면
갈 수가 있었다고 생각이 된다. 당시 분위기 역시 불과와 유사한
경력의 소유자들은 전역 후 통상적으로 방산업체에 취직을 했다.
　"천하에 불과 선배도 별 수 없구나."
　불과는 후배들이 그렇게 말하면서 손가락질하는 것이 두려웠
다. 이 한 가지가 마음에 걸려서 방산업체에 입사하는 것을 포기
했다. '미국에 이름 있는 대학에 유학을 해서 박사학위까지 취득
한 사람이 기껏 해서 박사학위 없어도 갈 수 있는 방산업체에 가
느냐?'고 비웃을까 두려웠던 것이다. 제 3자가 보기에 불과의
경우는 군에서 다양한 분야에 쌓은 경력과 열심히 일해 온 생활
태도를 감안할 때 본인만 원하면 할 수 있는 일이 많을 것이라고

　　　　　　　　　　　　　　어느 노병(老兵)의 꿈

생각이 될 수도 있는 상황이었다.

불과에게는 현역으로 있을 당시부터 과거 불과와 같은 미국의 대학에서 박사과정을 이수하고 귀국하여 서울 소재 모대학에 교수로 있던 후배이자 동료가 있었다. 그는 가끔 동문 모임에서 만날 때면 농담반 진담반으로 불과에게 말했다.

"전역하시고 나서는 제가 있는 학교에 오셔서 학생들 가르치시면서 함께 생활하면 되니까, 전역 후 무엇을 하실까 전혀 염려하시지 말고 군 생활에 최선을 다해 더욱 건승하세요."

항상 감사하게 생각하고 있었기에 그 교수의 말이 떠올랐다. 방산업체에 가지 않기로 결정을 하고 난 후 그 교수를 만나서 학교에 갔을 때 상황을 파악했다. 대학교에 당장 정교수는 될 수 없다고 할지라도 대학생들을 대상으로 불과 자신의 전공분야에 강의는 가능하다고 했다. 그 말을 듣고 강의에 특별한 달란트가 있는 불과는 기꺼이 대학에서 교수로서 살아가는 길을 선택했다.

전역 3개월 전부터 근무에서 배제된 불과는 박사과정 동문이 있는 대학에 초빙교수의 신분으로서 항공우주학과에 학생들을 가르치기 시작했다. 전투기 조종사로서 항공우주학을 전공한 사람이니 불과는 누구보다도 항공우주분야에 전문가라고 할 수 있지 않은가? 더욱이 불과는 강의하는 것을 좋아한다. 그렇다 보니 학생들에게 인기도 좋았다. 열심히 강의를 준비해서 열정을 가지고 강의하는데 싫어하는 학생이 있을 리 없다. 오랜만에 책을 잡고 강의 준비를 하려니 쉬운 것은 아니었다. 무엇이든 결정하고 행동을 옮기게 되면 최선을 다하는 불과이기에 곧 익숙해졌다. 자신의 자식들보다도 어린 젊은이들과 함께 생활하는 것을 좋아하다보니 마음도 젊어지는 것 같고 더욱이 생기가 넘쳐나는 하루하루의 삶이 시작되었다.

"불과 교수님, 이왕 학교에 둥지를 틀었으니 연구소를 개설해서 운영해보지 않으시겠어요?"

"연구소를요? 제가 전혀 경험이 없는데 가능하겠습니까? 어떻게 하면 되는데요?"

"행정적으로 학교의 교책연구원 예하에 군 무기체계 관련 연구소를 개설하세요. 연구소 명의로 방사청이나 국내 방산업체들에서 발주하는 연구과제들을 목표로 수주활동을 하시면 됩니다. 연구 과제를 수주하기 위해서는 불과 교수가 책임연구원이 되어 대학 교수님들과 팀을 구성하여 제안서를 작성하여 제출하시면 됩니다. 제안서를 제출한 과제에 대해 공개경쟁을 통해 과제를 수주하게 되면 연구비용이 생기지 않겠습니까? 그것을 이용해서 연구소를 점진적으로 형상화해 나가시면 될 겁니다. 이해가 되셔요?"

"네, 알겠습니다. 그렇다면 한번 시도해보지요."

대학으로 옮긴지 반년이 지나지 않아 항공우주학과 주임교수가 불과에게 제안한 내용이다. 불과는 당시 학교 상황에 맞추어 가용한 범위 내에서 학교의 교책연구원 예하에 군 무기체계관련 연구소를 개설하였다. 구성원이라고 해야 불과 자신과 공군 출신 불과의 2년 후배 한명이 전부였다. 학교에서 지원하는 것이라고는 학교 소속 연구소라는 대외적 명분과 연구 공간이 모두였다. 그럼에도 학교에서는 거창한 '연구소 개소식 행사' 추진을 제안했다.

불과가 예비역 장군이기도 하니 군 후배 현역장군들을 포함해서 명망 있는 분들을 초대해서 그럴듯한 모습의 개소식을 원하는 듯해 보였다. 물론 학교측에서는 학교 홍보차원에서 필요한 행사라고도 생각했다. 그렇지만 외형적 과시보다 내실을 중시해온 불과의 생활 태도가 학교측 제안을 수용하지 않았다. 말이 연구소이지 연구원이래야 불과와 후배, 총원 2명이 전부이다. '실적하나 쌓은 것 없는 상황에서 무슨 개소식이냐?'고 행사 개최를 거부했다.

연구소를 개설하고 2~3개월이 지나 어떻게 되었든 대학교 소속의 연구소라는 이름하에 방사청에서 발주한 과제 수주 경쟁에 참여하여 어렵사리 과제 1개를 수주했다. 수주한 과제에 연구를 진행하는 중에 4~5개월이 더 지나서 과제 하나를 더 수주할 수 있었다. 방사청에서 발주하는 과제들은 대부분이 무기체계 획득사업 추진과정에 합리적 의사결정을 위해 요구되는 과학적인 분석결과를 도출해서 제공하는 것들이다. 과제를 수행하기 위해서는 필연적으로 업무수행 경험이나 관련분야에 전문성이 요구된다. 대부분이 경험측면이나 전문성측면에서 불과에게 적합한 과제들이다. 불과는 수주한 과제의 책임 연구원이 되어 과제의 특성에 따라 과제를 수행할 연구원들을 공군의 예비역 후배들 중에서 물색해서 본인이 수락할 경우 연구소에 객원 연구원 형식으로 참여시켜 연구를 수행하도록 하였다.

연구소를 개소하고 두 번째 과제를 수행하면서 어느 정도 연구소 운영에 자신도 생기고 연구소 운영에 대한 틀이 그려지기 시작했다. 불과는 연구소 개소식 계획을 수립해서 연구소의 상위 조직인 교책연구원 원장에게 보고를 하고 모임에 초대를 했다. 개소식 장소로는 홍대 앞에 위치한 폴란드식의 규모가 큰 식당을 선택했다. 통상적인 형식에서 탈피해서 불과가 친분이 있거나 근무연이 있는 선후배들을 초대했다. 초대 손님들과 만찬을 같이하며 연구소의 비전에 대해 소개하고 조언을 듣는 것이 전부였다. 대학에서는 불과의 상관인 연구원 원장과 박사과정 동문인 교수가 참석했다.

　대학에서 참석한 연구원 원장과 불과 동문 교수는 개소식 모임에 참석해서는 놀라는 기색이었다. 비공식적인 모임의 형태에 만찬 형식의 개소식 모임에 참석한 멤버들의 면면 때문이다. 불과가 전역하고 1년 이상 지나서 그저 음식점에 모여서 만찬이나 하는 개소식이었지만 모임에 참여한 사람들의 면면이 불과의 위상을 여실히 보여주었다. 당시 불과가 복무했던 군에 인재들이라 할 수 있는 현역들을 포함해서 20여 명의 이름 있는 선후배들이 참석해주었다. 반가운 사람들이 만나 자신들의 인생관을 말하며 서로 격식 없이 의견들을 나누는 내실 있는 개소식 모임이었다. 그들은 군의 공식적인 행사의 모습이나 분위기를 예상했었을 것이다. 예상과 전혀 다른 개소식 모임을 보고 불과가 원하는 연구소의 모습이 무엇인지를 읽은 것 같아 보였다.

　불과 자신도 개소식에 선후배들이 예상외로 다수가 참석해서

축하해주고 장도를 기원해주어 기뻤다. 무엇보다도 개소식 다음 날 학교에 출근하니 연구원장이 연구소 비품 구입 및 운영에 사용하라고 몇 천 만원을 지원해주었다. 불과에게는 큰 선물이었다. 개소식 소식을 듣고, 불과 현역시절부터 불과에게 호감을 가지고 계셨던 방산업체 대표 한분이 연구원 1명 지원을 약속해주었다.

연구원장이 지원해준 비용으로 행정지원요원 1명을 선발해서 뽑았다. 방산업체 대표 지원을 받아 박사급 연구원 1명을 공개채용했다. 그렇게 연구소가 조금씩 형태를 갖추어 나갔다. 계속해서 불과는 주로 국방부, 방사청, 군, 방산업체에서 발주하는 과제들에 공개경쟁을 통해 수주해서 과제를 수행하면서 연구소를 키워나갔다. 연구원들의 인건비는 수주 과제의 인건비로 충당하였다. 행정지원요원 월 급여, 비품 구매, 점심 식사 등의 연구소 운영비는 연구원들의 인건비 중 일부를 증여받아 충당하는 개념이었다. 학교로부터는 연구소가 학교 소속이라는 명분 인정, 연구과제 비용관리, 장소 및 일부 비품 등을 지원받았다.

수주하는 과제마다 정성을 다해 연구를 수행했다. 객관성 있는 연구결과를 도출해서 발주부서에 납품했다. 그렇지만 과제 수주 경쟁이 실력만 가지고는 안 된다는 것을 실감했다. 반칙을 하는 사람들이 너무 많았다. 아무리 자신이 있다고 생각하는 과제라고 해도 수주경쟁에 참여해서 수주할 확률은 채 20%가 되지 않았다. 5개 과제에 제안해서 겨우 한 개 과제를 수주하는 수준이었다. 불과는 반칙하는 사람들을 욕하거나 원망하지 않았다. 현실

세계에서 산전수전 다 겪은 사람이 아닌가? 그것이 현실임을 잘 알기 때문이다. 경쟁에서 꼭 이길 것이라 예상을 했는데 상대방의 반칙으로 졌다고 생각될 때마다 동료 연구원들에게 말했다.

"수주 경쟁에서 졌다고 좌절하지 말자. 남을 원망하지도 말자. 수주한 과제를 열심히 수행하면서 3~4년만 기다리자. 시간이 지나면 발주부서에 실무자들은 '누가 제삿밥보다는 제사에 관심이 있는지.' 간파하게 되어 있다. 그러니 걱정할 필요가 전혀 없다. 그때가 되면 우리가 나서지 않아도 그들이 진정 제사 자체에 열심인 우리를 찾게 되어 있으니 말이다."

무엇을 하든 정성을 들이면 통하게 되어 있기 때문이다. 그러한 불과의 예측은 훨씬 더 빨리 현실이 되었다. 불과가 연구소를 개소하고 겨우 2년 정도 지났을까? 불과가 운영하는 연구소가 성실하게 과제를 수행하는 연구소로 발주부서들 사이에 널리 알려지게 되었다. 그 결과 불과가 운영하는 연구소는 더 이상 수주 경쟁에서 반칙을 염려하지 않게 되었다.

어느 노병(老兵)의 꿈

◀ 꿈이 있는 자에게
기회는 언제든지 찾아온다.

2009년 불과가 전역 후 연구소를 운영하면서 가장 보람이며 자랑스럽게 생각하는 것 한 가지 일이 발생했다. 그가 전역하면서 다짐한 것은 인생의 전반전에서 국가에 진 빚을 탕감해야 한다는 것이었다. 그러기 위해서는 무엇인가 국가에 기여를 할 수 있어야 한다. 그것이 꼭 가시적으로 드러날 필요는 없다고 생각한다. 그렇지만 국가에 대한 기여효과가 명시적으로 제시될 수 있어도 상관은 없다고 본다. 그러한 기회가 불과에게 주어졌다. 당시 범국가적으로 추진해오던 '한국형전투기 개발사업(일명 보라매 사업)'이 취소될 위기에 놓이게 되면서이다. 한국개발원(KDI)주도하에 한국국방연구원(KIDA)의 지원을 받아 수행한 "보라매 사업추진의 타당성 분석 결과"가 "타당성이 없음"으로 결론이 내려졌기 때문이다. 공군인의 오랜 염원을 배경으로 추진되어온 범국가적 차원의 전투기 국내개발이 취소될 위기 속에서 그 위기를 극복하고 전투기개발을 추진할 수 있도록 하는데 불과가 결정적으로 역할을 수행한 것이다.

보라매 사업은 공군이 도입한 지 30~40년 된 노후 F-5/F-4 전투기를 대체하고, 미래 불특정 위협에 대해 선별적으로 대응을 보장하며, 국내 항공 산업 발전에 기여하기 위해 추진되어 온 사업이다. 국내에서 「KF-16+α」급 성능의 다목적전투기를 연구개발·생산해서 한국 공군에 필요한 주력 전투기 소요를 2020년대 전후에 걸쳐 확보하겠다는 사업이다. 개발비와 공군의 1차 소요 구매까지 고려할 때 2020년 시점에서 판단시 대략 17~8조 이상이 소요되는 초대형 국방연구개발 사업 중의 하나이기도 하다. 그렇게 소요예산이 많이 드는 만큼이나 한국의 항공 산업 육성차원, 국가 안보차원, 그리고 자주 국방차원에 가치가 지대한 사업이기도 하다. 군의 입장에서는 국가 방위차원에서 절대적으로 필요한 사업이며, 국가 경제차원에서는 국가 경쟁력 제고를 위해 반드시 추진해야 할 사업이다. 무엇보다도 국민의 입장에서는 '우리도 전투기를 개발할 수 있다.'는 엄청난 자긍심을 가질 수 있게 해주기 때문에 사업 추진의 의의는 정말 크다고 할 수 있다.

오랫동안 공군인의 꿈이기도 했던 한국형전투기(KF-X)의 개발은 2002.3월 김대중 당시 대통령이 KF-X 개발 의지를 공개적으로 표명하면서 개념이 형상화되기 시작했다. 그 해에 국방부에서 국내연구개발로 획득방법이 결정되고 사업추진이 확정되었다. 사업추진에 앞서 국내개발 가능성 및 경제성 유무에 대한 검증이 요구되었다. 국방부와 방사청은 2008년까지 3회에 걸쳐 사업추진에 타당성 조사를 실시했다.

1, 2회째 타당성 조사에서는 타당성이 있다고 결론이 내려졌다. 그랬는데 1, 2회째 타당성 조사를 한 동일 부서가 참여해 실

시한 3회째 타당성 조사에서는 정반대의 결론이 내려졌다. 2006. 12~2007.12월 기간 동안 국방연구원(KIDA) 참여/지원하에 한국 개발원(KDI) 주관으로 실시한 최종 「보라매 사업 타당성 조사」 결과는 '경제성이 없어 타당성이 없다.'는 것이었다. 그동안 타당성이 있다고 결론이 내려져 2002년 이후 범국가적으로 추진되어온 전투기 개발을 위한 모든 준비들이 물거품이 되어버릴 상황이 되었다. 그렇게 전개되자 1년여 동안 관련부처들의 '갑론을박' 토론이 시끄럽게 진행되었다. 결국은 국방부에서 공군은 물론 자주국방에 뜻을 가진 많은 국민들의 염원을 받아들여, 타당성 조사를 한 번 더 해보기로 결정하게 되었다.

국방부의 결정에 따라 방사청이 2009.3월 「보라매 사업 타당성 분석 용역연구」 과제를 발주하게 되었다. 불과의 무기체계연구소가 수주경쟁에 참여하여 발주과제를 수주했다. 불과는 2009. 4월 말부터 10월 말까지 대략 6개월 동안 심혈을 기울여 과제수행에 최선을 다했다. 미국 및 유럽의 4대 전투기 생산회사들까지 방문하여 전투기 개발 및 생산에 현장 전문가들의 의견도 청취했다. 그리고 '보라매 사업은 경제성이 있어 사업추진에 타당성이 있다.'고 결론을 내렸다.

국방연구원 지원하에 한국개발연구원이 주도해서 수행한 연구에서는 전투기 개발에 따른 국내 기술파급효과가 미미해서 경제성이 없다고 했다. 그에 반해 불과는 첨단기술에 해당하는 전투기를 국내에서 개발할 경우 국내 산업에 기술파급효과가 크기 때문에 충분히 경제성이 있다고 판단한 것이다. 결과적으로 상반되는 연구결과를 도출하여 제시하게 된 것이다.

상반된 연구결과에 대해 상세하게 부연하면 다음과 같다. 한국개발원의 연구결과와 불과의 연구결과에 차이는 투자대비 기술파급효과의 유무에 있었다. 한국개발원 주관의 연구결과에서는 '한국에는 전투기 개발기술 수준이 낮기 때문에 한국형전투기 개발 투자에 따른 기술파급효과가 미미할 수밖에 없어 경제성이 없다.'고 주장했다. 반면에 불과 주관의 연구결과에서는 '전투기 개발에 소요되는 기술은 첨단과학기술로서 한국에 항공기 개발 수준이 낮다고 해도 한국형전투기를 개발할 경우 오히려 부수적인 기술파급효과는 지대하게 클 수밖에 없기 때문에 투자대비 경제성이 높아 사업추진의 타당성이 있다.'는 주장이었다.

나중에 비공식적으로 알게 된 사실이다. 당시 기획예산처에 분위기는 엄청난 국가 예산이 투입되는 보라매 사업 추진에 부정적인 입장이었다고 한다. 관련요원들 대부분이 '누가 감히 국방연구원 참여의 한국개발연구원 연구결과와 상반되는 결과를 도출하여 주장할 수 있겠는가?' 하고 생각했었기에 불과가 책임연구원이 되어 과제를 수주하는 것에 반대를 하지 않았다고 했다.

한국개발원의 연구결과와 상반되는 불과의 연구결과에 대해 많은 말들이 있을 수밖에 없었다. 여론은 공청회를 통해 누구의 연구결과가 타당성이 있는지 검토하자는 쪽으로 결론이 났다. 그 결과, 불과가 방사청에 연구결과를 최종 보고한 11월 초 이후 2010.1.21일까지 국방부 자원관리본부장, 국방부 장관, 청와대 안보수석, 항공우주산업개발정책실무회의 주관하에 두 부

서의 연구결과에 대한 4회의 공청회를 가졌다. 국방부에서의 2
회 공청회에서는 옳고 그름의 판단을 떠나 분명한 사실들에 대
해서도 책임을 회피하는 양시론적 의견들만 제시되었다. 불과는
정말 큰 실망을 경험했다.

"김장군, 장관에게 꼭 이 말씀을 전해 주시오. 그 자리에서 즉
시 한 번의 전화 통화로 확인이 가능한 분명한 사실까지도 거짓
으로 설명하는 발표자에게 그저 얼굴에 미소나 지으면서 '좋은
내용입니다.'하는 장관을 보고 사람들은 '아! 덕이 있는 장관이
라고 할 줄 아시오?', 천만에요. 무능한 장관, 국가에 전혀 도움
이 되지 않는 장관이라고 한답니다. 내가 그렇게 말하더라고 전
해 주시오."

국방부 장관 주관의 공청회를 마치고 불과가 장관 정책보좌관
에게 전화를 걸어 전한 말이다. 당시 장관은 불과와 같은 해에
육군사관학교를 졸업한 사관학교 졸업동기였다. 소장시절 각각
육군과 공군에 기획관리참모부장을 역임한 사이로서 개인적으
로는 잘 아는 사이였다. 보좌관 역시 불과와 가깝게 지내온 육사
를 1년 뒤에 졸업한 예비역 소장이었다. 그러한 배경이 있어 그
렇게 사적으로 말을 전해 달라고 할 수 있었던 것이다.

보라매 사업은 한국을 서방국가 중에서는 8번째 전투기 개발
능력을 보유한 국가로 국가 이미지를 제고해 줄 중요한 사업이
다. 한국이 생산한 전투기를 조종해보는 것은 오랜 한국 공군 조
종사들의 꿈이기도 하다. 그러한 배경이 있어 공군 예비역 조종
사의 한 사람으로서 국가를 위해, 공군을 위해 혼신의 전력을 다

꿈이 있는 자에게 기회는 언제든지 찾아온다.

해서 연구를 수행했던 것이다. 하물며 한 사람의 예비역이 그러한 생각을 할진대, 국방부 장관을 포함해서 국방부, 합참, 공군의 보라매 사업의 주요 의사결정권자들 대부분이 참석한 공청회에서 전혀 건설적이거나 책임 있는 의견제시 하나 없는 데에 불과는 정말 큰 실망과 분노를 넘어 허탈감을 느꼈다.

"여보, 우리 해외여행이나 한번 다녀올까?"

"아니, 해가 서쪽에서 뜨려나 보네요? 무슨 생각이 들어 해외여행을 다 가자고 하는 것예요? 요즈음 당신 연구결과 공청회는 모두 끝난 것이에요?"

"아니, 그저 옛날 코피 흘리며 공부했던 시절이 생각나서……, 유학시절 생각하며 과거 유학 가서 살던 곳이나 한번 들러보고 옵시다."

불과는 너무 큰 좌절감을 달래기 위해 해외여행을 계획했다. 아내와 함께 과거 1980년대에 미국에 유학 가서 공부했던 인디아나주와 캘리포니아주 중심으로 8박 9일 정도의 미국여행 일정에 올랐다. 지금도 뇌리 속에 남아있는 기억이 생생하다. 여행 일정이 거의 끝나가는 2009.12.9일 저녁 L.A 한인거리에 있는 한국인이 운영하는 식당에서 순대국을 먹고 있는 중에 한국에서 전화가 왔다.

"신불과 교수님, 안녕하세요? 방사청 보라매 사업 담당자 김진국(가명)대령인데요, B.H 안보수석실에서 안보수석 주관하에 보라매 사업 공청회를 희망해서요. 가능하신지요?"

"나 지금, 미국 LA에 있는데, 언제 공청회를 할 계획인데?"

"다음 주 중에 안보수석께서 시간이 가능할 때에 계획하려 합니다."

"알았네, 바로 귀국해서 준비를 할 테니 연락을 주게."

귀국 일정을 당겨서 다음날 바로 귀국했다. 귀국 후 5일 정도 지나 마음을 다시 가다듬고 안보수석 주관의 공청회에 참여해서 연구결과를 보고했다. 당시 안보수석은 한국의 안보수석답게 연구 결과에 대해 범국가적 차원에 몇 가지 핵심적인 질문들을 했다. 그 중에 대표적인 것이 한국개발원 연구 결과와 불과의 연구결과가 근본적으로 다른 보라매사업이 미칠 국내 기술파급효과 유무에 대한 것이었다. 국내 기술파급효과에 대해 불과는 항공공학 엔지니어로서 논리적이며 수학적인 접근을 통해 기술파급효과를 정량적으로 산출한 값을 가지고 결론을 도출해서 제시했다. 반면에 국방연구원 요원을 포함한 한국개발원 연구팀원들은 경영학, 경제학, 산업공학 등을 전공한 사람들로서 분명한 근거나 논리적 접근도 없이 한국은 항공기술 기반이 낮기 때문에 기술파급효과를 기대할 수 없는 수준이라고 피상적인 결론을 제시했다.

최소한의 양식이 있는 사람이라면 두 연구결과 중 어느 것이 더 과학적이며 합리적으로 연구가 이루어졌는지를 평가를 할 수 있으리라. 청와대 안보수석 주관의 공청회가 끝난 후 연구결과에 대한 종합적인 평가가 제시되었다. 그것은 불과의 연구결과가 '흠결이 거의 없고 논리적이며 합리적이어서 한국개발원의 연구결과보다 타당하다.'는 것이었다. 불과의 '보라매 사업 추진은 타당성이 있다.'는 연구결과가 공청회 결과 채택이 된 것이다. 그것은 지식경제부 장관이 주재하는 2010.1.21일 「항공우주산업개발정책심의회의」에서 한국형전투기의 탐색개발 추진 결정으로 이어졌다. 한국의 항공산업 G7 도약을 위해 범부처가 참여하는 「'10~'19 항공산업 발전 기본계획」이 심의 의결되었는데, 그 기본계획에 한국형전투기의 탐색개발 추진이 포함된 것이다. 거의 취소될 뻔했던 보라매 사업이 다시 재개되게 되었다. 그렇게 보라매 사업의 재개 중심에 불과가 있었다.

그해 11월 불과는 한국항공우주학회로부터 '국내 항공산업 발전의 초석 마련에 크게 기여한 공로'를 인정받아 특별 공로상을 받았다. 그것은 조그마한 상패 하나에 불과하지만 불과에게는 큰 의미가 있는 것이다. 전역을 하면서 미력한 힘이나마 국가 발전에 기여하는데 노력하겠다고 다짐하지 않았던가? 불과는 항공우주분야에 전문인의 한 사람이기에 앞서 공군의 전투기 조종사의 길을 걸어 온 사람이다. 그러한 사람으로서 대한민국 공군을 위한 전투기 개발 사업 추진에 결정적인 역할을 했으며, 결과적으로 한국의 항공우주산업 분야 발전에 기여를 했다는 것은 개인적으로도 정말 큰 보람이 아닐 수 없었다. 그의 인생 후반전에 국가와 이 사회에 진 빚을 탕감하겠다는 그의 꿈을 조금이라도 이룰 수 있었다고 생각한다.

◀ 인생에 성실만큼
귀한 가치는 없다.

불과가 보람이며 자랑으로 생각하는 것 한 가지는 전역 후 입사한 대학으로부터 성실성을 인정받아 '연구전임교수'로 임명받았다는 사실이다. 학교에 초빙교수로서 둥지를 튼 지 3년째 되는 2008년 10월초로 기억이 된다. 한참 연구과제 수행에 바쁠 때인데 학교본부로부터 연락이 왔다.

"불과 교수님, 금번에 계약직 연구전임교수 선발이 있는데 신청해보시지요?"

"연락 주셔서 감사합니다. 그런데 제가 자격이 될까요?"

"그럼요, 교수님은 현재 교책 연구원에서 연구소를 운영하고 계시잖아요, 충분히 자격이 됩니다."

"네, 알겠습니다. 신청서를 작성하여 제출하겠습니다."

당시 제안 전화를 받은 주에는 5일 근무 중 2일이 공휴일이어서 3일만이 근무일이었다. 불과는 그 주에 처리할 일들이 많아서 몹시 바쁜 상태였다. 계약직 전임교수 신청서류 작성은 불과를 더욱 바쁘게 만들었다. 그럼에도 불과는 계약직 교수 지원서를 작성하여 제출했다. 직업군인하면 사람들은 사관학교를 졸업하고 장교로서 살아가는 사람들을 연상하게 되어 있다. 마찬가지로 교수하면 사람들은 유명대학에서 박사학위를 취득하고 대학교에서 학생들을 가르치는 정교수를 연상한다. 불과는 대학교에서 최소한의 예우를 받으면서 교수이며 학자로서 생활하기 위해서는 학교에서 공인하는 정식 교수가 되어야 한다는 생각을 해오던 터였기에 지원한 것이다. 지원서를 제출한지 얼마 지나지 않아서 학교본부로부터 불과는 정식 통보를 받았다.

"불과 교수님, 교수님께서 지원한 대로 당신은 2009년 1학기부터 계약직 교수(정교수 C급)로 선발되었습니다."

전혀 예상치 못했던 일이다. 약간 궁금한 마음을 가진 채 교수직 계약을 위해 학교 본부에 갔다. 계약과정에 연봉이 얼마인가 확인해보니 예상보다 훨씬 적은 액수였다. 연구전임교수이기 때문에 연구과제들을 수행하면서 연구비를 받을 수 있기 때문이라는 것이 이유였다. 사실은 적다 못해 하물며 자신이 당시 매월 받아온 연금에 버금가는 수준이었다. 불과는 37년 군 생활을 하면서 매월 급여에서 연금을 납입했다. 그 결과, 불과는 전역 후 군 복무기간 동안 자신이 납입한 만큼 매월 연금을 받는 연금 수혜자이다. 불과가 교수로 임용될 경우 교수는 역시 국가에서 일부 지원해주는 사학연금 대상자가 되기 때문에 교수로 재직하는 동안에는 군인연금 대상자에서 제외가 된다.

"명예로운 군인연금을 포기하면서까지 연봉이 연금수준보다도 못한 계약직 연구전임교수직을 수락해야 하는가?"

불과는 망설이지 않을 수 없었다. 계약부서 책임교수에게 자신이 전임교수 계약을 망설이는 이유를 솔직히 말했다.

"교수님, 저는 연구전임교수로 임용이 된다고 해도 그것은 허명에 불과할 뿐입니다. 경제적으로는 아무런 도움이 되지 않기 때문입니다. 그런데 이를 수락해야 할까요?"

"아니, 신교수님, 무슨 말씀이세요? 이번에 신교수님이 선발된 교수직 하나에 13명이나 지원을 했어요!"

"그런 것은 저에게 중요하지 않고요, 저는 집에서 아무 것도 하지 않고 숨만 쉬고 있어도 학교에서 주겠다는 연봉보다 적지 않은 액수의 연금이 지급됩니다. 그러한 연금을 포기하고 상대적으로 적은 액수의 연봉을 받으면서 부여된 교수라는 직함에 따른 소임을 다해야 하지 않겠습니까?"

"아, 그렇군요. 그렇지만 교수님 이것만은 아셔야 합니다. 이번에 신교수님을 선발한 교수 자리는 원래 대학 측이 배려하는 차원에서 신교수님을 위해 만든 자리라는 것입니다. 그동안 신교수님은 우리 대학의 정평이 나있는 정교수 못지않게 학교를 위해 다수의 연구 과제들을 수주해서 좋은 성과를 올리지 않았습니까? 학생들에게도 열정적으로 강의를 하셔서 학생들이 교수님을 높이 평가했습니다. 교수님을 선발하기 위해 계약직 교수 선발관련 학교 규정까지 제정했습니다. 그렇게 자리를 만들어 교수님을 선발한 것입니다. 수락을 못하시겠다고 하신다면 그동안 학교 본부에 건의해서 자리를 만든 저희들을 어떻게 되겠습니까?"

"아………, 그래서 제가 선발되었군요! 교수님 정말 감사드립니다. 저는 그것도 모르고 제 주장만 말씀드렸군요. 죄송합니다.

그러면 제가 제안 한 가지 드릴 테니 들어보시지요. 제가 받는 연금보다는 10원이라도 더 받을 수 있도록 연봉을 조절해 주실 수는 없을까요? 저도 제 아내에게는 명분이 있어야 하지 않겠습니까?"

"아, 그렇다면, 방법이 있습니다. 현재 교수님은 C급 연구전임교수로 선발했습니다. A급으로 상향 조정해서 선발하면 연봉도 올라갈 것이기 때문에 문제가 해결될 것 같습니다. 제가 학교 총장님께 교수님을 A급 연구전임교수로 선발할 것을 건의하겠습니다. 그러면 되겠지요?"

"네, 감사합니다. 학교측 배려에 다시 한 번 감사드립니다."

당시 계약직 연구전임교수 채용을 주관했던 대학의 대외 연구 업무를 총괄하는 산업협력단장(교수)과 불과가 나눈 대화 내용이다. 산학협력단장과의 대화를 통해 계약직 교수 임용이 어떻게 진행되었는지를 알게 되었다. 너무 감사한 마음이 들었다. 불과는 자신의 군 생활에서 몸에 배인 좋은 습관들을 학교에 와서도 그대로 지켰다. 학교로 옮긴지 3년, 그동안 좋은 습관들을 솔선수범한 결과라고 생각이 되어 정말 마음이 흡족했다. 불과가 군에서 장군으로 진급하면서 느꼈던, 이 세상에 '성실(誠實)'만큼 귀한 가치는 없다는 느낌을 다시 한 번 확인하는 기회였다. 성실하게 사는 사람이 통하는 우리 조국 대한민국! 얼마나 좋은 나라인가?

사실 불과가 특별히 내세울 만한 불과만의 것은 없다. 그저 좋은 습관을 가지려고 노력하는 것이 전부이다.

"좋은 사고는 좋은 행동을 낳고, 좋은 행동은 좋은 습관이 되어, 그 사람에 대한 좋은 인상으로 다른 사람들에게 남는다."

불과의 좌우명이다. 좌우명을 생각하며 오늘도 이왕이면 즐겁고 행복하게 살기 위해 좋은 습관 육성에 노력하고 있다.

"매일 마음의 양식으로 하루를 시작한다.

항상 기뻐하고 범사에 감사한다.

먼저 미안하다고 말하고 기꺼이 양보한다.

매일 그날을 계획하고 그에 따라 생활한다.

진실을 말하고 약속을 반드시 지키려 노력한다.

맡은 일에는 정성을 다하고 책임을 진다.

매일 일정량을 운동하여 땀을 흘린다.

취했다 생각하면 양해를 구하고 먼저 귀가한다.

항상 겸손한 자세로 남을 배려하고 칭찬을 아끼지 않는다.

무엇보다 내 자신의 분수를 먼저 생각한다."

불과가 매일 매일의 생활에 지키려고 노력하는 그가 말하는 「좋은 습관들」이다.

전역 후 학교로 옮긴 후 불과는 보통 새벽 4시 반이면 기상하여 여의도 고수부지에 나가 1시간 정도 뛰거나 걸었다. 6시 반 정도에 아침식사하고 대학교에 출근했다. 자신의 연구실에서 학생들 강의 준비와 수주한 과제에 연구를 수행한다. 그렇게 매일 오후 6시까지 일하면서 3년여 동안 변함없이 생활했다. 그에게 처음 학교에서 제공한 연구실은 크기가 12평 이상 되는 큰 방이었다. 혼자서 기거하기에는 다소 넓은 편이다. 혼자서 있기에는 아까운 마음에 방에 전등도 자신의 책상 위에 것만 켰다. 여름에는 에어컨, 겨울에는 히터를 혼자 있는 큰 방에 켜는 것은 낭비라 생각했다. 꼭 필요한 경우를 제외하고는 거의 사용하지 않았다.

처음에는 불과의 그러한 생활태도에 대해 학교에 주위 사람들은 이상하게 보는 것 같았다. 시간은 모든 것을 말해준다. 불과의 생활태도가 전혀 전시적이거나 과시적인 것이 아니라 그의 군 생활에서부터 몸에 배인 근검절약 생활태도라는 것을 알게 되었다. 이후 그들의 생각이 바뀌게 되었다. 불과의 변함없이 진솔한 생활태도를 좋게 평가하게 된 것이다. 그러한 불과의 성실과 열정, 책임 완수와 솔선수범하는 생활습관이 대학교에서도 존중을 받은 것이다. 이는 불과에게 충분히 다시 한 번 한국인으로서의 긍지를 느끼게 하는 계기였다.

◀ 인생의 아름다움은
어려움을 극복하는 과정에도 있다.

인생의 길은 결코 평탄하지 만은 않다.
—

불과가 2009.3.1일부로 대학교에 연구전임이지만 정교수로 임용되면서 외형적으로 바뀐 것은 아무것도 없었다. 내면적으로는 많은 것들이 바뀌었다. 마음부터가 교수의 위치에서 무엇인가 해야겠다는 마음이 자신을 부추기는 것을 느꼈다. 국가 안보 차원에 가시적인 큰 기여를 해보고 싶다는 마음에 충동이 한편으로는 일기도 했다. 그래서 미국에 순수 민간 안보연구소인 '랜드연구원(RAND Corporation)'과 같은 대한민국에 순수 민간 안보연구원을 구상했다. 대한민국은 한반도의 지정학적 특수성으로 인해 역사적으로 주변 강대국들의 흥망에 영향을 받아왔다. 그러한 대한민국의 100년 대계 안보구상을 할 수 있는 연구원 설립 및 운영을 희망했다.

불과는 불과의 무기체계연구소 상위조직인 교책원구원장과 안보연구원 구상을 상의했다. 그도 기꺼이 동의했다. 그의 동의하에 안보연구원 설립을 위한 단계적인 구축 추진계획을 수립하여 대학 총장에게 보고하고 계획을 현실화하기 시작했다. 1단계로

산업대학원에 야간 석사과정 국방관련학과를 신설했다. 병행해서 국방관련 주요 의제들에 대한 4~6개월 단기 교육과정을 개설하고 교육을 진행했다. 불과는 이미 국방 분야에 3년 이상 과제들을 수주하여 열정과 정성으로 과제들을 연구해서 납품한 경력의 소유자가 되었다. 국방부, 방사청 등 과제 발주부서에서 불과에 대한 평가는 상당히 호의적이어서 그가 주도적으로 진행하는 석사과정 및 단기교육과정 운영에 도움이 되었다. 그에 더해 불과가 추진한 석사과정과 단기 교육과정들은 선구자적 도전이었기에 예상보다 빠른 속도로 성장을 해나갔다.

점점 분위기가 좋아지면서 야간 석사과정도 일반 박사과정으로 확대 개편하여 학생을 모집하게 되었다. 단기교육과정도 처음 1~2개 과정에서 4~6개 과정으로 확대해 나가게 되었다. 연구소도 하드웨어를 다루는 무기체계연구소에 추가해서 소프트웨어를 다루는 안보연구소를 포함해서 '안보연구원'으로 확대 개편했다. 그렇게 3~4년이 흐르면서 쉽지는 않았지만, 나름대로 대학원 석·박사과정, 1년에 2회 운영하는 단기 교육과정, 안보 연구원 등으로 편성된 미국에 랜드연구원과 유사한 형태의 민간 안보연구원으로 성장해 나가는 듯 보였다. 그렇게 불과의 꿈이 막 본 궤도에 오르려는 차에 큰 시련이 다가왔다. 그 여파로 불과가 학교에서 이루려했던 안보연구원 설립의 꿈은 하루아침에 물거품이 되고 말았다.

2016.3.1일부로 불과의 꿈의 산실이라고 할 수 있는 대학교 교책연구원을 학교차원에서 폐쇄한 것이다. 교책연구원장이 교

어느 노병(老兵)의 꿈

책연구원을 6년 가까이 임의로 운영해서 학교에 막대한 피해를 끼쳤다는 이유에서였다. 그것은 명분일 뿐 사실은 '대학교 총장 퇴진운동'에 서명했기 때문이었다. 당시 원로교수 다수가 서명했다고 한다. 모두를 처벌할 수는 없는 상황에서 본보기식의 처벌이 필요한데, 가장 큰 처벌 효과를 기대할 수 있다고 판단되어 교책연구원장이 처벌 받게 되었다는 말이 당시 중론이었다. 어찌 되었든 가장 큰 피해자는 불과였다. 불과가 구상하고 있던 천하제일의 안보연구원에 근간이 무너졌기 때문이다. 불과가 개설한 대학원 석·박사과정, 단기 교육과정, 안보연구원이 그 상위 부서인 교책연구원의 폐쇄와 함께 문을 닫아야했기 때문이다. 불과의 반년 이상에 걸친 구명운동도 허사였다. 구명운동과정에서 불과는 대학교의 미래 이미지나 학생들에 대한 배려보다는 자신들의 이해 추구에 급급한 학교 집행부 요원들에게 너무 큰 실망과 좌절을 느꼈다.

"총장님, 저 같은 사람에게는 함부로 대하셔도 문제가 되지 않습니다. 하지만 학생들에게 함부로 대하는 학교는 미래가 없습니다. 학교 지망생이 줄어들 테니까요. 학교에서 머슴 위치에 있는 저 같은 사람도 학교의 미래를 생각해서 다수의 학생들이 학위 취득을 위해 재학 중인 방위사업학과를 그렇게 하루아침에 폐과하면 안 된다고 걱정하고 있습니다. 하물며 학교의 주인이라 할 수 있는 교수님들이 학생들에 대한 어떠한 배려도 없이 학과를 없애려 하는 것이 옳다고 생각하십니까?"

대학 총장에게 국방관련학과 박사과정 구명운동 중에 한 말이다. 불과는 반년 가까이 살아남으려고 열심히 뛰어 다녔다. 그랬음에도 결국은 학교에서 이루려했던 모든 꿈을 접기로 결정했다.

"저런 사람들 때문에 내 꿈을 포기할 수는 없다. 쉽지는 않겠지만 저 넓은 사회에 나가 꿈을 한번 펼쳐보면 어떨까?"

학교라는 울타리 안에서 그려 보려던 꿈을 사회에 나가 비상하는 계기로 삼아보겠다고 마음을 추슬러 보았다. 선 듯 내키지는 않았다. 그래도 대학에 구상했던 대한민국을 위한 순수 민간안보연구원을 대한민국 사회 한복판에 구축해 보겠다고 다짐했다. 2016.3.1일부로 민간 법인체로서 「무기체계연구원」을 개설했다. 10여 년 동안 학교에서 연구소를 운영해 온 경험이 연구원 개설에 큰 자산으로 작용했다. 첫술에 배부를 수는 없는 법, 최소한의 비용을 투자해서 법인을 설립하고, 국내 방산산업체에서 발주한 연구과제들에 도전해서 공개경쟁을 통해 몇 개 수주했다. 연구원의 미래를 보장하기 위해 사회에 정상적인 주식회사와 같은 봉급체계를 구축했다. 처음에 최소 6~7명의 연구원들 규모로 시작했다. 그렇지만 미래에는 대한민국 최고의 민간 안보연구원으로 성장해 나가겠다는 큰 꿈을 이루기 위해 불과는 오늘도 시간을 아껴가며 도전 중에 있다. 꿈은 열정을 가지고 이루겠다는 의지를 지켜나간다면 반드시 이룰 수 있다는 신념을 가지고~~~.

때로 큰 슬픔은 인생을 황폐하게도 한다.

전역 후 가졌던 학교에서의 큰 꿈을 포기하는 과정에 불과는 생전 경험해보지 못한 큰 슬픈 일을 2017년에 겪었다. 2012년 뇌종양으로 쓰러져 2회에 걸친 대수술, 2년이 넘는 항암치료를 받아온 둘째여식 혜진이가 13살짜리 아들과 10살짜리 딸을 남겨둔 채 세상을 떠났다.

사위가 출장 중이어서 집에 없을 때 혜진이가 집에서 잠자던 중 새벽에 의식을 잃고 쓰러졌다. 손자로부터 연락을 받고 달려갔다. 119구급차를 불러 녀석을 응급실로 옮겨 그 원인이 뇌종양임을 알게 되었다. 첫 번째 수술 후 집도 의사가 다행히 악성이 아니고 양성이라고 진단했다. 마음을 놓고 했어야 할 항암치료를 하지 않았다. 양성이라고 진단한 것이 오히려 병세를 악화시킨 듯하다. 양성이라는 진단에 수술에서 회복이 된 듯하자 곧바로 정상적인 생활에 복귀하려 했다. 다니던 회사에 출근해서 전과 같이 생활을 하려고 시도했다. 그렇지만 얼마 되지 않아 혜진이는 건강이 점점 악화되어 투병생활을 하게 되었다. 두 번째 수술을 한 후에는 불과의 아내가 2년 반 이상 매일 혜진이네 집에 가서 그녀를 간병하면서 그 자식들까지 돌봐주었다. 집사람의 갖은 정성에도 불구하고 그녀의 상태는 더욱 악화되어만 갔다. 24시간 간병이 필요하게 되면서 그녀가 세상을 떠나기까지 4개월 동안은 불과의 집에 데려와 불과 부부가 함께 지내며 돌봐주었다.

"아빠 목숨을 내어주고라도 너를 고쳐주겠다."

불과가 그의 둘째 딸 혜진이가 처음 쓰러져서 응급실에서 깨어난 후 그녀에게 한 약속이다. 불과는 그 약속을 지키지 못했다. 불과는 혜진이가 3번째 집에서 의식을 잃고 쓰러져 병원에 구급차에 실려 가서 응급처치를 받고 투병을 할 때도 그 약속을 포기하지 않았다. 10mg에 수백 만원하는 최근에 미국에서 개발한 신약까지 투약하면서 회복할 수 있을 것이라는 간절한 희망을 가지고 기도했다. 마지막까지 기대했던 신약에 효과로도 치유가 어렵다는 판단이 섰다. 간병인을 두고도 낮에는 불과의 아내가 주로 함께 간병하고, 밤에는 불과가 주로 간병했다. 만약의 경우를 대비해서다. 다음은 불과가 그의 둘째 딸이 소천하기 19일 전 새벽에 쓴 글이다. 불과 자신의 완치시킬 수 있다는 희망이 부질없음을 절감하면서 참담하고 처절한 마음으로 의식이 거의 없는 그의 둘째 딸을 보면서 그녀에게 마지막으로 쓴 글이다.

사랑하는 내 딸 혜진이를 천국에 보내며.

혜진아! 정녕 떠나려느냐?
내 목숨을 내주어서라도 너를 고쳐 주겠다는 약속을 아빠가 지키지를 못해 정말 미안하구나! 너는 이렇게 힘들게 투병하고 있는데 무엇 하나 도울 수 없는 나의 무력함이 한스러울 뿐이다.

어느 노병(老兵)의 꿈

혜진아, 너를 극진히 사랑하는 엄마와 아빠, 서로 의지하며 정답게 자란 네가 제일 좋아하는 언니, 네가 몸과 마음을 바쳐 사랑해온 네 남편과 네 아들과 딸, 너를 그토록 아끼고 사랑한 이모, 너를 진정으로 소중히 아껴주시는 시부모님들과 형제들, 그리고 주위에 네가 아끼고 사랑한 많은 사람들을 남겨두고 어떻게 이렇게 떠나는 것이냐?

얼마나 떠나기 싫을까 생각을 하며 떨어지지 않을 힘든 네 발걸음을 생각하니 마음이 너무 아프구나! 병석에 누어 멀고 먼 외로운 길을 혼자서 떠나야 한다는 것을 알고 있을 네 마음을 어떻게 위로할 길이 없어 한없이 슬프기만 하다.

엄마, 아빠 떠날 때는 누가 곁에서 지켜주라고 먼저 떠나는 것이냐? 엄마, 아빠가 떠날 때까지 얼마나 많은 눈물을 흘리게 하려고 먼저 떠나는 것이냐? 평생 엄마, 아빠에게 걱정 한번 안하게 하고 거역 한번 하지 않은 착하고 예쁘고 사랑스럽기만 했던 너를 보내야 한다는 생각에 가슴이 무너지는 것 같다.

무엇이 잘못되었었기에 이렇게 되었나 하는 생각을 해본다. 언니와 같은 나이에 결혼을 2년 정도 지난 후 늦게 시켰더라면 하는 생각도 해본다. 그러나 그러한 생각도 이제는 다 부질 없는 것 아니겠니?

네가 먼저 떠나는 것이 하나님의 계획이라면 엄마, 아빠는 받아드리마! 그러니 이제 뒤에 어떠한 미련이나 염려는 접어두고 홀가분하게 떠나거라! 우리 가족 얼마 안 있어 아무 근심 걱정 없는 천국에서 다시 만날 터이니 그날을 기약하자꾸나!

영원히 사랑한다. 혜진아, 잘 가거라~~ 아빠.

2017.3.25일 새벽에 씀

이 세상에 남편을 잃은 사람을 '과부'라고, 아내를 잃은 사람을 '홀아비'라고, 부모를 잃은 사람을 '고아'라고 말을 한단다. 자식을 잃은 사람에게는 부르는 말이 없다. 부를 말이 없을 정도로 자식을 잃은 상처는 부모에게 너무 큰 아픔이기 때문인가 보다. 자식을 먼저 보낸 슬픔은 평생 죽을 때까지 가슴에 묻고 가야할 슬픔이라고도 말한다.

그렇게 모든 일에 강하고 담대하며 당당하게 살아온 불과였건만 자식의 죽음 앞에서 너무 자신의 무능함과 나약함을 느끼며 오열을 했다. 그러면서 삶의 허무함과 함께 오늘 하루의 자신의 하는 일에 대해서도 회의를 느끼게 되었다. 불과가 전역을 하면서 다짐한 생각 즉, 일은 곧 생명이며, 죽는 날까지 사회에 기여하겠다는 꿈을 이루기 위해 열심히 살아가겠다는 자신의 다짐, 오늘을 살아가는 삶에 자신이 부여한 가치에 대해 자꾸 의문이 일어났다.

　　　어느 노병(老兵)의 꿈

"무엇을 위해서? 어찌할 건데? 꼭 그렇게 해야 해?"

둘째 딸을 보내고 툭하면 불과가 자신에게 말하는 질문들이다. 처음에는 세상을 떠난 둘째 딸을 잊어버리기 위해 집에 있는 그 아이를 생각나게 하는 것들을 없애려고 시도했다. 결혼사진, 그 애가 집에서 사용하던 물건들, 이부자리들을 치워버렸다. 그렇지만 그대로 두느니만치 못했다. 결국은 가장 가까이에 항상 함께 있으면서 잊도록 노력하기로 했다. 그렇게 결정을 하니 마음이 오히려 편하고 좋았다. 세상을 떠난 것만도 안타까운 일인데 나와 내 아내에 남아있는 흔적마저 없애려 하는 것은 옳지 않다는 생각이 들었다. 나와 내 아내 그리고 우리 집에 둘째 애가 남긴 흔적들을 고이 간직하고 살기로 마음을 먹었다. 그녀가 곁에서 항상 함께 있다고 생각하면서 무념무상으로 살아가는 것이 가장 아픈 상처를 씻어내는 길이라 생각했다.

시간이 지나면 그래도 생각이 덜 나려니 생각했다. 그렇지만 시간이 지나면 지날수록 가끔 문득문득 떠오르는 그 애가 남기고 간 여러 잔상들이 아련히 남아 마음을 더욱 아프게 한다. 아빠인 내가 그럴진대 10달 동안 품고 있다가 산고의 고통을 겪으며 낳은 내 아내의 마음은 오죽하겠는가? 나나 내 아내 모두 무언으로 이심전심 약속을 했다. 둘째 애에 대해 어떠한 말도 하지 않기로 한 것이다. 생각할수록 더욱 북받쳐오는 저 마음 저변에 아픔을 참기 위해서이다.

시간이 가면서 불과를 힘들게 하는 것은 그의 일상생활 속에서 불현듯 떠오르는 그녀에 대한 그리운 마음이다. 길을 가다가, 슈퍼마켓에서, 버스나 전철 안에서, 문득문득 둘째 애를 느끼게 하는 모습들이 그렇게 불과를 더욱 힘들게 하곤 한다.

길을 가다가 얼굴색이 곱고 예쁜 젊은 아가씨만 보아도,

"우리 둘째도 저렇게 곱고 예뻤었는데, 이제는 그렇게 곱고 예쁜 둘째를 볼 수가 없게 되었구나!"

둘째 애 또래의 젊은 숙녀들이 재미있게 이야기를 나누는 것만 보아도 생각이 난다.

"우리 둘째 애도 저렇게 발랄했었는데 무엇이 잘못되어 먼저 간 것이지?"

차 안에서 건강한 모습으로 무엇인가 열심히 카톡이나 게임을 하는 젊은 처자를 보아도 불현 듯 떠오른다.

"우리 둘째 애도 저렇게 건강했었는데, 무엇이 잘못되어 그렇게 됐지?"

길을 가다가 어린 아이들이 엄마와 재미있게 대화를 나누는 것을 볼 때는 더욱 마음이 아프다.

"한참, 엄마의 돌봄과 사랑이 필요한 시기에 어린 자식들을 놔두고 떠나면 누가 대신 그 사랑을 채워준단 말이냐? 네가 그렇게 가면 네가 남기고 간 어린 것들은 먼저 떠난 엄마를 얼마나 원망하겠니?"

그렇게 일상생활 속에 주위에서 문득문득 그녀를 떠오르게 하는 여러 모습들에 불과는 자신도 모르게 눈물을 흘리곤 한다. '시간이 가면 잊혀지겠지!'하고 위안도 해보았지만 시간이 가면서 그녀에 대한 아련한 그리움과 아쉬움, 애절함만 더 커지는 것

어느 노병(老兵)의 꿈

같다. 어쩌면 둘째 애의 잔상을 잊어버리는 것이 두려워서 그런지도 모르겠다. 아마 불과가 눈을 감을 때까지 그럴 것이다.

둘째 애가 세상을 떠나고 나서도 불과의 일일 생활은 전과 비교해 변함없이 계속되었다. 6시 반경에 아침식사하고 출근하여 18시까지 일하고 퇴근하는 생활은 외형적으로는 똑같았다. 그러나 내면적으로는 같지가 않았다. 그가 전역하면서 가졌던 꿈을 이루겠다는 열정이 식어가는 생활이었다.

"일을 하지 않아도 먹고 사는데 문제가 없는데, 꼭 이렇게 일을 해야만 하는가? 무엇 때문에 연구원의 미래 연구 과제를 미리 걱정하면서 살아야 하는가? 나는 편히 쉬면 안 되나?"

마음 한구석에서 자신에게 불평하는 소리와 다퉈가면서 살아가는 삶이었다. 그런 자신과의 힘겨운 다툼 속에서도 마음 저변에서 '열심히 일하면서 사는 삶이 가치 있는 삶'이라고 요지부동 부르짖는 소리를 들을 수 있었다. 비록 크지는 않아도 분명하게 느낄 수 있었다. 둘째 애가 소천한 후 3년여 동안 불과는 매일매일 자신의 꿈을 이루기 위해 자신과 싸우며 꺼져가려는 열정을 되살리려고 힘썼다. 꿈은 반드시 이루어지리라는 믿음과 함께~~.

인생의 후반전은 힘들게 하는 것들이 많이 있다.

정말 불과에게 둘째 여식의 죽음은 너무 큰 상처를 안겨주었다. 자신의 가치관마저 의문을 갖게 하는 정말 어려운 시간이었다. 지칠 줄 모르는 그의 꿈에 대한 열정마저 사라져 가는 듯 했다. 더욱 그를 어렵게 한 사건이 발생했다. 그가 수주해서 수행하는 과제 1년차 중간보고 때이다. 연구를 소홀히 한 것이 아니었다. 발주부서에서 원하는 대로 보고서가 작성되지 않아 보고 과정에 그것에 대해 지적을 받은 것이다. 문제는 발주부서에 한 사람이 고의적으로 불과의 보고서에 대해 계속 흠집을 내면서 트집을 잡은 것이다. 당시 같은 장소에서 불과가 수행 중인 2개 과제에 대한 중간보고가 진행 중이었다. 첫 번째 과제를 발표하는 과정에 불과는 1시간 반 이상을 인내하며 발주부서 요원들의 질문에 성실하게 답변했다. 두 번째 과제 보고가 시작되었다. 질문이 처음부터 시비조로 시작되었다. 불과는 더 이상을 참을 수가 없었다. 분명한 어조로 물었다. 그리고 부연했다.

"질문 하나 합시다. 당신 지금 우리에게 시비를 거는 것입니까? 의도적으로 계속해서 시비를 거는데 그 이유가 무엇인지 알고 싶습니다. 우리가 부족한 것이나 미흡한 것이 있어 그것을 지적하고 보완을 요구한다면 기꺼이 수용할 수 있습니다. 최고의 보고서가 되기 위해서는 서로가 협조해야 하는 것 아니에요? 자신들이 해야 할 바는 하나도 하지 않으면서 자신들이 발주부서라고 갑질이나 하는 것 아닙니까? 내가 당신의 회사 과제를 한다고 해서 여기서 모욕이나 받을 군번이 아닙니다. 내가 당신들이 원하는 바대로 보고서를 다시 정리하여 일주일 후 12시까지 보내주겠습니다."

"………."

"우리 연구원들, 더 이상 갑질하는 것들과 이야기 나눌 것 없네. 짐 싸가지고 올라가세."

"…………, 불과 교수님, 그렇게 언짢아하시니 죄송하게 되었습니다. 진정하시고 과제보고를 끝내시지요?"

"아!, 됐어요, 내가 말한 대로 당신들이 말하는 형식으로 보고서를 보완해서 일주일 후에 보내드리겠습니다."

불과의 강한 항의에 과제 발주부서 사람들도 할 말이 없었다. 불과의 항의내용이 사실이었기 때문이다. 발주부서 책임자가 사과했다. 그렇지만 불과가 언성을 높여 항의하는 바람에 보고하는 분위기가 깨졌다. 불과가 말한 대로 일주일 후 보고서를 다시 보내서 평가를 받는 것으로 회의를 매듭짓고 상경했다. 상경하는 버스 안에서 불과는 많은 생각을 했다.

"내 나이에 무엇을 한다고 내 자식보다 어린 사람들한테 그렇게 성심성의껏 연구를 수행해서 보고서를 작성하고도 모욕을 받고 얼굴을 붉혀야 하는가?"

"이래서 사람들은 때가 되면 물러나야 한다고 했는가?"

"때로는 어쩔 수 없이 부딪힐 수밖에 없는 일들을 꼭 해야만 하는가?"

"이제 진정 물러나야 할 시기가 된 것일까?"

조금 남아 있는 열정마저 모두 고갈시키는 상념들이었다. 자신이 한 말을 지키기 위해 상경해서 토요일, 일요일, 주중 공휴일까지 쉬지 않고 일주일을 하루 같이 보내면서 보고서를 재 작성했다. 그렇게 작성한 보고서를 약속대로 일주일 후에 과제 발주부서에 보내주었다. 그리고 홀가분한 마음으로 그의 주말 휴식처이기도 한 홍천 집에 내려가서 주말을 쉬었다. 그곳에서 월요일 새벽 4시에 기상해서 짐을 챙겨 출발해서 6:40분경에 서울 집에 도착했다. 김밥으로 아침식사를 때우고 7:30분에 사무실에 출근했다. 출근길에 다시 생각이 떠올랐다.

"내가 꼭 이렇게 4시에 일어나 출근해야할 정도로 힘들게 살아야 하는가? 이것만이 정녕 내 삶의 방법이란 말인가?"

마음 저변에서 다른 생각이 치고 올라왔다.

"그렇다면 내가 일을 하지 않고 집에서 쉬었다면 오늘 어떠한 모습이었을까? 그렇다면 새벽 4시에 일어나서 상경할 일도 없었 겠지? 아마 7시나 8시에 여유 있게 일어나 아침식사하고 10시 쯤 출발했을 것이다. 그리고 서울 집에 도착해서 짐정리하고 편하게 쉴 수도 있었을 것이다."

두 경우의 삶의 형태, 불과의 선택에 의해 결정될 수 있는 모습들이다.

때로는 자신에게 위안이 되는 명분이 필요하다.

우리가 살아가는 인생길에 분명한 사실은 우리가 어떻게 삶을 살았던 어김없이 그날 하루의 시간은 지나간다는 것이다. 그렇게 흘러가는 시간에 몸을 맡기고 시간과 함께 시간가는 대로 사는 삶이 있다. 자신의 계획을 시간대별로 세워 놓고 그 계획에 따라 시간을 관리하면서 사는 삶도 있을 수 있다. 어느 삶이 상대적으로 좋다고, 가치 있다고 말할 수 있을까?

불과의 뇌리에 얼마 전 보고서를 재정리하기 위해 불과가 하루

같이 보낸 일주일이 자신의 가슴 깊은 곳에 잠자고 있던 '일을 해야 한다는 본능'을 일깨워 줌을 느꼈다. 불과는 풀리지 않는 문제에 봉착하게 되면 그 문제가 풀릴 때까지 생각을 하는 습성이 있다. 잠자리에 들어서도, 아련히 잠에서 깨어나서도 문제풀이를 생각하는 습성이다.

불과는 언제나 자신이 운영하는 연구원의 미래를 준비해야 한다. 그러한 연유로 연구원 생존을 위해 2~3년 후 연구원이 도전해야 할 과제 몇 개를 골라서 정리를 해보았다. 그 중에 사람들이 과거 30~40년 동안 객관적으로 수용성이 있는 답을 제시하지 못해 발주된 과제에 도전하기로 했다. 제안서 작성을 위해 며칠 동안 생각한 끝에 풀어나가야 할 방향을 잡았다. 어떤 식으로 답을 도출할 것인가 생각하면서 자신에게 익숙한 분야라서 처음에는 쉬운 과제로 생각했다. 그러다가 '오죽했으면 과거 30~40년 동안 수용성이 높은 해답을 도출하지 못했을까?'하고 생각하니 절대 쉬운 과제가 아님을 인식하게 되었다. 그렇게 생각되니 처음에는 길이 보이질 않았다. 3~4일이 지나서야 겨우 그 길을 찾았다. 자신이 고민해서 찾은 방법이 관련분야 전문가들의 학술논문들을 통해 맞는다는 것이 확인되었다. 그 과정에서 불과는 그동안 생각도 못했던 한 가지 사실을 알게 되었다. 그렇게 알게 된 사실이 불과의 그동안 일하는 것에 대한 망설임을 없애주는 계기가 되었다.

"내가 여기서 일을 하지 않고 은퇴를 한다면 지난 30~40년 동안 뇌리 속에 차곡차곡 쌓아둔 나의 지식은 어떻게 될까? 당연히 아무런 쓸모가 없어지게 된다. 그렇다면 그동안의 정성과 노력으로 쌓인 그 값진 지식들을 그렇게 쓸모없이 버린다는 것은 정녕 내가 속한 사회를 위해서도 아깝지 않아?"

현역 때는 군이 원한다면 하는 마음에 기초해서 정책, 전략에서부터 현장에 얽히고설킨 과학문제까지, 해결 방안을 찾기 위해 그 많은 서적들을 섭렵하여 문제를 풀면서 노하우를 축적했다. 전역 후에는 공과대학생들을 대상으로 기초과학에서부터 수학에 이르기까지, 대학원생들을 대상으로 응용공학영역까지 학생들을 가르치면서 과학지식을 쌓았다. 그 뿐인가, 대학에서 연구소를 운영하면서 10여 년 동안 60여 개 연구과제에 책임연구원으로서 연구를 하면서 노하우들을 쌓아왔다. 그렇게 뇌리 속에 쌓아둔 지식들이 그냥 버리기에는 너무 아깝다는 생각이 불현 듯 들었다. 그러한 생각은 곧 불과 자신의 정신을 번쩍 들게 해주었다.

하나님께서 자신에게 주신 달란트를 버리면 안 된다는 생각이 들었다. 나이가 들어 육신이 연약해져가면서 편해지고 싶어 하는 마음과, 일을 해야 한다는 마음 간에 수시로 내면에서 벌여온 싸움을 더 이상 하지 않기로 다짐했다. 육신이 약해져가면서 그만큼 더 나약해져가는 자신의 마음을 달랠 수 있는 좋은 명분을 찾게 된 것이다.

◀ 분명 인생에 일은
생명이다.

　영국의 과학자 제임스 와트는 64세 때 연구를 그만두고 유명 인사들과 사귀며 유유자적했다고 한다. 한편으론 이러다 정신 기능까지 마비되지 않을까 걱정스러워서 그는 시험 삼아 독일어 공부를 시작했다. 전혀 기억력이 조금도 낡지 않은데 놀라서 맘을 고쳐먹었다. 이후 와트는 80세까지 쉬지 않고 연구생활을 계속하여 증기기관을 발명하는 등 큰 업적을 남기고, 18세기 사람으로는 드물게 83세까지 살았다고 한다. 2005.10.24일자 어느 조간신문 만물상에 나온 내용이다.

　한국의 문필가 염상섭은 '문필(文筆)이 40년'되던 1960년에 붓을 놓았다고 한다. 무거운 짐을 벗었다며 후련해하던 그가 '무료한 실직자'라는 글에서 당시 자신의 속내를 말했다.

　"그날그날 생활목표가 있어야 하겠는데 무료하기 짝이 없다. 없는 책이나마 뒤적이며 읽게 되려니 했는데 눈이 금시로 침침해져 신문 한 장도 변변히 읽는 때가 없다. '완전히 무용지물이 됐구나!'하는 생각에 살고 싶은 생각도 없어졌다."

　그 후 2년이 지나 그는 세상을 떠났다. 일을 한다는 것은 살아 있다는 증거다. 미국 어느 회사에서 퇴직한 연금생활자 3,500명을 대상으로 조사했는데 '일찍 퇴직할수록(早退) 더 일찍 죽더라(早死).'는 영국의학저널 보도가 있었다. 55세에 물러난 사람은 평균 72세에 죽었지만, 60세 퇴직자는 76세, 65세 퇴직자는 80세까지 살았다고 한다. 이는 일반적으로 '늙어서까지 일하면 수명이 짧아진다.'는 통념을 뒤집는 실증적 자료이다.

"天生萬民 命以資業 萬民之生也 有資業則生 無資業則死. 資業者 道之所由生也.{하늘이 만민을 낳을 때에 명(命)으로써 생업(기본적으로 해야 할 일)을 부여하였으니, 만민의 삶은 생업이 있으면 살고, 생업이 없으면 죽는다. 생업이란 도(道)가 생겨나는 바탕이다.}"

사상의학 『동의수세보원(성명론)』의 저자 이제마 선생이 언급한 말이다.

"일은 먹는 것이나 자는 것보다 인간에게 필수적이다."

독일 철학자 훔볼트의 주장이다. 위의 말들 모두 상호 일맥상통하는 점이 있다. 사람이 일한다는 것은 살아있다는 증거이다. 현재 사람의 기대여명[27]은 매년 증가하고 있다고 한다. 통계청 자료에 의하면 한국인의 기대여명은 생활여건, 의술 등이 향상됨에 따라 매년 증가하고 있는 추세이다. 자연수명이 늘어나게 되면 일할 수 있는 기간을 가리키는 노동수명도 같이 늘어나야 한다. 하지만 노동수명은 제자리걸음을 하고 있다. 시간이 지나면서 자연수명과 노동수명의 격차가 더 벌어질수록 은퇴자의 맥 빠진 삶은 더 길어지게 되어 있다.

---

27) 앞으로 더 누릴 것으로 예상되는 수명

사람이 존재하는 이유는 사람이 속한 이 사회에 필요하기 때문이라고 한다. 그래서 태어난 것이다. 그렇다면 사람은 자기가 속한 사회에 필요한 역할을 수행하는 삶을 살아야 할 것이다. 필요한 역할을 수행하는 삶이란 어떤 삶인가? 자기가 속한 사회에 도움이 되는 삶이 아니겠는가?

 불과는 전역신고서에 우리 국가와 군이 자신에게 베풀어준 큰 은혜에 대해 감사를 드리며, 후반전에 그 빚을 갚겠다고 했다. 불과는 전반전의 삶에 만족한다는 의미이기도 하다. 만족할 줄 아는 사람이 감사해 할 줄도 알기 때문이다. 만족할 줄 아는 사람답게 불과는 후반전에도 감사한 마음으로 살아갈 것이다. 자신의 능력이 대단치 않음을 아는 겸손한 자세로 살아갈 것이다. 대가를 바라지 않고 묵묵히, 열심히 일하며 즐겁게 살아갈 것이다. 남을 배려하며 빛 쪽에 서서 살아갈 것이다. 불평하지 않으며, 자신의 분수에 맞게 공익을 우선시 하며 살아갈 것이다.

 불과도 피할 수 없는 것이 있다. 늙어가는 것이다. 누구도 피할 수 없는 절실한 현실이다. 나이가 들어가면서 친구들이 하나 둘 먼저 떠나면서 고독해질 것이다. 일을 하지 않으면 수입도 발생하지 않을 것이다. 나이가 들어가면서 신체가 닳은 이유로 이곳저곳 아픈 곳도 많아질 것이다. 고장이 날 수밖에 없는 신체를 그냥 내버려 두면 아예 못쓰게 되지 않겠는가?

 불과는 오늘도 나이와 함께 마음을 담고 있는 육신이 늙어가면서 편히 쉬고 싶어 하는 마음을 '이 사회에 필요한 역할을 하기 위해 일을 해야 한다.'는 마음으로 달래고 있다. 한편으로는 「일은

분명 인생에 일은 생명이다.

생명」이라는 신념을 가지고 꺼지려는 의욕을 돋우려 노력하기도 한다. 사회가 나를 필요로 할 때까지 열심히 일을 해서 나도 건강하고 사회도 건강하게 조금이라도 기여하겠다는 다짐도 한다.

하늘은 스스로 돕는 자를 돕는다고 하지 않는가? 하늘이 좋아하는 자가 되기 위해 노력한다. 흐르는 물은 썩지 않는다고 한다. 폐차 신세가 되지 않기 위해 쉬지 않고 움직이려 노력한다. 45분 이상 걸어서 출근하고, 걸어 갈 수 있는 거리면 무조건 걸어간다. 시간이 쫓기지 않는 한 1시간이내 거리는 걸어 다닌다.

나이 듦은 흉이 아니다. 가꾸지 않음이 흉인 것이다. 언제나 당당하고 멋지게 보이도록 노력한다. 노신사다운 용의 단정한 태도와 품위 있는 언행을 습관화하려 노력한다.

배움에는 정년이 없다고 하지 않는가? 쉬지 않고 배우려고도 노력한다. 결코 아는 자가 되기보다는 항상 꿈과 열정을 가지고 열심히 배우는 데 행복을 느끼는 사람이 되기 위해 무엇이든 정성을 들여 배운다.

이제 내 인생에 촛불은 2/3 이상 타들어가고 있다. 다 타버리면 이 세상과 작별할 시간이다. 그러니 오늘 나에게 주어진 시간이 얼마나 아까운가? 시간을 아껴서 가장 유용하게 사용하는 방법은 계획을 세워놓고 사용하는 것이다. 불과는 오늘도 아침에 제일 먼저 '무엇을 할 것인가?' 계획을 세워놓고 하루를 시작한다. 그러다보니 매일 할 일이 너무 많다. 그렇지만 많은 일들을 긍지와 보람으로 생각하며 감사해 한다.

『다 쓰고 죽어라』라는 책을 저술한 '스태판 폴란'이 멋진 삶을

어느 노병(老兵)의 꿈

위하여 제시한 네 가지 중 세 번째가 「은퇴하지 말라.」이다. 사람들은 은퇴만 하면 '영원한 휴가'를 즐길 수 있다고 생각하는데 그러한 환상에서 깨라고 주장한다. 은퇴의 삶이란 20년간 신통찮은 연금으로 연명하면서 빈둥거리는 삶이어서 건강도 나빠지고 정신도 녹스는 삶이기 때문이란 이유에서이다. 그리고 그는 65세를 넘긴 뒤에도 새로운 일들은 마음만 먹으면 얼마든지 찾을 수 있다고도 강조했다.

분명한 사실은 사람이 은퇴 없이 일을 하게 되면, 누구나 인생 후반전에 경험하게 될 가난의 고통, 고독의 고통, 무료함의 고통, 신체 고장의 고통 등 피치 못할 네 가지 고통을 최소화할 수 있다는 것이다. 그래서 어쩌면 사람들이 「일은 생명이다.」라고 말하는지 모르겠다.

◀ 준비하는 자가
기회를 잡게 되어있다.

2009년 7월 31일로 기억이 된다. 불과가 3월에 수주한 「보라매 사업 타당성 분석 용역연구」 과제 마무리에 한창 바쁜 시기였다. 불과를 건국대에 둥지를 틀게 해준 박사과정 대학 동문 윤교수가 '경기 하남시 한강 당정 둔치'에서 초소형 무인비행체 「FM07」 시연회를 개최하여 무기체계연구소 요원들과 다녀오게 되었다. 분주한 생활 속에서 머리도 식힐 겸 국내 주요언론까지 관심을 가지고 참관하는 시연회라서 군 활용측면에 대한 언론 인터뷰도 있다고 하여 참관하게 되었다.

날개폭 70cm, 무게 450g 밖에 안 되는 초소형 무인 비행체가 자동비행장치를 이용해서 GPS 좌표로 입력한 표적지역에 200m까지 상승 후 수평비행하면서 날아가 표적지역 사진을 촬영한 후 송신해준 영상파일을 지상통제소에서 확인하고 불과는 깜짝 놀랐다. 표적에 대한 해상도가 너무 선명해서 육안 식별이 모두 가능한 영상이었기 때문이다. 윤교수의 그동안 성과에 찬사를 보냈다. 윤교수는 '국제초소형비행체(MAV) 경연 9회째 대회'를 2005.5.21일 동일 장소에서 주관해서 개최했다. 그리고 그는 한·미 총 15개 대학팀이 참석한 그 대회에서 세 가지 종류의 경연 중 영상촬영전송부문28)에서 세계신기록을 수립하여 세계 챔피

언이 되었다고 했다. 불과는 그날의 초소형 무인비행체 「FM07」 시연을 참관하고 윤교수가 수립했다는 기록이 실감이 났다.

불과가 현역시절부터 '해결할 수 있다면 얼마나 좋을까?' 하고 생각해온 문제의 해결방안에 대한 실마리가 머리에 퍼뜩 떠올랐다. 불과는 현역시절 전술정찰임무대대 조종사들에게 연민의 정을 느끼곤 했다. 그들은 동료 전투조종사들이 적지 주요 표적들에 항공무장을 투하하고 적지를 빠져나오면, 항공기에 무장도 하지 않은 채 카메라만을 장착하고 표적지역에 들어가 표적피해평가를 위한 항공사진을 촬영해야했다. 그것이 그들의 임무이기 때문이다. 그러하니 같은 조종사이면서 그들은 공격임무 조종사들보다 한층 더 위험에 노출될 수밖에 없는 여건이었다. 그렇다고 표적피해평가를 하지 않을 수는 없다.

만약에 「FM07」이 보여주었듯이 사전에 입력된 지점을 공중에서 영상 촬영하여 그 영상을 송신해줄 수 있는 소형 무인비행체를 접어서 항공무장의 등 뒤쪽 여유 공간에 부착시켜 전술정찰임무를 수행하게하면 어떨까하는 아이디어가 불과의 머릿속에 그려졌다. 항공무장에 부착된 소형 무인비행체는 항공무장이 표적을 타격하기 얼마 전에 항공무장으로부터 이탈시켜 날개를 비행형상으로 환원한 후 자체적으로 시동을 걸고 안정된 비행자세를 유지한 채로 자동비행을 하여 표적지역에 진입해서 항공무

---

28) 영상촬영전송부문경연: 비디오 카메라가 탑재된 비행체로 600m거리에 있는 가로 3m, 세로 3m, 높이 1.5m 울타리 내에 목표물 글자 촬영영상을 비행체 원격 제어지역에 실시간으로 무선 송신한 비행체 중 가장 작은 크기의 비행체가 우승하는 종목임

장이 타격한 표적지역을 촬영하여 그 촬영영상을 아군의 정보수신소에서 수신이 가능하도록 임무기나 통신위성 등에 송신하게 한다면 가능한 방안이라고 생각되었다.

떠오른 아이디어를 윤교수에게 말하고 함께 기술적 가능성을 검토해보았다. 항공무장의 성능에 영향을 미치지 않을 정도로 비행체 날개를 접어서 부착 및 분리시키는 기술, 분리 후 상대적으로 엄청난 관성의 격차에 의해 발생하게 될 가혹한 비행환경에서 무인비행체가 날개를 환원한 후 시동을 걸고 안정된 비행자세를 유지해 자동 비행하도록 하는 기술, 촬영한 영상을 극히 제한된 내장 배터리 전력으로 원거리 송신하는 기술 등 아이디어를 구현하는데 요구되는 핵심기술들에 대한 개발 성공가능성을 대략 3년간 검토하고 분석한 끝에 가능하다고 판단했다. 국내 관련 방산업체들을 찾아가서 설명했다. 모두 좋은 아이디어라는 데는 공감을 하면서도 군에 소요가 없기 때문에 개발추진에는 회의적이었다. 개발해놓고도 군에서 사용하지 않으면 개발비용만 날려버리게 된다는 이유에서다. 군에도 찾아가 관련 실무요원들에게 설명했다. 그렇지만 역시 허사였다. 그들은 기술개발 가능성에 대해 회의적인 시각이 강했다.

불과는 미국 항공무장회사에 부회장으로 재직 중인 친구가 있어 아이디어를 설명해주니 듣고 깜짝 놀라면서 말했다.

"이러한 생각은 이스라엘 사람들도 생각하지 못한 아이디어이다. 이렇게 귀중한 내용을 나한테 스스럼없이 말해줘서 너무 고맙다. 이를 관련요원들이 알게 되면 충분히 아이디어를 도용할 수 있기 때문에 나는 미국에 가서는 절대 다른 사람들에게 누설을 하지 않을 것이다. 아이디어 보호차원에서라도 특허를 출원해놓는 것이 좋을 것 같은데?"

불과를 발명자로해서 윤교수가 설립한 벤처회사가 제안자가 되어 2016.3월 국내 특허를 출원해서 2017.12월 특허등록이 되었다. 2018.9월에는 미국에도 특허를 출원했다.

"개발 추진이 가능할까?"

"만약에 누군가가 투자해서 개발하여 실용화만 할 수 있다면 앞으로 전장에서 사용될 항공무장들에는 모두 실용화된 폭격피해평가용 소형 장찰용 무인비행체를 장착하게 될 터인데, 그러면 한국에 위상도 엄청 올라갈 수 있을 텐데?"

"물론 사업화에 성공하면 돈도 엄청 벌 수 있지 않을까?"

불과는 제안한 아이디어를 생각할 적마다 아쉬운 마음이 앞섰지만 한국적 상황의 현실에서는 개발이 쉽지 않을 것으로 결론을 내렸다. 시간이 지나면서 그렇게 잊혀져가는 상황에서 불과는 2019년 7월에 우연히 한 가지 정보에 접하게 되었다. 국방과학연구소 산하 국방첨단기술연구원에서 '미래 안보환경에 대비 신기술 및 신개념 무기에 대한 기술개발을 위하여 매년 미래도전기술개발사업의 "과제경연대회"를 통해 가능성이 높은 기술개발과제들을 선정하여 개발을 지원한다.'는 내용이었다. 정신이 번쩍 들었다. 불과는 자신이 생각해낸 "표적피해평가용 정찰용 소형 무인비행체 개발"과 같은 아이디어에 가장 적합한 정부차원의 적극적인 지원이 아닌가 생각이 들었다. 그래서 2019.5월에 공표한 과제 모집 공고문을 참고해서 2020년도에 도전하기 위해 준비를 하기 시작했다.

준비하는 자가 기회를 잡게 되어있다.

국방과학연구소에 해당과제발주부서 실무책임자를 찾아가서 자신의 아이디어를 설명하고 '미래도전기술개발과제'로서 타당한지를 묻고, 제안서에 꼭 포함해야하는 내용들을 물었다. 소요군 관련부서에 찾아가 내용을 브리핑해주고 필요성에 공감을 얻어내기도 했다. 항공공학 엔지니어로서 4개월 이상을 집중해서 제안서를 작성한 후 불과의 나이 등과 같은 현실성을 감안해서 위에서 언급한 윤교수를 개발 책임자로 결정한 후 발주부서의 일정에 맞추어 지난 5월초 제안서를 제출했다. 과제선정 평가위원회에 참석에서 윤교수 발표 후 질의에 답변도 하였다. 이제 과제선정 결과만을 기다리고 있는 상황이다. 불과에게 과제 선정여부는 상당한 중요하다. 벌써 은퇴했어야 할 70세 먹은 사람이 '국방첨단기술원구원'에서 발주한 '미래도전기술개발사업의 과제경연대회'에 응모해서 자신이 구상한 아이디어가 미래도전기술개발과제로 선정이 되었다는 것 자체로도 충분히 의미가 있지만, 과제지원기간이 5년이며 개발에 성공했을 경우에 곧바로 사업화로 이어질 것이고, 결과적으로 불과에게 활발한 연구활동과 연구원 활성화를 요구할 것이기 때문이다.

불과는 준비한 자가 기회를 잡기 마련이며, 자신이 할 수 있는 것은 오직 최선을 다하는 것밖에 없다는 것을 알고 있다. 그래서 오늘도 조용히 선정평가 결과를 기다리고 있다. 올해에 선정이 안 된다면 미비점을 더 보완해서 내년에 다시 도전할 것이며, 내년에도 안 되면 더 내용을 충실하게 보완해서 그 다음해에 도전할 것이다. 그렇게 도전의지가 강한만큼 정성을 다해 준비를 하였으니 금년에 선정되어 기회를 잡을 수 있을 것이란 기대가 크다.

◀ 마음을 가꿈만이
자신을 곱게 해준다.

불과는 오늘도 자신의 꿈을 이루기 위한 기반 구축을 위해 열심히 노력하고 있다. 불과는 '고상한 꿈은 자신의 인생을 더욱 아름답게 해준다.'는 것을 믿기 때문이다. 그러한 꿈을 이루기 위해서는 자신이 나이를 들면서 그에 걸맞게 인격적으로도 성숙해져야 함은 말할 것도 없다. 어떻게 천박한 사람이 고상한 꿈을 꿀 수 있으며, 더욱이 그 꿈을 이룰 수 있겠는가? 사회적으로 널리 알려진 많은 큰 인물들이 나이가 들어가면서 추해지는 모습들을 우리는 너무 많이 보아왔다. 불과는 그 이유는 그들이 자만에 빠져서 자신의 내면을 가꾸지 않았기 때문이라고 생각한다.

"사람은 나이가 들수록 외모는 가꾸어야 하고, 내면의 마음은 정성스레 다듬어야 한다."

불과가 매일 자신에게 말하는 자신의 금언이다. 다음은 논어(論語) 위정(爲政) 4편(篇)에 공자가 자신의 생애에 대해서 언급한 말이다.

"나는 열다섯 살에 학문에 뜻을 두었고, 서른 살에 기초가 확립되었으며, 마흔 살에는 판단에 망설이지 않게 되었고, 쉰 살에는 천명을 알게 되었으며, 예순 살에는 남의 의견을 순순히 받아들이게 되었고, 일흔 살에는 마음이 하고자 하는 바를 따라 행동해도 법도에 어긋나지 않았다."

위의 내용 중 불과가 주목하는 내용은 마지막 두 구절 「**六十而耳順, 七十而從心所欲不踰矩**」이다.

이를 해석하면 공자 같은 대성현도 「60세가 되어서야 귀가 순하여지게 되어서 좋은 말이나 궂은 말이나 칭찬하는 말이나 헐뜯는 말이나 그리고 누구의 말이나 의견에도 귀 기울여 순순히 듣고 받아들이게 되었고, 70세가 되어서야 완성된 인간으로서 자신이 하고 싶은 대로 행동을 하여도 법도에 넘어서지 않아서 남이 보기에 거스름이 없었다.」고 말하고 있다.

일반적으로 사람들은 20대에 나빴던 사람도 공부를 많이 하고 나이가 들어 사회적 지위가 높아지게 되면 인격적으로도 그만큼 성숙해졌을 것으로 생각한다. 사실은 전혀 그렇지 않음을 우리는 주위에서 어렵지 않게 보아왔다. 불과는 그동안 경험에 비추어 주위사람들에게 다음과 같은 말을 하곤 한다.

"사람 대부분이 20대에 나빴던 사람은 50대를 넘으니 진짜 나쁜 사람이 되더라."

각 개인들의 인격적인 성숙 역시 노력이 필요함을 시사하는 말이기도 하다. 사람은 매일매일 인생길에 환경의 지배를 받으면서 살아갈 수밖에 없는 상황이다. 시시각각 변하는 환경에 밝은 마음으로 적응하면서 자신의 인격 성숙을 위해 노력할 때 사람은 인격적으로 성장이 가능하다고 생각한다. 다음은 불과가 인격적 성숙을 위해 사람들이 매일매일 밝은 생각을 가지고 인격

어느 노병(老兵)의 꿈

도야를 위해 노력해야 한다고 생각하는 구체적인 이유이다.

사람들은 보이지 않게 외적 환경의 영향을 받으며 성장하면서 살아간다. 환경으로부터 자극을 받게 되면 사람에게는 이성적인 것과 감성적인 것의 상대적인 두 가지 유형의 욕구가 발생한다. 이때 이성적 욕구가 감성적 욕구를 억누르면 이성적 언행이, 반면에 이성적 욕구가 감성적 욕구를 제어하지 못하면 감성적 언행이 나타난다. 그리고 이성적 욕구와 감성적 욕구가 마음속에서 상호 견제하거나 통제할 시간적 여유가 없을 때는 돌출 언행이 나타난다. 돌출 언행은 일반적으로 이성적이기 보다는 감성적 욕구의 발현으로 나타난다. 그런데 사람들이 자극을 받고 무의식중에 발현되는 돌출 언행들은 평소 그 사람의 잠재의식에 의해 좌우된다고 한다. 그렇기 때문에 사람들은 무의식중에 반응하는 자신의 돌출 언행까지도 이성적으로 발현될 수 있도록 하기 위해 인격적인 성숙이 필요하다. 사람들이 인격도야 노력을 해야 하는 이유이다.

다음은 이황 선생이 집대성한 「이기이원론(理氣二元論)」에 요지이다.

"만물은 이(理)29)와 기(氣)30)로 구성되어 있다. 그런데 현실의 인간은 이(理)로서의 본연의 성(性)과 기(氣)로서의 기질의 성(性)

---

29) 形而上인 것으로 무형이지만 유형의 氣안에 존재하여 氣가 되게 하는 근거 본체로서 본연의 성(天理, 善)을 말함
30) 形而下인 것으로 그 형태의 본체가 되는 구성소재로서 기질의 성(愛憎喜怒의 감성적 요소)을 말함

으로 구성되어 있다. 이를 그대로 방치하면 본연의 성(性)과 기질의 성(性)에 간격이 커져서 인간은 본연의 자세를 잃게 되기 때문에 기질요소 성(性) 즉 감성을 깨끗하게 하기 위해 항상 자신의 인격도야를 위해 정진해야 한다."

사람의 마음속에는 항상 선과 악의 상반되는 두 마음이 존재하고 있음은 성경에서도 말하고 있다.

"선을 행하기 원하는 나에게 악이 함께 있는 것이로다. (중략) 내 자신이 마음으로는 하나님의 법을, 육신으로는 죄의 법을 섬기노라.(롬 7:21-25)"

사람들에게 두 마음이 병존함은 악(惡)이란 글자에 대해 한자풀이를 해서도 설명이 가능하다. 惡이란 무엇인가? 사람의 亞心(아심) 즉, 두 번째 마음인 것이다. 이는 사람 누구에게나 두 번째 악한 마음이 내재해 있음을 의미한다. 이를 다음과 같은 의미로도 해석이 가능하다.

"이 세상에 진정으로 악인은 없다. 누구나의 마음속에 악한 마음이 있을 뿐이다."

이를 간파한 마르틴 루터는 다음과 같이 강조했다.

"한번 청소를 했다고 해서 방이 언제까지 깨끗할 수는 없다. 우리의 마음도 한 번 반성하고 좋은 뜻을 가졌다고 해서 그것이 항상 마음속에 있는 것이 아니다. 어제 먹은 좋은 마음을 오늘 다시 새롭게 하지 않으면 그것은 곧 우리를 떠나게 된다. 따라서 좋은 마음을 매일같이 가슴에 새기며 되씹어야 한다."

나쁜 환경 속에서 나를 지키며, 일을 함에 있어서 올바르게 행

어느 노병(老兵)의 꿈

하고, 부지불식간에 나온 행동이라도 성숙된 인간답게 행동하기 위해서 우리들은 자신의 인격수양에 노력을 끊임없이 해야 한다. 주기적으로 육신을 위해 식사를 하는 것과 같이 매일매일 감동 스토리, 금언, 가벼운 수필, 성현의 가르침, 종교 경전 등을 묵상하면서 자기를 올바르게 하기 위한 수양이 필요하다. 그렇다면 나이를 먹어가면서 어떻게 수양을 하는 것이 효과적일까? 위에서 언급한 어느 교육 심리학자의 교육효과에 대해 다시 한번 인용한다.

"사람에게 어려서 교육은 아무것도 쓰여 있지 않은 칠판에 낙서하는 것과 같고, 나이든 사람에게 교육은 나이가 많이 든 사람일수록 낙서가 많은 칠판에 낙서가 없는 부분을 찾아 낙서를 하는 것과 같다."

이는 교육의 효과가 나이가 먹으면 먹을수록 감소함을 의미한다. 따라서 같은 교육의 효과를 얻기 위해서는 나이를 먹으면 먹을수록 더 많은 시간을 교육에 투자해야 한다는 논리이다. 예를 들면 10대에 10분간 교육으로 얻은 효과는 20대에는 20분, 30대에는 30분 이상 교육을 받아야 동일한 효과를 얻을 수 있다는 것과 같은 논리이다. 그럼에도 사람들은 나이가 먹을수록 정반대로 생각한다는데 문제가 있다.

"나는 평생 성현의 말씀을 묵상하면서 그렇게 살려고 노력해온 사람이다. 이제는 그만 묵상해도 될 나이가 됐어!"

"나는 평생 성경에 기초해서 설교를 해온 사람이야! 좋은 성경 구절들 말해 봐? 암송해볼 테니까!"

아는 것과 기억하는 것과 실생활에서 그대로 생활하는 것과는 전혀 다른 별개의 일이다. 알고 있는 사람이라 당연히 그럴 줄 알았는데 전혀 그렇지를 않아서 사람들은 더 실망하는 것이다. 사회에 좀 알려져 있다고 하는 인물들이 나이가 들어가면서 기대에 못 미칠 경우 더 추하게 보여지는 이유이다.

불과의 '한 인간으로서 인생의 목표'는 '사람다운 삶을 사는 것'이다. 이제 인생의 후반전을 맞이하여 나이 먹은 만큼 인격적으로 더 성숙해져서 전반전에 우리 사회에서 받은 대우만큼 우리 사회에 기여하는 사람다운 삶을 사는 것이다.

"나이가 먹어갈수록 마음이 내키는 대로 행동을 하여도 사람들이 보기에 거스름이 없으며, 오늘의 주어진 현실에 기뻐하고 주위사람들을 존중하며 내가 해야 할 일들을 열심히 하면서 즐겁게 사는 삶을 사는 것이다."

불과는 오늘도 논어(論語)에 '종심소욕(從心所欲) 불유구(不踰矩)'의 지혜를 흠모하여, 어제의 생활에서 마음속에 낀 때를 청소하기 위해 아침에 일하기전 제일 먼저 성경 구절들을 묵상하고 감사기도를 드린다. 그리고 빚을 갚겠다는 다짐을 다하기 위해 하루의 일과 계획을 노트에 적는다. 그에 따라 자신의 하루 삶이 밝은 삶이 될 수 있도록 노력하고 있다. 그렇게 우리 사회에 감사하며 빚을 갚는 마음으로 하루를 계획하고 실천하는 매일매일 불과의 삶은 그가 움직일 수 있을 때까지 지속될 것이다.

어느 노병(老兵)의 꿈

어느 노병(老兵)의 꿈

초   판   2020년 6월 30일

지 은 이   신보현

펴 낸 이   신보현

펴 낸 곳   대한출판

신고번호   제302-1994-000048호

주   소   서울시 용산구 원효로 68(원효로 4가. 영천B/D 3F)

전   화   02)754-0765

팩   스   02)754-9873

값 22,000원

ISBN 979-11-85447-12-4 03190